D1942195

Über dieses Buch

Wie stellt sich die Geschichte der Psychoanalyse in den Augen dessen dar, der als ihr eigentlicher »Erfinder« gilt? Und wie verschränken sich die Anfänge von Freuds Lehre mit seiner persönlichen Entwicklung?
Der vorliegende sorgfältig edierte Band dokumentiert mit sehr verschiedenartigen Beiträgen die Schwierigkeiten des Beginns einer neuen wissenschaftlichen Disziplin. Es handelt sich bei den Texten – die beiden Hauptstücke, die *»Selbstdarstellung«* und ›Zur Geschichte der psychoanalytischen Bewegung‹, werden gewöhnlich als Freuds »autobiographische« Schriften bezeichnet – zumeist um Versuche der historischen oder systematischen Zusammenfassung mit dem Ziel, ein breites Publikum über Entstehung und Hauptergebnisse der Freudschen Lehre zu informieren oder auch die Psychoanalyse gegen die abweichenden Schulen der früheren Mitarbeiter C. G. Jung und Alfred Adler abzugrenzen. Der autobiographische Charakter des Bandes wird durch eine Reihe bislang schwer zugänglicher Dokumente zur Vor- und Frühgeschichte der Psychoanalyse betont, darunter aufschlußreiche Jugendbriefe mit Kommentaren zur Berufswahl sowie der Bericht über die Pariser Studienzeit in der Klinik Jean-Martin Charcots, unter dessen Einfluß sich die folgenreiche Umorientierung der Interessen Freuds von der Anatomie des Nervensystems zur Psychopathologie vollzog. Gewissermaßen als Simultankommentare zur eigenen Entwicklung zeigen diese Dokumente anschaulich die für Freud und die Psychoanalyse besonders charakteristische enge Verbindung von Werkentstehung und Lebensgeschichte.
Der vorliegende Band gibt zum erstenmal eine Zusammenfassung aller gleichsam »offiziellen« Verlautbarungen Freuds über sich selbst. Den Gründen, warum er meinte, »daß nichts, was mir persönlich begegnet ist, neben meinen Beziehungen zur Wissenschaft Interesse verdient« (s. unten S. 97), geht die Herausgeberin in der Einleitung nach. In einer Zeit, in der die tatsächliche Gestalt Freuds hinter Bibliotheken biographischer Studien über den Begründer der Psychoanalyse zu verschwinden beginnt, ist es besonders wichtig, sich seinen Selbstdarstellungen zuzuwenden.
Der Band enthält eine Zusammenstellung aller gleichsam »offiziellen« Verlautbarungen Freuds über sich selbst.

Sigmund Freud

»Selbstdarstellung«

Schriften zur Geschichte der Psychoanalyse

Herausgegeben und eingeleitet
von Ilse Grubrich-Simitis

Fischer
Taschenbuch
Verlag

Fischer Taschenbuch Verlag
1.–25. Tausend: September 1971
korrigierte Auflage
26.–30. Tausend: September 1973
31.–35. Tausend: März 1975
36.–40. Tausend: August 1976
41.–45. Tausend: September 1978
46.–50. Tausend: Februar 1981
Umschlagentwurf: Jan Buchholz / Reni Hinsch
Fischer Taschenbuch Verlag GmbH, Frankfurt am Main
Für sämtliche Freud-Texte
© S. Fischer Verlag GmbH, Frankfurt am Main, 1971
Für Einleitung und editorisches Material
© Ilse Grubrich-Simitis, Frankfurt am Main, 1971
Gesamtherstellung: Hanseatische Druckanstalt GmbH, Hamburg
Printed in Germany
680-ISBN-3-596-26096-5

Inhalt

Einleitung: Sigmund Freuds Lebensgeschichte und die Anfänge der Psychoanalyse

»Mit Absicht habe ich meine Person immer nur als Exempel vorangestellt, nie als Modell, geschweige denn als Venerabile.«[1]

I. Das biographische Interesse an Freud und die Bedeutung der Selbstanalyse

Schon zu Lebzeiten Sigmund Freuds gab es neben der Auseinandersetzung mit den psychoanalytischen Lehren ein Interesse für seine persönliche Geschichte. Es ist zu vermuten, daß ein solches Interesse auch noch in jenen Generationen fortlebt, die sich heute mit Freuds Oeuvre als dem objektivierten Werk beschäftigen, hinter dem die Figur des Autors zu verblassen beginnt. Ist dieses Interesse berechtigt? — Auf den Begründer der Psychoanalyse gerichtet, läßt sich das biographische Fragen jedenfalls nicht einfach als sensationslüsterne Neugier oder romantisierender Geniekult abtun. Vielmehr kann es von durchaus ernst zu nehmenden Motiven in Gang gesetzt sein, deren Herkunft in der Entstehungsgeschichte des Freudschen Werkes sowie in der spezifischen Struktur der psychoanalytischen Verfahrensweise zu suchen ist.

Ungeachtet aller seit Freuds Tod gelungenen Modifikationen und Ergänzungen in Theorie, Krankheitslehre und Behandlungstechnik, ist die Psychoanalyse noch immer in einer in der Wissenschaftsgeschichte wohl einmaligen Ausschließlichkeit die Leistung *eines* Mannes. Und sie verdankt ihren Anfang einer ebenfalls singulären Gleichzeitigkeit und Wechselwirkung von persönlicher und wissenschaftlicher Krise. Wer die Schwere der Entdeckungsarbeit Freuds im Gedächtnis behalten will, wird immer wieder den mühsamen Versuch machen müssen, sich jene Schlüsselsituation am Beginn der Psychoanalyse zu vergegenwärtigen, in deren notwendig bruchstückhafter Rekonstruktion das biographische Interesse buchstäblich zum wissenschaftsgeschichtlichen wird und vice versa.

Mühsam ist dieser Versuch, weil es heutzutage, da psychoanalytische Vorstellungen, umgangssprachlich vermittelt, das Alltagsleben zu prägen anfangen, selbst außerhalb der Fachkreise

[1] Aus einem Brief Freuds an Oskar Pfister vom 10. Mai 1909. (Freud, 1963, S. 20. Für detaillierte Literaturangaben vgl. die Bibliographie am Schluß dieses Bandes.)

leichter sein dürfte, differenzierte Kenntnisse der Freudschen Theorien zu erwerben als sich diese Konzepte aus der Geschichte der Ideen wie aus dem intellektuellen Klima von heute gänzlich wegzudenken. Die Vergegenwärtigung ist aber auch deshalb anstrengend, weil die Genese der Psychoanalyse als das hochkomplizierte Ineinandergreifen dreier gleich bedeutsamer Prozesse sich der Darstellung widersetzt: es geht um das Überwechseln Freuds von der Physiologie zur Psychologie und die schrittweise Entdeckung der Gesetzmäßigkeiten des unbewußten Seelenlebens, ferner um die Preisgabe manipulativer und suggestiver Techniken bei der Behandlung zugunsten der freien Assoziation und einer methodisch in Gang gebrachten therapeutischen Selbstreflexion, schließlich um die allmähliche Steigerung von Freuds Selbstbeobachtung zur systematischen Selbstanalyse.

Die neunziger Jahre des vergangenen Jahrhunderts waren etwa der Zeitraum des Geschehens, zwischen 1897 und 1900 erreichte es seinen Höhepunkt. Nach der Mißbilligung seiner Hysterieforschungen durch die medizinische Fakultät hatte Freud sich damals bereits vom Wiener Universitätsleben zurückgezogen. In einer strengen Einteilung des Arbeitstags bemühte er sich um den weiteren Aufbau seiner Praxis, noch immer in Sorge, ob sie den Unterhalt für seine Familie auf Dauer garantieren könnte. Er hatte längst die hergebrachten nervenärztlichen Methoden der Massage-, Hydro- oder Elektrotherapie wie auch die klassische Hypnose aufgegeben. Zwar war er noch weit von einer psychologischen Theorie entfernt, aber er wußte schon, daß seine neurotischen Patienten nicht an Hirnschäden oder einfach an vererbter labiler Nervenkonstitution litten, sondern daß ihre Zustände etwas mit ihren »Reminiszenzen«, Erinnerungen an bestimmte Erlebnisse zu tun hatten. Anfang der neunziger Jahre arbeitete Freud noch mit der von Josef Breuer übernommenen »kathartischen Methode«, bei der sich der Arzt zwar der Hypnose bedient, jedoch nicht zur groben Verhaltenssuggestion, sondern zur Ausforschung des Kranken über dessen affektive Phantasien und die Herkunft seiner Symptome. Wenig später gab Freud die Hypnose, mit deren oft nur kurzfristigen Erfolgen er nicht zufrieden war, ganz auf und ersetzte sie durch eine »Konzentrationstechnik«, bei der er die Erinnerungen des Patienten zu verfolgen suchte, indem er diesen über seine Symptome sprechen ließ, unterstützt wurde das Verfahren nur durch ein gelegentliches Handauflegen auf die Stirn des Kranken. 1896 befreite Freud seine Technik schließlich möglichst von allen manipulativen Interventionen, er forderte den Patienten zur freien Assoziation auf, zur unzensurierten Mitteilung alles dessen, was ihm in den Sinn kam. Freud war inzwischen klar geworden, daß die gezielte Suche nach Erinnerungen häufig ergebnislos verlaufen mußte, daß die Aufmerksamkeit vielmehr zunächst auf den Widerstand zu richten sei, der offenbar auch dem Kranken die Einsicht in bestimmte Motivationszusammenhänge versperrte.

Die mit der Einführung der freien Assoziation geglückte behandlungstechnische Neuerung implizierte zugleich eine radikale Neudefinition des Arzt-Patient-Verhältnisses. Freud glich in ihr das autoritäre Gefälle zwischen dem allwissenden, Verordnungen erlassenden Arzt und dem entmündigten Kranken aus. Indem er dessen neurotisches Leiden vom diskriminierenden Verdacht der Simulation freisprach, es als pathologische Signalisierung von verborgenen Sinnzusammenhängen ernst nahm, die der Arzt ohne aktive Eingriffe, also mit großem Zeitaufwand und gleichsam »schwebender Aufmerksamkeit«[2], einzig aus den Mitteilungen des Patienten zu entschlüsseln hätte, schrieb er diesem erstmals eine Partnerrolle zu. Bedenkt man Freuds selbstverständliche Bindung an viele Konventionen seiner Umwelt, seine Irritierbarkeit durch intellektuelle Mediokrität und seine höchst ambivalente Einstellung zu den passiven Strebungen in sich selbst, so ist zu vermuten, daß schon diese technischen Neuerungen gegen erhebliche innere Widerstände vollzogen worden sind.

In jenen produktivsten Jahren seines Lebens lernte Freud jedoch, auch mit den eigenen Widerständen umzugehen. Aus seinen Jugendkorrespondenzen wie aus den Brautbriefen wissen wir, daß er sich schon früh intensiver Selbstbeobachtung unterzog, und zwar nicht nur aus einem zweifellos vorhandenen ursprünglichen Interesse an psychischen Phänomenen, vielmehr nötigten ihn auch eigene neurotische Störungen dazu. Schon in den frühen achtziger Jahren berichtete er seiner Braut von »Nervosität«, »übergroßer Empfindlichkeit«, die er durch Arbeitswut zu narkotisieren suche, von einem periodischen Absinken seiner Stimmung, schwerer Müdigkeit, Kopfschmerzen und Ischias. Damals noch vor allem hirnanatomischen Mikroskopstudien

[2] Freud sprach einmal anschaulich vom »Chiaroscuro« seiner Methode (Wittels, 1944, S. 527).

verschrieben und mit der ohnehin unzulänglichen Terminologie der Psychopathologie wenig vertraut, sprach er von »schönster Neigung zur Neurasthenie«[3] und führte diese auf eine erbliche Belastung seiner Familie zurück. Die diffusen Symptome verstärkten sich in den neunziger Jahren jedoch erheblich. In seinen Briefen an den Berliner Arzt Wilhelm Fließ, den einzigen Vertrauten dieser für seine persönliche und wissenschaftliche Entwicklung hochdramatischen Zeit, finden sich überall Spuren einer sich zuspitzenden inneren Krise. Die Stimmungsschwankungen verschlimmerten sich, Perioden gesteigerten Selbstgefühls wechselten in rascher Folge mit Phasen tiefster Niedergeschlagenheit, in denen er zwar seiner ärztlichen Tätigkeit gewissenhaft nachging, jedoch durch »komische Zustände« leichter Bewußtseinstrübung — »Dämmergedanken, Schleierzweifel«[4] — in seiner wissenschaftlichen Arbeit schwer gehemmt war. Dann verbrachte er seine eigentlich der Forschung vorbehaltenen Abende beim Schach- oder Kartenspiel, studierte Lageskizzen antiker Städte, schnitt Bücher auf usw. Fließ gegenüber charakterisierte er seine Beschwerden offen als »neurotisch«, als seine »kleine Hysterie«[5]. Ihre prägnantesten Äußerungen waren Anfälle von Reiseangst; Freud selbst sprach gelegentlich sogar von »Eisenbahnphobie«[6]. Von der somatischen Seite kamen Migräne hinzu und, nach einer Grippeerkrankung, schließlich akute Herzstörungen, »tollste Arrhythmie, beständige Herzspannung — Pressung — Brennung, heißes Laufen in den linken Arm«[7], die seinen übertriebenen depressiven Ahnungen vorzeitigen Alterns und frühen Todes recht zu geben schienen. Inzwischen war aber, unabhängig von diesen Beschwerden, zu denen er auch seine Nikotinsucht und wiederholte vergebliche Abstinenzversuche zählte, die neurotische Symptomatologie überhaupt zum Hauptobjekt seiner ärztlichen und wissenschaftlichen Arbeit geworden. So begann er allmählich, wissenschaftliche Arbeit und Selbstbeobachtung verbindend, diese Krankheitsäußerungen systematisch an sich selbst zu studieren; denn »es ist ja peinlich für den Medicus, der sich alle Stunden des Tages mit dem Verständnis der Neurosen quält, nicht zu wissen, ob er an einer logischen[8] oder an einer hypochondrischen Verstimmung leidet.«[9]

Zur eigentlichen Selbstanalyse, d. h. zur methodischen, in uner-

[3] Freud, 1960, S. 205. [4] Freud, 1962, S. 182. [5] AaO, S. 185.
[6] AaO, S. 262. [7] AaO, S. 75.
[8] Was damals nichts anderes als »organisch bedingt« hieß. [9] AaO, S. 75.

bittlicher Disziplin täglich zu einer bestimmten Stunde vorangetriebenen Selbstexploration aber entschloß sich Freud erst im Sommer 1897, einundvierzigjährig. Der Anlaß war eine letzte Zuspitzung seines Zustandes, nämlich jener furchtbare Gefühlssturm, den, wie die Analyse viel später aufdeckte, der Tod seines Vaters im Herbst 1896 in Freud ausgelöst hatte. Die Trauerarbeit, durch die er hindurchgehen mußte, machte die Abwehr der tiefen Ambivalenz in seiner Vaterbeziehung durchlässig. Gleichzeitig konfrontierte sie ihn mit der Problematik seines Abhängigkeitsverhältnisses zu Fließ, der zweiten, mit der ersten eng verbundenen Hauptursache für die Erschütterung seines seelischen Gleichgewichts.

Die Selbstanalyse trug also einerseits alle Merkmale eines äußerst schmerzhaften therapeutischen Prozesses, in dessen Verlauf es Freud tatsächlich gelang, einen Teil seiner Symptome loszuwerden, zentrale Konflikte zu lösen und schließlich eine neue psychische Stabilität zu finden. Andererseits erkannte er in ihr bald ein wichtiges und »notwendiges Zwischenstück«[10] in seinen wissenschaftlichen Arbeiten. Sie bestätigte ihm nacheinander die aus der Arztpraxis gewonnenen Einsichten in das unbewußte Seelenleben, in die Mechanismen von Abwehr, Verdrängung und Widerstand, den Kompensationscharakter der Symptome, die Wunscherfüllungsfunktion des Traums usw. Am klarsten trat ihre Bedeutung für die Anfänge der Psychoanalyse aber in jenem Augenblick zutage, in dem Freud einsehen mußte, daß sich für ein Hauptstück seiner damaligen theoretischen Auffassungen der Wahrheitsbeweis nicht erbringen ließ. Aus den fortgesetzten Berichten seiner Patienten von solchen Erlebnissen hatte Freud geschlossen, daß die Neurose von sexuellen Verführungen herstamme, denen die Kranken im Kindesalter zum Opfer gefallen waren.[11] Neue Nachforschungen belehrten ihn nun darüber, daß die Patienten diese Szenen zumeist phantasierten. Anstatt nach »diesem Sturz aller Werte«[12] in die Diskriminierung der Neurotiker zurückzufallen, fragte Freud, von einem unbeirrbaren Glauben an die Strenge der Determinierung im Seelenleben durchdrungen, nach den Ursachen dieser Phantasien; jeder konventionelle Nervenarzt hätte sie als »Lügen« beiseite geschoben. Indem er die Prähistorie des eigenen Unbewußten, jene »ein für allemal gebahnten Wege, die nie ver-

[10] AaO, S. 185. [11] Vgl. unten S. 63f. und S. 153.
[12] Freud, 1962, S. 188. Vgl. auch unten S. 64 Anm. und S. 153f.

öden«[13] weiter durchforschte, offenbarten sich ihm nun in rascher Folge die sich an seinen Patienten immer wieder bestätigenden Tatsachen des intensiven Sexuallebens der Kinder, die verschiedenen Phasen der Libidoentwicklung und die Rolle der ihnen zugeordneten erogenen Körperzonen sowie die Struktur des Ödipuskomplexes. Er leuchtete die ungewöhnlichen Grundkonstellationen und die dramatis personae seiner eigenen Herkunftsfamilie sowie die entscheidenden Kindheitsszenen aus, an denen sich sein emotionales Leben gebildet hatte und von denen die ihn nun bedrängenden Wiederholungszwänge ausgingen. »Es packt und zerrt mich durch alte Zeiten in rascher Gedankenverbindung . . . Manches traurige Lebensgeheimnis geht hier auf seine ersten Wurzeln [zurück], mancher Stolz und Vorzug wird seiner bescheidenen Herkunft inne.«[14] Biographische Fakten, die er aus der Deutung seiner Träume erschloß, jedoch nicht mit der bewußten Erinnerung zu erreichen vermochte, suchte er durch Nachforschungen und Rückfragen bei Verwandten zu verifizieren. Die Neurose erwies sich dabei allmählich als eine Einstiegsluke in eine neue allgemeine, normale wie pathologische seelische Phänomene umfassende Psychologie, weil sie den Gesetzmäßigkeiten des unbewußten Seelenlebens und damit den so lange tief verdrängten Frühstadien der psychischen Entwicklung nähersteht als die Normalverfassung des erwachsenen Menschen. Aus dem gleichen Grund mündeten nun auch Freuds bisher parallellaufende Studien des Traumlebens in den Hauptstrom seiner Forschungen ein, die Einheit der Phänomene wurde sichtbar. »Von der intellektuellen Schönheit der Arbeit«, schrieb er an Fließ, »kann ich Dir eine Vorstellung nicht verschaffen.«[15]

An diesem Punkt muß man sich wieder einmal klarmachen, daß Freud nicht von einer vorgefaßten psychologischen Theorie ausging, deren nachträgliche wissenschaftliche Untermauerung er in den Berichten seiner Patienten und in seiner Selbstanalyse gesucht hätte. Vielmehr galt die Aufmerksamkeit des im Materialismus der Helmholtz-Schule erzogenen Naturforschers zunächst einzig den Details ganz bestimmter neurotischer Symptome. Was heute als der großartige Systemcharakter der Psychoanalyse imponiert, ist also das Ergebnis eines unsäglich mühevollen *empirischen* Forschungsprozesses. Freuds revolutionäre Radikalität liegt im klinischen Ursprung seiner Arbeit.

[13] Freud, 1900*a*, S. 558 Anm. [14] Freud, 1962, S. 195. [15] AaO, S. 190.

Indem er von den Symptomen zur Symptomgenese und schließlich zur Lebensgeschichte zurückfragte, gab er Schritt für Schritt die Physiologie zugunsten der Psychologie auf. Der Abschied von seiner naturwissenschaftlichen Vergangenheit und damit von einem soliden Stück seiner Identität kostete gewiß noch weit mehr Selbstüberwindung als alle behandlungstechnischen Innovationen; eine Zeitlang machte er denn auch angestrengte, aber vergebliche Versuche, beide Bereiche miteinander zu verbinden. Immerhin fanden zahlreiche physiologische, neurologische und hirnanatomische Denkfiguren und Begriffe psychologische Analogien: Verfolgte er früher beim Studium von Hirnschnitten die verschiedenen Entwicklungsstufen der Lebewesen bis zu ihren fötalen Anfängen, so forschte er jetzt im psychoanalytischen Verfahren nach der individuellen Vorgeschichte, sein Interesse, das früher Neuronenbahnen und Läsionen gegolten hatte, richtete sich nun auf Erinnerungsspuren und die traumatischen Erlebnisse der Kindheit.

Solche Anzeichen von Kontinuität könnte man auch in der Tatsache erblicken, daß Freud schon in seinen voranalytischen Arbeiten, etwa in Abhandlungen über die Wirkungen des Kokains und über Aphasie, von Selbsterfahrungen und Selbstbeobachtungen berichtet hat. Und doch ist die Selbstanalyse etwas ganz anderes. Denn in ihr konfrontierte er sich erstmals mit eigenem *unbewußtem* Material, versuchte er, seine Verdrängungen aufzuheben und konfliktträchtige Inhalte ins Bewußtsein zu bringen. Unter der Vehemenz dieser Operation hätte seine Selbstkontrolle sehr wohl zusammenbrechen können. Denn man wird davon ausgehen dürfen, daß Freuds Vorstellungen von Eltern-Kind-Beziehung und Sexualität damals durchaus den bürgerlich-viktorianischen Maßstäben seines Milieus entsprachen. Das gilt ebenso für seinen Geschmack. Daß er sich dennoch die nach dem Verständnis seiner Zeit haarsträubenden Tatsachen der infantilen Sexualität eingestehen konnte, die Verliebtheit in die Mutter, den eifersüchtigen Haß auf den Vater, heftige inzestuöse und aggressive Triebwünsche gegen die Geschwister, die Anlage zur Bisexualität, und daß er gleichzeitig nicht in haltloser Subjektivität versank, sondern im Chaos dieser »skandalösen« Fakten nach allgemeinen Gesetzmäßigkeiten forschte, ist wahrscheinlich auf eine einzigartig stark entwikkelte, gleichsam verselbständigte wissenschaftliche Neugier und Sublimierungsfähigkeit zurückzuführen. Anders sind die bedingungslose Nüchternheit und völlig unsentimentale Schonungslosigkeit gegenüber eigenen Selbsttäuschungen, die fast widernatürliche Distanz zu sich selbst nicht zu erklären. Es ist, als seien zwei Personen am Werk gewesen. Wer sich die kaum vorstellbare Strapaze dieser Expedition ins eigene »innere Ausland«[16] vor Augen führen will, braucht nur in den behandlungstechnischen Schriften nachzulesen, welches Gewicht Freud der analytischen Situation, jener spezifischen Arbeitsteilung zwischen Arzt und Patient, beimaß, weil einzig diese ausgeklügelte Versuchsanordnung, dank der durch sie ermöglichten Übertragungsprozesse, ihm zu gewährleisten schien, daß der Patient im Kampf gegen seine Widerstände überhaupt eine Chance hat. Die Qualen, die Freud sein eigener, ohne die Hilfe eines anderen ausgehaltener Kampf bereitet haben mag, kommen nur gelegentlich in den Briefen zum Ausdruck, die Freud damals an Fließ geschrieben hat. In einem der eigenen Beispielträume, an denen Freud in der *Traumdeutung* die Regeln der Traumarbeit vorführt, findet sich ein treffliches, von ihm selbst in diesem Sinne gedeutetes Bild für die Vertracktheit der Selbstanalyse. Zu Beginn des großartig verdichteten Traums heißt es: »Der alte Brücke[17] muß mir irgendeine Aufgabe gestellt haben; *sonderbar genug* bezieht sie sich auf Präparation meines eigenen Untergestells, Becken und Beine, das ich vor mir sehe wie im Seziersaal, doch ohne den Mangel am Körper zu spüren, auch ohne Spur von Grauen.«[18]

Diese unbändige vorurteilslose Neugierde bewährte sich indessen nicht nur an den Inhalten des zutage geförderten unbewußten Materials, sondern auch an der abstrusen, scheinbar ganz unsinnigen *Form,* in der es sich, vor allem im Traum, offenbart und die auf den ersten Blick allen Gesetzen logischen Denkens kraß widerspricht. Aber: Was nach allgemeiner Ansicht »eine willkürliche, in der Verlegenheit eilig zusammengebraute Improvisation sein soll, das haben wir behandelt wie einen heiligen Text«[19]. Mit einer unvergleichlichen Bereitschaft, Sprache abzuhorchen, hat Freud wie ein Ethnolinguist, der ein exotisches Sprachsystem entschlüsseln will, das z. B. die Verneinung nicht kennt, in welchem der Gegensatz durch Gleichsetzung, logischer Zusammenhang als Gleichzeitigkeit wiedergegeben werden, — das von der Struktur der Umgangssprache völlig verschiedene, aber in sich stimmende Idiom des Unbewußten rückübersetzbar gemacht. Er hat, für einen Naturforscher höchst ungewöhnlich,

[16] Freud, 1933*a*, S. 62.
[17] Vgl. S. 41f. unten. [18] Freud, 1900*a*, S. 455. [19] AaO, S. 518.

Wort- und Bildzeichen den Status von Symptomen verliehen und sie ebenso ernst genommen. Hier wurde erstmals die Auslegung von zunächst unverständlichen symbolischen Zusammenhängen, die aber gleichwohl wichtige, gegen die Erinnerung durch Verdrängung abgeschirmte Fakten der Lebensgeschichte signalisieren und dem leidenden Subjekt wieder zugänglich machen können, als Therapie angewendet.
Die Dimensionen all dieser hier nur notdürftig skizzierten, in den Jahren der Selbstanalyse synchron vollzogenen persönlichen Entwicklungsschritte und intellektuellen Eroberungen muß man hinter Freuds einfacher Feststellung durchschimmern sehen: »Meine wissenschaftliche Arbeit hatte sich das Ziel gesetzt, ungewöhnliche, abnorme, pathologische Erscheinungen des Seelenlebens aufzuklären, das heißt, sie auf die hinter ihnen wirkenden Kräfte zurückzuführen und die dabei tätigen Mechanismen aufzuzeigen. Ich versuchte dies zunächst an der eigenen Person.«[20]

Das biographische Interesse an Freud rechtfertigt sich also in der Frage nach den Anfängen der Psychoanalyse zunächst als wissenschaftsgeschichtliches. Indem es Freuds intellektuellen Hintergrund und seine Herkunft aus einer bestimmten wissenschaftlichen Tradition untersucht, ist es aber zudem geeignet, die ideengeschichtliche Ausgangsbasis aufzudecken und Freuds Diktum zu bestätigen, daß seine Lehre »nicht aus dem Stein gesprungen oder vom Himmel gefallen«[21] sei. Ferner lenkt es die Aufmerksamkeit auf jene einzigartige Kombination von Eigenschaften und Begabungen, die Freud zu seiner rigorosen Selbstexploration und seinen Entdeckungen disponiert hat: die Intensität, Präzision und Geduld der Beobachtung bei gleichzeitigem Sichversagen jeder affektiven Parteinahme, die aggressive Neugier angesichts »unheimlicher« und, nach dem Zeitgeschmack, »anstößiger« seelischer Phänomene, die Detailwut, die noch die trivialsten psychischen Äußerungen für würdig befand, untersucht zu werden, die Konsequenz, Themen über lange Zeiträume festzuhalten und das zunächst wilde empirische Material theoretisch zu durchdringen, die Abneigung gegen karitatives Pathos, der moralische Realismus und das Konquistadorentemperament, das unbeirrbare furchtlose Bestehen auf den eigenen Entdeckungen gegen alle äußeren und inneren Wider-

[20] Freud, 1936*a*, S. 250. [21] In diesem Band, S. 203.

stände, die Fähigkeit, in einer soliden, höchst produktiven psychischen und Arbeitsökonomie ganze Begriffssysteme aus den Angeln zu heben und gleichzeitig auf anderen Gebieten viele konventionelle Auffassungen unbefragt stehenzulassen, die auch noch feinste Ausdrucksnuancen registrierende Sprachsensibilität – um nur einige Facetten zu nennen. Endlich ist die vom biographischen Interesse angeregte Rückbesinnung auf die Anfänge der Psychoanalyse, weil sie Differenzierung ins Bild bringen und den revolutionären Charakter der Arbeit Freuds wieder vorstellbar machen kann, auch ein wirksames Mittel gegen jene Literarisierung und Vulgarisierung, die Freuds Theorien heutzutage erfahren, wenn ausgewählte Konzepte, unsäglich stereotypisiert und vom Zusammenhang des Werks losgelöst, in der ideologischen Tagespolemik als argumentative Versatzstücke mißbraucht werden.

Neben dieser einen Motivation aus der für Freud und die Psychoanalyse spezifischen engen Verbindung zwischen Lebensgeschichte und Werkentstehung gibt es für das biographische Interesse an Freud indessen noch andere Gründe. Sie sind in bestimmten Strukturähnlichkeiten zwischen der biographischen und der psychoanalytischen Rekonstruktionstechnik zu sehen. Zunächst ist daran zu erinnern, daß Freud der Biographik, insbesondere mit der Aufdeckung der frühen Kindheit als einer für Charakterbildung und spätere Lebensschicksale gleichermaßen folgenschweren Reihe katastrophenträchtiger seelischer Entwicklungsschritte, eine ganz neue Dimension eröffnet hat. Zudem ist die Psychoanalyse, indem sie in jedem einzelnen Falle nach verschütteten lebensgeschichtlichen Zusammenhängen sucht, ein genuin biographisches Unterfangen, biographische Hermeneutik. Freuds Lehre enthält in der Beschreibung der familiären Grundkonstellationen und Grundkonflikte so etwas wie ein Ablaufmodell der Jedermannsbiographie.
Gemeinsam ist beiden Verfahrensweisen auch das Fragen nach den Ursprüngen, die Eindeutigkeit der Vergangenheitsorientierung. Bei Freud, dem genetischen Denker par excellence, ist diese »regrediente Richtung«[22] allein schon deshalb bemerkenswert, weil sie bereits in seiner frühen Jugend zutage tritt. 1882, also noch in der voranalytischen Zeit, schrieb er an seine Braut: »Die Gegenwart kann man nicht genießen, ohne sie zu verstehen, und nicht verstehen, ohne die Vergangenheit zu ken-

[22] S. unten S. 146.

nen.«[23] Er war davon überzeugt, daß alles, was überhaupt Aufmerksamkeit verdient, eine bedeutungsvolle und erforschbare Vorgeschichte haben müsse. Es gibt neben der Hauptrichtung des Werks viele scheinbar nebensächliche Hinweise auf diese dominante »Vorliebe für das Prähistorische in allen menschlichen Formen«[24]. Zeitlebens hat Freud sich beispielsweise leidenschaftlich über die verschiedenen Theorien von Shakespeares Identität[25] ereifern können. Seiner Antiquitätensammlung, den Studien insbesondere der mediterranen Geschichte, neuen Nachrichten von Ausgrabungen schenkte er bekanntlich viel Aufmerksamkeit, überhaupt habe er mehr Archäologie als Psychologie gelesen.[26] Immer wieder verglich er die eigene Arbeit mit derjenigen des Archäologen, der Schicht um Schicht eine kostbare Vergangenheit freilegt, längst vergessene Schriftzeichen entziffert und aus der rudimentären Schönheit der Fundobjekte ganze Kulturen auferstehen läßt.[27]

II. Freuds Einstellung zu Biographie und Autobiographie

Freud selbst hielt das biographische Interesse grundsätzlich für legitim. Den engen Zusammenhang zwischen psychischer Konstitution und Werk hat er nicht nur postuliert, sondern bekanntlich mehrmals, zum Teil in ausführlichen Studien, an konkreten Figuren untersucht, darunter Leonardo, Dostojewski, Moses; im Kreis seiner Mitarbeiter bildete die Biographik schon früh ein Hauptthema.[28] Neben der möglichst sorgfältigen Erhebung des historischen Materials hat Freud an die Biographik insbesondere zwei Forderungen gestellt: Wenn ein biographischer Versuch wirklich zum Verständnis des Seelenlebens eines Menschen durchdringen wolle, dürfe er nicht dessen sexuelle Eigenart mit Stillschweigen übergehen. So hat er wegen Nichterfüllbarkeit dieser ersten Bedingung, der Durchleuchtung der

[23] Aus einem Brief vom 8. Juli 1882, bisher lediglich auszugsweise in Jones, 1960, S. 141, veröffentlicht.
[24] Freud, 1962, S. 236. [25] Vgl. z. B. unten S. 90, Anm. 76.
[26] Freud, 1960, S. 399.
[27] Daß diese lebenslange Faszination sich nicht allein mit dem Historismus und der Archäologiemode der damaligen Zeit erklären läßt, hat insbesondere Suzanne Cassirer Bernfeld (1951) gezeigt. Ihre Arbeit ist ein Versuch, die unbewußten Motive für diese Vorliebe Freuds in seiner frühen Kindheit zu entdecken und das archäologische Interesse als Bewältigung der Todesproblematik, als Sublimierung der damit verbundenen Vernichtungsängste zu interpretieren.
[28] Vgl. z. B. Nunberg und Federn (Hrsg.), 1962, 1967; vgl. unten S. 90ff.

Sexualkonstitution, Arnold Zweig von dem Plan einer Nietzsche-Biographie abgeraten[29], und im Falle Dostojewskis beklagte er, daß die Biographik aus Prüderie ein bedeutsames Kindheitserlebnis des Dichters verdunkelt habe[30]. Die Diskretion sei mit der psychoanalytischen Biographik nicht vereinbar: »Ohne ein solches Stück Verbrechertum gibt es keine richtige Leistung.«[31] Die andere Forderung bezieht sich auf die geduldige Hinwendung zu den von der herkömmlichen Biographik bisher als trivial beiseite geschobenen Details in den Lebensäußerungen des Protagonisten.

Aber auch wenn diese beiden Bedingungen erfüllt wären, hegte Freud prinzipielle Zweifel an der Möglichkeit biographischer Erkenntnis. Immer wieder hatte er nämlich festgestellt, »daß Biographen in ganz eigentümlicher Weise an ihren Helden fixiert sind. Sie haben ihn häufig zum Objekt ihrer Studien gewählt, weil sie ihm aus Gründen ihres persönlichen Gefühlslebens von vornherein eine besondere Affektion entgegenbrachten. Sie geben sich dann einer Idealisierungsarbeit hin, die bestrebt ist, den großen Mann in die Reihe ihrer infantilen Vorbilder einzutragen, etwa die kindliche Vorstellung des Vaters in ihm neu zu beleben. Sie löschen diesem Wunsche zuliebe die individuellen Züge in seiner Physiognomie aus, glätten die Spuren seines Lebenskampfes mit inneren und äußeren Widerständen, dulden an ihm keinen Rest von menschlicher Schwäche oder Unvollkommenheit und geben uns dann wirklich eine kalte, fremde Idealgestalt anstatt des Menschen, dem wir uns entfernt verwandt fühlen könnten.«[32] Diese unweigerliche Idealisierungstendenz, Freud sprach von einem »furor biographicus«[33], in der sich die Verwandtschaft der Biographik mit dem Mythos zu erkennen gibt, kann, da die Beziehung zu Vätern und Vorbildern notwendig ambivalent ist, auch in eine Demontagearbeit umschlagen. »Die biographische Wahrheit ist nicht zu haben.«[34] Andere mehr technische Schwierigkeiten mögen diese Zweifel noch vertieft haben — die Lückenhaftigkeit des überlieferten Materials, die Kompliziertheit selbst der einfachsten seelischen Vorgänge, die Tatsache, daß die Gleichzeitigkeit oft gegenläufiger Prozesse in der biographischen Beschreibung nur durch ein Nacheinander wiedergegeben werden kann, die Gültigkeit des Prinzips der Überdeterminierung, also die

[29] Freud, 1968, S. 96. [30] Freud, 1928*b*, S. 405, Anm.
[31] Freud, 1963, S. 36. [32] Freud, 1910*c*, S. 202f. [33] Sachs, 1945, S. 108.
[34] Freud, 1968, S. 137.

Möglichkeit, daß Hervorbringungen des psychischen Apparates mehrfach motiviert sein können, usw.: »Was für Pfuschereien sind unsere Reproduktionen, wie jämmerlich zerpflücken wir diese großen Kunstwerke der psychischen Natur!«[35]

Sein Mißtrauen gegenüber biographischen Rekonstruktionsversuchen steigerte sich allerdings zu aggressiver Abwehr, sobald sie sich auf ihn selbst richteten. Seine Privatheit verteidigend, beharrte er stets eigensinnig darauf, daß nur er darüber zu befinden habe, wieviel von seinen inneren Schicksalen enthüllt werden solle: er verlange, in Ruhe gelassen zu werden. Biographische Studien, die zu seinen Lebzeiten veröffentlicht wurden, verfolgte er mit Argwohn und kritisierte sie scharf. Stefan Zweigs betulicher Charakterskizze hielt er entgegen, daß sie allzu ausschließlich das kleinbürgerlich-korrekte Element betone, »der Kerl ist doch etwas komplizierter«[36]. Und an Fritz Wittels, seinen »ungebetenen Biographen«[37], schrieb er einen langen Brief, in dem er ihm viele Fehler nachweist und mit den Sätzen beginnt: »Ich hätte natürlich ein solches Buch nie gewünscht und gefordert. Es scheint mir, daß die Öffentlichkeit kein Anrecht an meine Person hat und auch nicht an mir lernen kann, solange mein Fall – aus mannigfachen Gründen – nicht voll durchsichtig gemacht werden kann.« Dann folgt: »Sie wissen zu wenig von Ihrem Objekt und können darum auch die Gefahr nicht vermeiden, ihm in Ihren analytischen Bemühungen Gewalt anzutun.«[38] Arnold Zweig bat er inständig, von der »Drohung«, seine Biographie zu schreiben, abzulassen.[39]

Es besteht kein Zweifel, daß Freud die eigene Person hinter das Werk zurücktreten sehen wollte. Sein Bedürfnis, »Spuren zu hinterlassen«, hatte sich in der Leistung erfüllt. »People should interest themselves in psychoanalysis, and not in my person«, hielt er einem amerikanischen Lehranalysanden entgegen.[40] Für sich selbst hat er also ein Stück Vergessenheit reklamiert. Die entscheidenden Sätze finden sich in der ›Nachschrift zur *Selbstdarstellung*‹: »Zwei Themen ziehen sich durch diese Arbeit, das meiner Lebensschicksale und das der Geschichte der Psycho-

[35] Aus einem unveröffentlichten Brief Freuds an C. G. Jung vom 30. Juni 1909.
[36] Freud, 1960, S. 398. [37] Freud, 1900*a*, S. 219, Anm.
[38] Freud, 1960, S. 345. Ähnlich vernichtend wurden die biographischen Versuche von Maylan (1929) und Roback (1929) kommentiert (vgl. Jones, 1962*b*, S. 176 und S. 521f.).
[39] Freud, 1968, S. 137. Zweig hat diesem Wunsch mit Rücksicht auf die Ergänzung zur »*Selbstdarstellung*«, an der Freud damals arbeitete, entsprochen.
[40] Wortis, 1954, S. 121.

analyse. Sie treten in die innigste Verbindung zueinander. Die *Selbstdarstellung* zeigt, wie die Psychoanalyse mein Lebensinhalt wird, und folgt der berechtigten Annahme, daß nichts, was mir persönlich begegnet ist, neben meinen Beziehungen zur Wissenschaft Interesse verdient ... Was sonst meine persönlichen Verhältnisse, meine Kämpfe, Enttäuschungen und Erfolge betrifft, so hat die Öffentlichkeit kein Recht, mehr davon zu erfahren.«[41]

Dieser Einstellung entspricht die Tatsache, daß Freud eigenes unbewußtes Material und Berichte aus seiner Kindheit in seinen Schriften konsequent stets nur exemplarisch, d. h. als Illustration bei der Darstellung komplizierter psychischer Zusammenhänge anführt. Nirgends bringt er die weit verstreuten Details zu einer kohärenten Fallgeschichte zusammen; nie erfüllen sie die Funktion absichtlicher Selbststilisierung oder gar exhibitionistischer Zurschaustellung. So hat sich Freud auch stets geweigert, eine »intime« Autobiographie zu schreiben, ein Vorschlag, der ihm wiederholt gemacht wurde, u. a. im Auftrag eines amerikanischen Verlegers, von seinem Neffen Edward Bernays, an den er, »eine solche Gemeinheit« von sich weisend, schrieb: »Mein Leben ist ... äußerlich ruhig und inhaltslos verlaufen und mit wenigen Daten zu erledigen. Eine psychologisch vollständige und aufrichtige Lebensbeichte würde aber so viel Indiskretionen über Familie, Freunde und Gegner, meist noch lebend, erfordern ... daß sie sich glatt ausschließt. Was alle Autobiographien wertlos macht, ist ja ihre Verlogenheit.«[42]

Fragt man nach den Motiven für diese Zurückhaltung, so wird man es gewiß nicht bei dem Hinweis auf den bürgerlichen Respekt vor der Privatsphäre bewenden lassen können. Ohne Zweifel haben ihn schlechte Erfahrungen mit Journalisten und Kritikern darüber belehrt, daß gerade seine Lehre mit ihren provozierenden Inhalten die Sensationslust seiner Zeitgenossen in besonderem Maße anzog und daß auch er selbst, der Entdecker, im Ziel dieser Neugier stand. Freud hat seine Haltung »Selbstschutz« genannt. Eine wichtige Rolle spielt dabei wohl die Erinnerung an die Veröffentlichung vieler intim-autobiographischer Mitteilungen in der *Traumdeutung:* »Man kann sich's nicht verbergen, daß schwere Selbstüberwindung dazu gehört, seine Träume zu deuten und mitzuteilen. Man muß sich

[41] S. unten, S. 97 und S. 99. [42] Freud, 1960, S. 387.

als den einzigen Bösewicht enthüllen unter all den Edlen, mit denen man das Leben teilt.«[43] Diese Eröffnungen, von seiner intellektuellen Aufrichtigkeit einer ursprünglichen Scheu, Privates preiszugeben, abgetrotzt, hat er angesichts der höhnischen Verständnislosigkeit, mit der das Buch aufgenommen wurde, oft bereut. Hinter seinem Rückzug steckt gewiß ein Stück nicht verwindbarer Kränkung. Vielleicht hat Freud aber auch schon etwas von jenen Entstellungen vorausgeahnt, die die Psychoanalyse insbesondere in den Vereinigten Staaten seit seinem Tode erfuhr, wo die flachste Popularisierung sie auf das Niveau gesellschaftlicher Entlarvungsspiele herabgebracht hat, die mit durchaus totalitärem Anspruch private Tatsachen vor die Öffentlichkeit ziehen. Solchen Tendenzen, die sich auch hierzulande allmählich bemerkbar machen, hätte er sich zu entziehen versucht. Sein Hauptmotiv wird jedoch zweifellos die Sorge gewesen sein, daß die Bekanntgabe der personalen Ursprünge der Psychoanalyse von seinen Gegnern dazu benutzt werden könnte, seinen Theorien den Wissenschaftsanspruch abzustreiten.[44] Nicht zufällig reagierte er auf die Behauptung, er sei eigentlich ein Künstler, stets äußerst allergisch und erblickte darin eine besonders gut verkleidete Form des Widerstandes gegen seine herausfordernden Erkenntnisse. Um solchen Mißverständnissen zuvorzukommen, wollte er die Psychoanalyse von den Erfahrungen der eigenen Person verselbständigen, das Werk von sich abrücken.

Die im vorliegenden Buch gesammelten Schriften, das gilt insbesondere für die beiden bedeutendsten, die »*Selbstdarstellung*« und ›Zur Geschichte der psychoanalytischen Bewegung‹, werden zwar gewöhnlich als seine »autobiographischen« bezeichnet, sind aber keineswegs psychoanalytische Selbstportraits, sondern vielmehr Entstehungsgeschichten seines Werks, Berichte über seine wissenschaftliche Laufbahn und gleichzeitig Einführungen in die Psychoanalyse. Sie sind nicht zuletzt von den in den ›Editorischen Hinweisen‹[45] erwähnten Zwecken geprägt, für die sie geschrieben wurden. Daß sie nicht als triebdynamische Cha-

[43] Freud, 1900*a*, S. 489.

[44] Erst in jüngster Zeit erwies sich diese Befürchtung wieder als berechtigt. Bestimmte Ergebnisse von David Bakans unpolemischer ideengeschichtlicher Untersuchung (1958) über die Beziehung Freuds sowie bestimmter Züge der Psychoanalyse zur Tradition des jüdischen Mystizismus wurden 1965 in einem unqualifizierten Totalangriff Percival Baileys zu pamphletistischen Argumenten gegen den Wissenschaftscharakter der Freudschen Theorien umgemünzt.

[45] S. S. 37f. und S. 141f.

rakterbilder angelegt sind, zeigt sich allein schon daran, daß der frühen Kindheit keine besondere Aufmerksamkeit geschenkt wird. Zwar enthält die »*Selbstdarstellung*« — »ich hatte sie ohne inneren Drang nur auf Drängen des Herausgebers geschrieben«[46] — einige knappe Daten, sie läßt aber die entscheidenden familiären Konstellationen und Konfliktszenen, auf die Freud viele Züge seiner Persönlichkeit zurückgeführt hat, unerwähnt. Die andere für seine unbewußten Schicksale bedeutsame Ereignisfolge, die Selbstanalyse, kommt in der ›Geschichte‹[47] nur beiläufig, in der »*Selbstdarstellung*« überhaupt nicht vor. Die Erzählung von den Anfängen seiner Theorien macht also absichtlich vor der Rekonstruktion der damit eng verwobenen Erfahrung mit dem eigenen Unbewußten halt.

Dennoch hat Freud, überall in seinen Schriften verstreut, im psychoanalytischen Sinne intim-autobiographische Details publiziert – von ›Zum psychischen Mechanismus der Vergeßlichkeit‹[48] aus dem Jahre 1898 bis hin zum 1936 veröffentlichten Brief an Romain Rolland über ›Eine Erinnerungsstörung auf der Akropolis‹[49]. Allerdings variiert die Häufigkeit solcher Mitteilungen Freuds in den einzelnen Phasen seines langen psychoanalytischen Forscherlebens erheblich. Am meisten erfährt der Leser aus den Schriften um die Jahrhundertwende, den Zeugnissen jener »schönen heroischen Zeit«[50] des engen Zusammenhangs zwischen Erkenntnisfortschritt und persönlicher Entwicklung; gemeint ist wiederum die Phase der Selbstanalyse, in der Freuds Interesse sich zunehmend den Erscheinungen des »normalen« Seelenlebens, besonders Träumen und Fehlleistungen, zuwandte. Nach 1905, also in der Periode der Konsolidierung und allmählichen Institutionalisierung der Psychoanalyse, werden die autobiographischen Beispiele deutlich seltener. Es ist, als ob Freud mit dem Heraustreten aus der »splendid isolation«[50] der Anfänge gleichsam eine Reprivatisierung seines eigenen Unbewußten angestrebt hätte. Erst im Alter zog er dann an sich selbst Beobachtetes wieder häufiger expressis verbis zur Illustration heran.

Fragt man nach den »eigentlichen« autobiographischen Werken, also Schriften, die unbewußtes Material enthalten, so ist selbstverständlich an erster Stelle *Die Traumdeutung* zu nennen. Tatsächlich ist dieses große Buch, zumal in der ersten Hälfte, durch

[46] Brief an Georg Groddeck vom 26. April 1925, in: Groddeck, 1970, S. 77.
[47] S. unten S. 156. [48] Freud, 1898*b*. [49] Freud, 1936*a*. [50] S. unten S. 157.

die Deutung der Freudschen Beispielträume so etwas wie ein höchst originelles, mosaikhaftes psychoanalytisches Selbstbildnis und ein Stück Familienchronik. Die »subjektive Bedeutung« des Buches als Reaktion auf den Tod seines Vaters[51] hat Freud zwar selbst erst nach der Erstveröffentlichung begriffen, der autobiographische Charakter des Werks aber stand ihm von Anfang an klar vor Augen: »Nun muß ich aber den Leser bitten, für eine ganze Weile meine Interessen zu den seinigen zu machen und sich mit mir in die kleinsten Einzelheiten meines Lebens zu versenken«[52] – von der genauen Topographie der Wohnung in der Berggasse, dem allmählichen Ergrauen des Bartes, der Vorliebe für Artischocken bis zum Ankerbausteinkasten der Kinder. Weil ihm die Träume seiner Patienten infolge der durch schwere Neurosen eingeschalteten Komplikationen nicht geeignet erschienen, an ihnen Phänomene des normalen Seelenlebens sowie die allgemeinen Regeln der Traumdeutung zu demonstrieren, bediente er sich der eigenen Traumproduktionen. Nach wie vor ist *Die Traumdeutung* die wichtigste Quelle der Freud-Biographik.[53] In *Zur Psychopathologie des Alltagslebens*[54] analysierte Freud die unbewußten Motive eigener Fehlleistungen. Und in der Arbeit ›Über Deckerinnerungen‹[55] findet sich, kaschiert hinter dem Bericht eines fiktiven Patienten, eine der längsten zusammenhängenden Mitteilungen Freuds über seine Kindheit und Jugend.[56] Im wesentlichen aus den in diesen drei Schriften von Freud selbst bekanntgegebenen Fakten haben die Biographen seine »prähistorische« Zeit, also die ersten drei Lebensjahre, rekonstruiert.[57] Daneben gibt es zahlreiche kleinere Arbeiten[58], in denen Freud seelische Gesetzmäßigkeiten ausdrücklich am Beispiel von

[51] Freud, 1900*a*, S. X. [52] AaO, S. 110.

[53] Eigene Träume und deren Deutungen enthält auch die kleine Arbeit *Über den Traum* (1901*a*).

[54] Freud, 1901*b*. [55] Freud, 1899*a*.

[56] Siegfried Bernfeld hat dies 1946 in seinem Aufsatz ›An Unknown Autobiographical Fragment by Freud‹ überzeugend nachgewiesen.

[57] Das Hauptverdienst gebührt hier wiederum einer Arbeit von Siegfried Bernfeld und Suzanne Cassirer Bernfeld: ›Freud's Early Childhood‹ (1944).

[58] Zu ihnen zählt neben den erwähnten Studien über den psychischen Mechanismus der Vergeßlichkeit und über die Erinnerungsstörung z. B. ›Zur Psychologie des Gymnasiasten‹ (1914*f*), ›Das Unheimliche‹ (1919*h*) und ›Die Feinheit einer Fehlhandlung‹ (1935*b*). Die ausführliche Erwähnung der zahlreichen Passagen, in denen Freud in wieder anderen Werken, etwa im ›Nachwort zur »Frage der Laienanalyse«‹ (1927*a*, S. 290f.), in den Arbeiten über Popper-Lynkeus (1923*f* und 1932*c*) oder in *Der Mann Moses und die monotheistische Religion* (1939*a*, z. B. S. 156ff.), von seiner wissenschaftlichen und beruflichen Laufbahn und von den Schicksalen der Psychoanalyse berichtet, erübrigt sich in diesem Zusammenhang.

Selbsterfahrungen analysiert. Von autobiographischer Bedeutung sind nicht zuletzt auch solche Schriften, in denen er zwar nicht expressis verbis von sich selbst spricht, aber doch psychische Phänomene behandelt, zu denen er an anderer Stelle eine innere Verwandtschaft bekannt hat. Ein Beispiel dafür ist die Studie über den Menschentypus, der »am Erfolge scheitert«, den also nicht die Versagung, sondern die Erfüllung eines elementaren Wunsches krank macht.[59]

Man muß sich aber davor hüten, schlicht das ganze Oeuvre zur confessio zu erklären, und gegenüber den abenteuerlichen Konstruktionen mancher Interpreten, die noch hinter der Studie über ›Eine Teufelsneurose im siebzehnten Jahrhundert‹[60] Autobiographisches wittern, ist Skepsis geboten. Als unentbehrliche biographische Quellen haben sich dagegen die nach Freuds Tod erschienenen zahlreichen Briefsammlungen erwiesen. Für die Anfänge der Psychoanalyse und die in der offiziellen *»Selbstdarstellung«* zu kurz gekommene frühe Kindheit Freuds sind die Briefe an Wilhelm Fließ[61], obgleich bisher nicht vollständig zugänglich, von höchster Wichtigkeit. Sie sind das faszinierende, fast tagebuchartige Protokoll des zu Beginn dieser Einleitung geschilderten dramatischen Forschungsprozesses, der Mühsal der Selbstanalyse und des Glücks der großen Funde. Sie sind gleichzeitig eine Dokumentation von der Entstehung des Traumbuchs. Wer sich für Freuds Biographie und die Geschichte der Psychoanalyse ernstlich interessiert, dem sei immer wieder die *kombinierte* Lektüre von *Traumdeutung* und Fließ-Briefen empfohlen.[62]

III. Strategien der Selbstverhüllung und Selbstdarstellung

Freud soll, in seiner Bibliothek vor der 143bändigen Sophienausgabe stehend, einmal bemerkt haben, Goethe habe all dies zur Selbstverhüllung gedient[63], und seine Frankfurter Goethe-

[59] In ›Einige Charaktertypen aus der psychoanalytischen Arbeit‹ (1916*d*, S. 370ff.); vgl. dazu ›Eine Erinnerungsstörung auf der Akropolis‹ (1936*a*, S. 252f.).
[60] Freud, 1923*d*. [61] Freud, 1962.
[62] Ähnlich wie die Fließ-Briefe haben die gleichfalls nur in Auszügen veröffentlichten Briefe an die Braut Tagebuchcharakter. Sie sind, ebenso wie viele andere Dokumente des von Ernst und Lucie Freud edierten Bandes vorwiegend persönlicher Briefe (Freud, 1960), auch von großem biographischem Interesse.
[63] Der deutsche Wortlaut des von Hanns Sachs (1945, S. 103) besonders deutlich erinnerten Ausspruchs ist nicht erhalten.

preis-Rede endet mit der Feststellung, daß der Dichter nicht nur »ein großer Bekenner war, sondern auch trotz der Fülle autobiographischer Aufzeichnungen ein sorgsamer Verhüller. Wir können nicht umhin, hier der Worte Mephistos zu gedenken:

›Das Beste, was du wissen kannst,
Darfst du den Buben doch nicht sagen.‹«[64]

Wie ein Leitmotiv taucht dieses Zitat in Freuds Schriften und Briefen immer wieder dann auf, wenn er zu erklären versucht, daß er bestimmte Inhalte des eigenen unbewußten Materials nicht preisgeben könne, so etwa im Zusammenhang mit dem erwähnten für die Selbstanalyse stehenden Beispieltraum von der Präparation am eigenen Körper.[65] Tendenzen zur Selbstverhüllung, ja Verheimlichung finden sich nicht nur in Freuds früher Jugend und in der Verlobungszeit, in der er mit seiner Braut eine »Geheimchronik« führte, auch später noch war er, vor allem hinsichtlich seiner Kindheitserlebnisse, selbst in der Familie »wortkarg«[66]; bis ins hohe Alter bediente er sich zum Selbstschutz fortgesetzt ausgeklügelter Strategien.

Mehrmals in seinem Leben hat Freud große Teile seiner Briefe, Manuskripte und Exzerpte zerstört. Das erstemal im April 1885: ». . . das Zeug legt sich um einen herum wie der Flugsand um die Sphinx, bald wären nur mehr meine Nasenlöcher aus dem vielen Papier herausgeragt; ich kann nicht reifen und nicht sterben ohne die Sorge, wer mir in die alten Papiere kommt . . . Die Biographen aber sollen sich plagen, wir wollen's ihnen nicht zu leicht machen. Jeder soll mit seinen Ansichten über die ›Entwicklung des Helden‹ recht behalten, ich freue mich schon, wie die sich irren werden.«[67] Etwa ein Vierteljahrhundert später folgte bei einer Änderung der Wohnungseinteilung die zweite, nicht minder gründliche Dokumentenvernichtung. Die dritte Sichtung im Jahre 1938 wurde allerdings von den Vorbereitungen für die Emigration aufgezwungen.

Daß sich Freud Briefveröffentlichungen, auch wenn es sich um wissenschaftlich relevante Korrespondenzen handelte, grundsätzlich widersetzt hat, ist mehrfach bezeugt. Als er davon hörte, daß Fließ' Witwe seine an ihren Mann gerichteten Briefe verkauft hatte, reagierte er mit Empörung. An seine Schülerin Ma-

[64] Freud, 1930*e*, S. 550. [65] Freud, 1900*a*, S. 456.
[66] Dies berichtet Martin Freud in den sehr anschaulichen Erinnerungen an seinen Vater (1958, S. 82).
[67] Freud, 1960, S. 136.

rie Bonaparte, die diese Briefe erwarb, schrieb er: »Unsere Korrespondenz war die intimste, die Sie sich denken können. Es wäre höchst peinlich gewesen, wenn sie in fremde Hände gefallen wäre ... Ich möchte nichts davon zur Kenntnis der sogenannten Nachwelt kommen lassen.«[68]
Eine andere Verhüllungsstrategie bestand darin, persönliche Mitteilungen oder Ansichten entweder anonym zu veröffentlichen oder durch fingierte Figuren oder Zitate ausdrücken zu lassen. So hat er seine zuerst 1914 anonym publizierte Interpretation der Mosesstatue des Michelangelo[69] erst 1924 in den *Gesammelten Schriften* unter seinen Namen genommen. Die Arbeit war etwa zur selben Zeit niedergeschrieben worden wie die im vorliegenden Band enthaltene Schrift ›Zur Geschichte der psychoanalytischen Bewegung‹; sie ist insgeheim ein Appell an sich selbst, die durch die Sezessionen Alfred Adlers und C. G. Jungs aufgestörten Emotionen im Interesse der Fortentwicklung seiner Lehre in sich niederzuringen. Die kleine Arbeit ›Zur Vorgeschichte der analytischen Technik‹[70], in der er eine mögliche, aber vergessene Verbindung zwischen der Entwicklung seiner Methode der freien Assoziation und der Börne-Lektüre seiner frühen Jugend herstellt sowie, zu Anfang, einmal mehr sich gegen die These zur Wehr setzt, er sei eigentlich ein Künstler, hat er zunächst lediglich mit einem »F.« gekennzeichnet und im Text von sich selbst als von »Prof. Freud« gesprochen. In dem späten, 1938 erschienenen Artikel ›Ein Wort zum Antisemitismus‹[71] faßte Freud seine Ansichten, deren Wirkung er für größer gehalten hätte, wenn sie von einem Nichtjuden ausgesprochen worden wären, in einem langen, aller Wahrscheinlichkeit nach fingierten Zitat zusammen, an dessen Quelle er sich angeblich nicht zu entsinnen vermochte. Schließlich hat Freud über Jahre hinweg systematisch versucht, die 1899 publizierte und tatsächlich erst 1946 als autobiographisch identifizierte Arbeit ›Über Deckerinnerungen‹, ungeachtet der in den einzelnen Auflagen der *Traumdeutung* später zugänglich gewordenen biographischen Details, unter allen Umständen, z. B. durch bezeichnende Änderungen in den Editionen des Traumbuchs, als Bericht über eigene Kindheits- und Jugenderlebnisse unkenntlich zu halten.[72]

[68] Brief vom 3. Januar 1937, bisher nur auszugsweise veröffentlicht in: Jones, 1962*b*, S. 253. Vgl. zur ablehnenden Haltung gegenüber Briefpublikationen auch Loewenstein (1951, S. 624ff.) und Meng (1956, S. 518).
[69] Freud, 1914*b*. [70] Freud, 1920*b*. [71] Freud, 1938*a*.
[72] Vgl. Grinstein, 1968, S. 57ff.

Insbesondere die zahlreichen intim-autobiographischen Mitteilungen der *Traumdeutung* hat Freud einer Vielzahl von Verhüllungsstrategien unterworfen. Es habe sich als notwendig erwiesen, »durch Auslassungen und Ersetzungen manchen Indiskretionen die Spitze abzubrechen; sooft dies geschah, gereichte es dem Werte der von mir verwendeten Beispiele zum entschiedensten Nachteile.«[73] Fast niemals hat er die ihm in vielen Fällen zugänglichen vollständigen Deutungen seiner Träume mitgeteilt. Häufig ließ er in der Wiedergabe des manifesten Trauminhalts wie in den nachträglichen Assoziationen auch die konkreten Namen fort. Vor allem analysierte er die großen Beispielträume nicht jeweils auf einmal, sondern verteilte ihre Deutung über das ganze Buch, indem er in ganz verschiedenen Passagen immer andere Elemente jedes einzelnen Beispieltraums neu aufgriff und daran, je nachdem, die verschiedenen Mechanismen der Traumarbeit, also Verdichtung, Verschiebung, sekundäre Bearbeitung usw., erläuterte. Eine Traum*synthese* führte er ausdrücklich deshalb nicht vor, weil sie keine Aussparungen zulasse; denn allein »die Analyse durfte unvollständig sein und behielt ihren Wert, wenn sie auch nur ein Stück weit in das Gewebe des Traumes hineinführte«[74]. Verhüllung gelingt Freud ferner durch eine besondere Kürzeltechnik, indem er den schier unglaublichen mythologischen, historischen und literarischen Anspielungsreichtum, das gleichsam Zitathafte seiner Traumbildungen unerläutert stehenläßt, ja noch durch ähnliche Kompressionen in den sich um den manifesten Trauminhalt rankenden nachträglichen Assoziationen ergänzt. Zwar ist anzunehmen, daß das Netz der etwa in Oskar Panizzas Drama *Liebeskonzil* oder in Henry Rider Haggards Roman *She* entfalteten unbewußten Motivkonstellationen und Handlungen beim damaligen Leser eher als bekannt vorausgesetzt werden konnte als beim heutigen, dennoch besteht kein Zweifel, daß Freud solche Kürzel[75], also die einfache Nennung von Namen, Titeln, Orten usw., ohne Erklärung stehenließ, weil er einerseits die Triebhintergründe seiner Beispielträume nicht unterschlagen, andererseits zu deren Erhellung aber dem Leser eigene assoziative Anstrengung und Exegese abverlangen wollte.

[73] Freud, 1900*a*, S. VIII. [74] AaO, S. 315.

[75] Grinstein (1968) hat neben den Abbruchstellen der Deutungen insbesondere diese Anspielungen auf Mythos, Geschichte und Literatur in der *Traumdeutung* untersucht und durch ihre Auffächerung latentes Traummaterial nachträglich zutage bringen können.

Fast immer handelt es sich um sexuelle Themen, wenn Freud in der *Traumdeutung* die beschriebenen Verhüllungsstrategien anwendet. Zwar gab er als Grund für diese Auslassungen an, daß er sich »bei der Erklärung sexueller Träume tief in die noch ungeklärten Probleme der Perversion und der Bisexualität verstricken müßte«[76] und deshalb derartiges Material für später aufgespart habe, aus den Briefen an Fließ ist jedoch zu schließen, daß dieser, wahrscheinlich nicht zuletzt mit Rücksicht auf die Reaktion der Kritik, auf Freud eingewirkt hat, solche zum Widerspruch aufreizenden Fakten, die ihn noch dazu persönlich bloßstellen könnten, im Traumbuch möglichst zu unterdrükken.[77] Daß diese Auslassungen den Leser daran hindern würden, von der dominanten Rolle der Sexualität im Traumleben eine zureichende Vorstellung zu gewinnen, hat Freud klar als einen Mangel des Buches erkannt.[78] Eine Zeitlang verfolgte er sogar den schließlich doch nicht verwirklichten Plan, die ursprüngliche Fassung überhaupt nicht mehr zum Nachdruck freizugeben, sondern zur Demonstration seiner Traumtheorie lieber allmählich zusammengetragene, vollständig deutbare Träume von in der Öffentlichkeit nicht bekannten Personen heranzuziehen.[79]

Von den sexuellen Themen abgesehen, hat Freud in diesem Buch jedoch viele im Wachleben längst beherrschte eigene Züge, die ihm in seinen Traumanalysen wiederbegegneten, mit rückhaltloser Offenheit dargestellt: egoistische Strebungen, Größensucht und Ehrgeiz, Unzufriedenheit mit der bescheidenen sozialen Herkunft, Eifersucht des alternden Mannes auf die Jugend der eigenen Söhne. Ohne Schonung gegen sich selbst berichtete er von seinen frühen, wohl etwas leichtfertigen, von der Fachwelt jedenfalls scharf kritisierten Kokainverschreibungen, einer vorübergehenden deutschnationalen Gesinnungsphase, der gesetzeswidrigen Handlung eines Onkels, Furcht vor Antisemitismus, Sehnsucht nach voller gesellschaftlicher Integration durch die Erlangung einer Professur.

Neben diesen direkten Aussagen über sich selbst[80] gibt es in-

[76] Freud, 1900*a*, S. 612, Anm. [77] Freud, 1962, z. B. S. 250.

[78] Vgl. z. B. Nunberg und Federn, 1967, S. 218f.

[79] Hinweis in einem noch nicht veröffentlichten Brief Freuds an C. G. Jung vom 17. Februar 1911.

[80] Selbstverständlich enthalten die verschiedenen Briefausgaben eine Fülle teilweise ausführlicher Selbstcharakterisierungen. Ihre Inhalte können wegen Freuds prinzipiell ablehnender Haltung gegenüber Briefpublikationen jedoch nicht als für die Öffentlichkeit bestimmte Selbstdarstellungen gelten.

dessen in Freuds Schriften noch andere Formen der Selbstdarstellung. Gewiß impliziert das Ziel, das nach Freuds Beschreibung die Neurosenbehandlung anzustreben hat, ein von ihm generell, also auch für sich selbst befürwortetes Modell der Lebensführung und Konfliktbewältigung. Wichtiger ist aber jene lange Serie von Identifikationen, die Freud, bewußt sowie in Traumleben und Phantasie, vollzogen hat, und zwar nicht nur in seiner frühen Jugend bei der Suche nach der eigenen Identität, sondern bis ins hohe Alter zur ständigen Selbstkorrektur und Selbststabilisierung. Diese Identifikationen sind eine biographisch besonders aufschlußreiche Variante seines durchgängig historischen, ohne Zweifel am Studium antiker Lebensweise geschulten Ichgefühls, jener Faszination, welche die Vergegenwärtigung des Vergangenen stets auf ihn ausgeübt hat. Das Sichhineinversetzen in »gelebte Vita«[81] war für ihn nicht ein bloßes Repetieren vorbildhafter historischer und mythologischer Biographien, er übte es als phantasievolles, nicht selten auch ironisches Spurenverfolgen, als Bereicherung des eigenen Selbst durch erinnerte Tradition. Es ist unmöglich, hier die komplizierten Wege und verwinkelten Assoziationshöfe dieser sukzessiven Identifikationen abzugehen. In ihrem Zentrum stehen Charakterzüge und Lebensläufe ganz verschiedener Figuren. Dazu gehören: der biblische Joseph, Echnaton, Alexander der Große, Hannibal, Cäsar, aber auch Brutus, Wilhelm der Eroberer, der polnische König Sigismund III., Cromwell, die großen Figuren der Französischen Revolution, Napoleon, Masséna und Garibaldi, Schliemann und Nansen sowie, gleichsam als Schriftstellerimagines, Sophokles, Horaz, Lessing und Goethe.

Daß bei seinen großen biographischen Studien der Mosesfigur und des Leonardo gleichfalls Identifikations- und Projektionsmechanismen eine motivierende Rolle gespielt haben, ist mittlerweile durch zahlreiche Untersuchungen nachgewiesen. In den Briefen taucht die Mosesidentifikation wiederholt expressis verbis auf. So schrieb Freud beispielsweise an Jung: »Sie werden als Joshua, wenn ich der Moses bin, das gelobte Land der Psychiatrie, das ich nur von der Ferne erschauen darf, in Besitz nehmen.«[82] Oder an Ferenczi: »Im Moment ist die Situation in Wien so, daß ich mich mehr wie der historische, nicht so sehr wie der Moses des Michelangelo fühle.«[83] An dessen Statue

[81] Der Begriff stammt von Ernst Kris (1935, S. 342ff.).
[82] Aus einem bisher unveröffentlichten Brief Freuds vom 17. Januar 1909.
[83] Käte Victorius, 1956, S. 3.

hatte Freud, wie erwähnt, die vom Zürnen des überlieferten Moses abweichende Beherrschung der Leidenschaften, die Darstellung einer vorbildlichen Sublimierungsleistung gefesselt. Noch ein Vierteljahrhundert später, im Juli 1938, etwa ein Jahr vor seinem Tode, soll er in einem Gespräch mit Salvador Dali fast inbrünstig gesagt haben: Moses ist fleischgewordene Sublimierung.[84] Das Thema der Sublimierung, das offenbar jene Unterhaltung beherrscht hat[85], ist von höchster biographischer Relevanz. Es dominiert auch die Analyse des Leonardo. »Ich bin wie andere der Anziehung unterlegen, die von diesem großen und rätselhaften Manne ausgeht, in dessen Wesen man mächtige triebhafte Leidenschaften zu verspüren glaubt, die sich doch nur so merkwürdig gedämpft äußern können.«[86] Man erinnere sich an Freuds frühe Selbstcharakterisierung in einem Brief an seine Braut: »Und dabei war ich immer so ohnmächtig und konnte die glühenden Leidenschaften nicht ... zum Ausdruck bringen. So habe ich mich immer unterdrückt, und das, glaube ich, muß man mir ansehen.«[87] Dieser äußerlichen Parallelität entspricht die offensichtliche Verwandtschaft bestimmter Charaktermerkmale Freuds mit den an Leonardo diagnostizierten zwanghaften Zügen sowie mit dessen Fähigkeit, den größten Teil seiner »primitiven« Triebregungen in einem unersättlichen Wissensdrang zu sublimieren.

Gleichgesetzt hat sich Freud aber nicht nur mit bestimmten konkreten Personen, sondern auch mit typischen Temperamenten und Berufen: Konquistadoren, Entdeckungsreisenden, Archäologen. Nicht zuletzt diente ihm selbst die Sprache als Vehikel der Identifikation und Selbstdarstellung. Manche Zitate, beispielsweise das zu Beginn dieses Abschnitts genannte Mephisto-Wort, hat Freud immer wieder in seinen Werken, etwa als Motto, und, wie zeitgenössische Berichte mitteilen, auch im persönlichen Gespräch oder bei der analytischen Behandlung benutzt. Sie hafteten in seinem Gedächtnis wie Maximen. Walter Schönau hat in seiner stilkritischen Untersuchung der Prosa Freuds[88] ganz bestimmte Gruppen von Metaphern, Vergleichen und Gleichnissen freigelegt, die biographisch relevanten Vorstellungsbezirken entstammen. Dazu zählen z. B. die Bezüge auf den Bildbereich der »Ewigen Stadt«, die im zeitgenössischen

[84] Dali, 1942, S. 398.

[85] »I remember with what fervor he uttered the word ›sublimation‹ on several occasions.« (AaO)

[86] Freud, 1910c, S. 207. [87] Freud, 1960, S. 197. [88] Schönau, 1968.

Sprachgebrauch nicht selten waren und mit denen sich gerade deshalb Freuds komplexe, neurotische Romscheu bzw. Romsehnsucht besonders wirksam gleichzeitig zum Ausdruck bringen und verhüllen ließ.

Die Freud-Biographik, auf deren mittlerweile fast unübersehbar gewordene Literatur hier nicht einmal hingewiesen werden kann, hat zwar viele der Verhüllungsstrategien Freuds durchbrochen, indem sie beispielsweise die über das ganze Werk verstreuten autobiographischen Mitteilungen zusammengetragen und chronologisch aneinandergereiht hat[89], jedoch ist das Freud-Bild, allen Archivstudien und imaginativen Anstrengungen der Nachfolgegenerationen zum Trotz, seltsam unscharf geworden. Genauer: sieht man vor allem von einigen farbigen, zumeist kürzeren Augenzeugenberichten und zeitgenössischen Anekdotenschilderungen ab, in denen Freud sich bewegt, spricht, lebt, bieten sich dem heutigen Leser zwei konträre, gleichermaßen unwirkliche und schemenhafte Ansichten. Einerseits haben manche seiner Biographen ihren »Idealisierungstendenzen« die Zügel schießen lassen und ein flaches, harmonisiertes Heldenbild geschaffen, das die tatsächliche Gestalt Freuds in ihrem großartigen Facettenreichtum, ihrer »nach allen Richtungen hin dynamisch bewegten Komplikation«[90] dem Vorstellungsvermögen entrückt. Andererseits kennzeichnet diese voranalytische Eindimensionalität aber erst recht die Züge, die seine vatermörderischen Biographen an ihm entdeckt haben wollen und die sie in eintöniger Diskriminierung ständig wiederholen. Freuds Skepsis gegen die Möglichkeit biographischer Wahrheit hat sich an ihm selbst bestätigt.

IV. Zu den Schriften dieses Bandes

Solange der Biographik nicht weitere Dokumente zugänglich gemacht werden – durch eine Ergänzung der bislang nur unvollständig publizierten Briefe, durch Edition der noch nicht veröffentlichten Korrespondenzen, der »Geheimchronik« usw., dies

[89] Hier sind neben den bereits zitierten Arbeiten der Bernfelds vor allem die Bände von Wittels (1924), Sachs (1945), Puner (1949) und Jones (1960, 1962*a* und *b*) zu nennen, deren Daten, neben denjenigen der Briefsammlungen, den seither erschienenen Biographien nach wie vor als Basismaterial dienen, das stets bloß etwas anders arrangiert und in Nuancen neu interpretiert wird.
[90] Freud, 1900*a*, S. 626.

alles gewiß gegen den ausdrücklichen Willen Freuds[91] –, kann sie nicht viel weiterkommen. Ihre Chance besteht fürs erste wohl darin, sich auf bislang unerforschte biographisch relevante Detailaspekte des Werks zu konzentrieren[92] und womöglich in der nächsten Zeit auf den Entwurf anspruchsvoller Gesamtbilder zu verzichten. Unterdessen ist das biographische Interesse des Lesers immer wieder auf Freuds *eigene* autobiographische Mitteilungen verwiesen.

Die beiden Hauptstücke des vorliegenden Bandes, die *»Selbstdarstellung«* und ›Zur Geschichte der psychoanalytischen Bewegung‹, sind, wie erwähnt, Freuds gewissermaßen offizielle autobiographische Beschreibungen, Berichte von der Entstehung seines Werks, Einführungen in seine wichtigsten Konzepte. Die Bedeutung der Selbstanalyse geht aus keiner der beiden Arbeiten hervor; sie ist deshalb zu Beginn dieser Einleitung relativ ausführlich beschrieben. Ferner sollten dem Leser als nachdrückliche Empfehlung, die Primärquellen zu studieren, Hinweise gegeben werden, in welchen anderen Werken Freuds weitere autobiographische Angaben zu finden sind.

Die *»Selbstdarstellung«* bildet den ersten Teil der Sammlung und gibt ihr den Titel, weil sie den größten Zeitraum umfaßt: sie enthält immerhin einige Auskünfte über Freuds Kindheit und reicht mit der ›Nachschrift‹ bis zum Jahre 1935. Außerdem ist sie im Unterschied zur ›Geschichte‹ keine Streitschrift, sondern ein ausgewogener Rückblick; zumindest der herkömmlichen Vorstellung von Autobiographie kommt sie zweifellos am nächsten. Die zweite amerikanische Ausgabe erschien denn auch, offenbar ohne daß Freud sich dagegen gesträubt hätte, unter dem Titel ›Autobiography‹. Die Schriften des zweiten Teils der Sammlung sind chronologisch geordnet. Die beiden letzten Arbeiten – ›Kurzer Abriß der Psychoanalyse‹ und ›Die Widerstände gegen die Psychoanalyse‹ – fügen sich in einen Band mit Schriften zur Geschichte der Psychoanalyse leicht ein; sie sind bisher auch noch nicht in preiswerten Ausgaben auf dem Markt. Dagegen ist die Aufnahme der anderen kleineren Dokumente zu erläutern.

Es handelt sich um Texte zur Vor- und Frühgeschichte der Psychoanalyse, die, in den *Gesammelten Werken* nicht abgedruckt,

[91] ». . . mit mir geht auch meine Diskretion zu Grabe« schrieb er resigniert in einem Brief an Wittels vom 15. August 1924. (Freud, 1960, S. 352.)

[92] Beispiele hierfür sind die aufschlußreichen Studien von Schönau (1968) und Grinstein (1968).

bislang schwer zugänglich waren. Einzelheiten finden sich in den ›Editorischen Hinweisen‹ jeweils zu Beginn der Texte. Für die großen Retrospektiven sind diese Dokumente vor allem deshalb eine lesenswerte Ergänzung, weil sie *Simultan*kommentare Freuds zu bestimmten Stadien seiner Entwicklung enthalten.
Da sämtliche Schriften des vorliegenden Bandes nicht in die zehnbändige kommentierte Freud-Studienausgabe aufgenommen sind, die gegenwärtig im S. Fischer Verlag aufgebaut wird, ist hier die Chance genutzt worden, die Texte, erstmals in einer deutschen Ausgabe, mit einigen editorischen Kommentaren auszustatten. Es versteht sich von selbst, daß viele Phasen der Geschichte der Psychoanalyse in den folgenden Schriften mehrmals erörtert werden; auf einige dieser Parallelstellen wird in den Fußnoten hingewiesen. Mit Rücksicht auf die Lesbarkeit sind Orthographie und Interpunktion weitgehend modernen Gepflogenheiten angeglichen, Abkürzungen zumeist aufgelöst, gelegentlich Leerzeilen eingefügt und die Petitpassagen früherer Ausgaben in normaler Schriftgröße wiedergegeben worden.[93] Mit Ausnahme der ›Editorischen Hinweise‹ stehen sämtliche Herausgeberkommentare in eckiger Klammer.[94]

Ilse Grubrich-Simitis

[93] Zur Zitierweise vgl. die Vorbemerkung zur Bibliographie am Schluß dieses Bandes.
[94] Wer immer Freud-Schriften zu edieren versucht, hat eine Dankesschuld gegenüber den jahrelangen Recherchen von Ernest Jones und James Strachey, die, auch wenn man beider Namen immer wieder nennt, nicht abzutragen ist.

I

»Selbstdarstellung«
(1925 [1924]) *

Editorische Hinweise

Der Titel der *»Selbstdarstellung«* steht in Anführungszeichen, weil er nicht von Freud selbst stammt, sondern vom Titel eines Sammelwerks abgeleitet ist: der Verlag Felix Meiner, Leipzig, hatte Freud eingeladen, in der von L. R. Grote herausgegebenen achtbändigen Sammlung *Die Medizin der Gegenwart in Selbstdarstellungen*, erschienen 1923 bis 1929, über seine Psychoanalyse zu schreiben. In dieser Sammlung berichteten bedeutende Mediziner über ihre Beiträge zur jüngsten Medizingeschichte. Nach einer Angabe von Ernest Jones (1962*b*, S. 144) hat Freud sein Manuskript – von dem er Karl Abraham schon im Juli einen ersten Entwurf zeigte – im August und September 1924 fertiggestellt. Es wurde dann im vierten Band der Groteschen Sammlung abgedruckt und ist im Februar 1925 erschienen. Freud erhielt Sonderdrucke, die er, wie in den Korrespondenzen nachzulesen, an Freunde und Mitarbeiter verteilte. 1928 wurde das Werk im elften Band der *Gesammelten Schriften* nachgedruckt; 1934 erwarb der von Freud gegründete Internationale Psychoanalytische Verlag in Wien die Rechte und veranstaltete unter dem Titel *»Selbstdarstellung«* eine Einzelausgabe.

Zusammen mit einer anderen einführenden Arbeit (*Die Frage der Laienanalyse*, 1926*e*) ließ der New Yorker Verlag Brentano 1927, in der Übersetzung von James Strachey, eine amerikanische Ausgabe des Werks unter dem Titel ›An Autobiographical Study‹, in: *The Problem of Lay-Analyses*, erscheinen. 1935 bereitete ein anderer New Yorker Verlag, Norton, an den die amerikanischen Verlagsrechte unterdessen übergegangen waren, unter dem Titel *Autobiography* eine zweite Ausgabe vor. Der Verleger bat Freud, den ursprünglichen Text von 1925 im Hinblick auf die Entwicklungen des mittlerweile vergangenen Jahrzehnts zu ergänzen. Freud hat daraufhin nicht nur die ›Nachschrift‹ (s. S. 97 ff.) verfaßt, sondern im früheren Text auch eine Reihe wichtiger Ergänzungen sowie zahlreiche neue Fußnoten hinzugefügt. Bemerkenswert ist dies nicht etwa, weil die revidierte Ausgabe zuerst in USA erschien, sondern weil in die seit 1940 veröffentlichten *Gesammelten Werke* (Bd. 14 und Bd. 16) zwar die ›Nachschrift‹ und die zusätzlichen Fußnoten übernommen, jedoch offenbar durch ein Verse-

* Die in runder Klammer stehende Jahreszahl gibt das Datum der Erstveröffentlichung an, die in eckiger Klammer dasjenige der Niederschrift.

hen, die Ergänzungen im Haupttext, bis auf den hinzugefügten Schlußsatz (S. 96), fortgelassen worden sind. Die vorliegende Ausgabe bringt sämtliche Ergänzungen; die Stellen sind entsprechend kenntlich gemacht. Eine vollständige deutsche Einzelausgabe hat der Internationale Psychoanalytische Verlag, Wien, schon 1936 herausgebracht; sie ist unverändert, lediglich mit anderen Abbildungen ausgestattet, 1946 von Imago Publishing Company, London, nachgedruckt worden.

Warum die »*Selbstdarstellung*« diesem Band nicht nur den Titel gibt, sondern auch am Anfang steht, ist in der Einleitung erläutert worden: sie ist eine der wichtigsten Quellen für das Studium von Leben und Werk Sigmund Freuds, seine ausführlichste eigene Schilderung. Obwohl das Werk, seinem ursprünglichen Zweck in der Groteschen Sammlung und Freuds eigenen Intentionen entsprechend, eher eine zusammenfassende Darstellung der Entwicklung, der Grundbegriffe und der Technik der Psychoanalyse, ihres »inneren Wachstums« und ihrer »äußeren Schicksale«, als die Nacherzählung einer Lebensgeschichte ist, enthält es doch eine überraschende Fülle persönlicher Einzelheiten, z. B. die Skizze einer Begegnung mit William James, die Beschreibung der Eindrücke der Amerika-Reise, Details über den Verlauf der Krebskrankheit, Urteile über die eigene Begabung sowie über einzelne Werke. Außerdem findet sich zu Anfang eine, wenn auch nur kurze Erwähnung der Kindheit und Jugend sowie der ersten Universitätsjahre, insbesondere der Begegnung mit den großen Lehrern Brücke und Charcot.
Dies unterscheidet die »*Selbstdarstellung*« von der ebenfalls im vorliegenden Band enthaltenen, schon 1914 verfaßten Schrift ›Zur Geschichte der psychoanalytischen Bewegung‹. Freud weist einleitend ausdrücklich auf den Zusammenhang beider Arbeiten hin: sie behandelten notwendigerweise über weite Strecken die gleichen Themen. Die »*Selbstdarstellung*« hebt sich von der ›Geschichte‹ aber nicht nur darin ab, daß sie auch Kindheit, Jugend und frühe Studienzeit sowie die Altersphase Freuds einbezieht; sie setzt andere Akzente, hat das »Mengungsverhältnis zwischen subjektiver und objektiver Darstellung« (S. 40) klar zugunsten einer gelassenen und kühlen Beschreibung verschoben.[1] Die beiden großen inzwischen verwundenen Sezessionen Alfred Adlers und C. G. Jungs werden nur noch kurz erwähnt, während sie Anlaß und Hauptthema der in leidenschaftlicher Empörung niedergeschriebenen ›Geschichte‹ bilden.
Freud war aufgefordert worden, in seiner Selbstdarstellung insbesondere seinen persönlichen Beitrag zur Geschichte der Psychoanalyse zu schildern. Infolgedessen hat er den Schwerpunkt auf jene rund zehn Jahre um die Jahrhundertwende gelegt, in denen er in fast völliger

[1] Vielleicht sollte daran erinnert werden, daß die »*Selbstdarstellung*« nach Freuds erster großer Gaumenoperation, also im Bewußtsein der Todeskrankheit, geschrieben ist.

Isolation den Grund bereitet hat, auf dem später seine Mitarbeiter und er selbst weiterbauen konnten.[2] Diese Schilderungen, die in der ›Nachschrift‹ bis 1935 fortgeführt werden, geben dem Leser gleichzeitig eine Einführung in die Inhalte der Psychoanalyse. Zentralbegriffe wie Libido, Widerstand, Verdrängung, Regression, infantile Sexualität werden durchsichtig, die verschiedenen Phasen der Triebtheorie nachvollziehbar.

Unbefangen hat Freud darauf verzichtet, seine Darstellung auf die medizinische Seite seines Lebenswerks zu beschränken, was angesichts des Themas der Groteschen Sammlung denkbar gewesen wäre. Zwar läßt er über die medizinischen Ursprünge der Psychoanalyse und die Bedeutung seiner Lehre für Theorie und Therapie von Neurose und Psychose keinen Zweifel, betont aber gleichzeitig, daß sie längst nicht mehr als eine »Hilfswissenschaft der Psychopathologie« gelten könne, sondern als ein »Ansatz zu einer neuen und gründlicheren Seelenkunde« anzusehen sei, »die auch für das Verständnis des Normalen unentbehrlich wird« (S. 75 unten). Freud zeigt dem Leser ihre mannigfaltigen Anwendungsmöglichkeiten auf den Gebieten der Kunst, Mythologie, Religion, Erziehung usw. und überzeugt ihn davon, daß sie ebenso weit reichen wie diejenigen der Psychologie.

I

Mehrere der Mitarbeiter an dieser Sammlung von »Selbstdarstellungen«[3] leiten ihren Beitrag mit einigen nachdenklichen Bemerkungen über die Besonderheit und Schwere der übernommenen Aufgabe ein. Ich meine, ich darf sagen, daß meine Aufgabe noch um ein Stück mehr erschwert ist, denn ich habe Bearbeitungen, wie die hier erforderte, schon wiederholt veröffentlicht, und aus der Natur des Gegenstandes ergab sich, daß in ihnen von meiner persönlichen Rolle mehr die Rede war, als sonst üblich ist oder notwendig erscheint.

Die erste Darstellung der Entwicklung und des Inhalts der Psychoanalyse gab ich 1909 in fünf Vorlesungen an der Clark University in Worcester, Mass., wohin ich zur zwanzigjährigen Gründungsfeier der Institution berufen worden war.[4] Vor kurzem erst gab ich der Versuchung nach, einem amerikanischen Sammelwerk einen Beitrag ähnlichen Inhalts zu leisten, weil diese Publikation über die Anfänge des zwanzigsten Jahrhun-

[2] Freilich hat er dabei die Selbstanalyse und ihre Bedeutung für seine wissenschaftlichen Fortschritte ausgespart. Vgl. dazu die Einleitung zum vorliegenden Band.

[3] [Vgl. die ›Editorischen Hinweise‹ zur *»Selbstdarstellung«*, S. 37.]

[4] Englisch erschienen im *American Journal of Psychology* (1910), deutsch unter dem Titel ›Über Psychoanalyse‹ [1910*a*].

derts die Bedeutung der Psychoanalyse durch das Zugeständnis eines besonderen Kapitels anerkannt hatte.[5] Zwischen beiden liegt eine Schrift ›Zur Geschichte der psychoanalytischen Bewegung‹, 1914[*d*], welche eigentlich alles Wesentliche bringt, das ich an gegenwärtiger Stelle mitzuteilen hätte. Da ich mir nicht widersprechen darf und mich nicht ohne Abänderung wiederholen möchte, muß ich versuchen, nun ein neues Mengungsverhältnis zwischen subjektiver und objektiver Darstellung, zwischen biographischem und historischem Interesse zu finden.

Ich bin am 6. Mai 1856 zu Freiberg in Mähren geboren, einem kleinen Städtchen der heutigen Tschechoslowakei. Meine Eltern waren Juden, auch ich bin Jude geblieben. Von meiner väterlichen Familie glaube ich zu wissen, daß sie lange Zeiten am Rhein (in Köln) gelebt hat, aus Anlaß einer Judenverfolgung im vierzehnten oder fünfzehnten Jahrhundert nach dem Osten floh und im Laufe des neunzehnten Jahrhunderts die Rückwanderung von Litauen über Galizien nach dem deutschen Österreich antrat. Als Kind von vier Jahren kam ich nach Wien, wo ich alle Schulen durchmachte. Auf dem Gymnasium war ich durch sieben Jahre Primus, hatte eine bevorzugte Stellung, wurde kaum je geprüft. Obwohl wir in sehr beengten Verhältnissen lebten, verlangte mein Vater, daß ich in der Berufswahl nur meinen Neigungen folgen sollte. Eine besondere Vorliebe für die Stellung und Tätigkeit des Arztes habe ich in jenen Jugendjahren nicht verspürt, übrigens auch später nicht. Eher bewegte mich eine Art von Wißbegierde, die sich aber mehr auf menschliche Verhältnisse als auf natürliche Objekte bezog und auch den Wert der Beobachtung als eines Hauptmittels zu ihrer Befriedigung nicht erkannt hatte. Frühzeitige Vertiefung in die biblische Geschichte, kaum daß ich die Kunst des Lesens erlernt hatte, hat, wie ich viel später erkannte, die Richtung meines Interesses nachhaltig bestimmt.[6] Unter dem mächtigen Einfluß einer Freundschaft mit einem etwas älteren Gymnasialkollegen[7], der

[5] *These Eventful Years*, The Twentieth Century in the Making as Told by Many of its Makers. Two Volumes. London and New York, The Encyclopaedia Britannica Company [1924]. Mein Aufsatz, übersetzt von Dr. A. A. Brill, bildet Kap. LXXIII des zweiten Bandes. [Deutscher Titel: ›Kurzer Abriß der Psychoanalyse‹, 1924*f*.; im vorliegenden Band enthalten.]

[6] [Dieser Satz sowie der folgende wurden 1935 hinzugefügt.]

[7] [Es war der spätere Sozialpolitiker Heinrich Braun, zusammen mit Karl Kautsky und Wilhelm Liebknecht Begründer der *Neuen Zeit*, des Zentralorgans der Sozialdemokratischen Partei Deutschlands. Vgl. den Brief Freuds an die Frau Heinrich Brauns (Freud, 1960, S. 374ff.).]

nachher als Politiker bekannt wurde, wollte auch ich Jura studieren und mich sozial betätigen. Indes, die damals aktuelle Lehre Darwins zog mich mächtig an, weil sie eine außerordentliche Förderung des Weltverständnisses versprach, und ich weiß, daß der Vortrag von Goethes schönem Aufsatz ›Die Natur‹ in einer populären Vorlesung von Prof. Carl Brühl[8] kurz vor der Reifeprüfung die Entscheidung gab, daß ich Medizin inskribierte.

Die Universität, die ich 1873 bezog, brachte mir zunächst einige fühlbare Enttäuschungen. Vor allem traf mich die Zumutung, daß ich mich als minderwertig und nicht volkszugehörig fühlen sollte, weil ich Jude war. Das erstere lehnte ich mit aller Entschiedenheit ab. Ich habe nie begriffen, warum ich mich meiner Abkunft, oder wie man zu sagen begann: Rasse, schämen sollte. Auf die mir verweigerte Volksgemeinschaft verzichtete ich ohne viel Bedauern. Ich meinte, daß sich für einen eifrigen Mitarbeiter ein Plätzchen innerhalb des Rahmens des Menschtums auch ohne solche Einreihung finden müsse. Aber eine für später wichtige Folge dieser ersten Eindrücke von der Universität war, daß ich so frühzeitig mit dem Lose vertraut wurde, in der Opposition zu stehen und von der »kompakten Majorität« in Bann getan zu werden. Eine gewisse Unabhängigkeit des Urteils wurde so vorbereitet.

Außerdem mußte ich in den ersten Universitätsjahren die Erfahrung machen, daß Eigenheit und Enge meiner Begabungen mir in mehreren wissenschaftlichen Fächern, auf die ich mich in jugendlichem Übereifer gestürzt hatte, jeden Erfolg versagten. Ich lernte so die Wahrheit der Mahnung Mephistos erkennen:

> Vergebens, daß ihr ringsum wissenschaftlich schweift,
> Ein jeder lernt nur, was er lernen kann.

Im physiologischen Laboratorium von Ernst Brücke fand ich endlich Ruhe und volle Befriedigung, auch die Personen, die ich respektieren und zu Vorbildern nehmen konnte: Meister Brücke selbst und seine Assistenten Sigmund Exner und Ernst von Fleischl-Marxow, von denen der letztere, eine glänzende Persönlichkeit, mich sogar seiner Freundschaft würdigte.[9] Brücke stellte mir eine Aufgabe aus der Histologie des Nervensystems,

[8] [Dieser Name wurde 1935 hinzugefügt. – In der *Neuen Züricher Zeitung* vom 1. Juli 1956 hat, wie James Strachey meint, R. Pestalozzi den Aufsatz ›Fragment über die Natur‹ dem Schweizer Autor G. C. Tobler zugeschrieben.]

[9] [Die Zeilen nach dem Doppelpunkt hat Freud 1935 hinzugefügt. – Er hat die

die ich zu seiner Zufriedenheit lösen und selbständig weiterführen konnte. Ich arbeitete in diesem Institut von 1876–1882 mit kurzen Unterbrechungen und galt allgemein als designiert für die nächste sich dort ergebende Assistentenstelle. Die eigentlich medizinischen Fächer zogen mich – mit Ausnahme der Psychiatrie – nicht an. Ich betrieb das medizinische Studium recht nachlässig, wurde auch erst 1881, mit ziemlicher Verspätung also, zum Doktor der gesamten Heilkunde promoviert.

Die Wendung kam 1882, als mein über alles verehrter Lehrer den großmütigen Leichtsinn meines Vaters korrigierte, indem er mich mit Rücksicht auf meine schlechte materielle Lage dringend ermahnte, die theoretische Laufbahn aufzugeben. Ich folgte seinem Rate, verließ das physiologische Laboratorium und trat als Aspirant in das Allgemeine Krankenhaus ein. Dort wurde ich nach einiger Zeit zum Sekundararzt (Interne) befördert und diente an verschiedenen Abteilungen, auch länger als ein halbes Jahr bei Meynert[10], dessen Werk und Persönlichkeit mich schon als Studenten gefesselt hatten.

In gewissem Sinne blieb ich doch der zuerst eingeschlagenen Arbeitsrichtung treu. Brücke hatte mich an das Rückenmark eines der niedrigsten Fische (*Ammocoetes-Petromyzon*) als Untersuchungsobjekt gewiesen, ich ging nun zum menschlichen Zentralnervensystem über, auf dessen verwickelte Faserung die Flechsigschen Funde der ungleichzeitigen Markscheidenbildung damals gerade ein helles Licht warfen. Auch daß ich mir zunächst einzig und allein die *Medulla oblongata* zum Objekt wählte, war eine Fortwirkung meiner Anfänge. Recht im Gegensatz zur diffusen Natur meiner Studien in den ersten Universitätsjahren entwickelte ich nun eine Neigung zur ausschließenden Konzentration der Arbeit auf einen Stoff oder ein Problem. Diese Neigung ist mir verblieben und hat mir später den Vorwurf der Einseitigkeit eingetragen.

Ich war nun ein ebenso eifriger Arbeiter im gehirnanatomischen Institut wie früher im physiologischen. Kleine Arbeiten über Faserverlauf und Kernursprünge in der *Oblongata* sind in diesen Spitalsjahren entstanden und immerhin von Edinger[11] vermerkt worden. Eines Tages machte mir Meynert, der mir das

Jahre am physiologischen Institut später als die glücklichsten seiner Jugend und Brücke noch 1927 (Freud, 1927*a*, S. 290) als die größte Autorität, die je auf ihn gewirkt habe, bezeichnet.]

[10] [Der Hirnanatom und Psychiater Theodor Meynert, später ein Gegner Freuds.]

[11] [Ludwig Edinger war Nervenarzt in Frankfurt am Main und hatte sich dort ein privates Forschungsinstitut eingerichtet, das später von der Universität Frankfurt übernommen wurde. Er war als Neuroanatom berühmt.]

Laboratorium eröffnet hatte, auch als ich nicht bei ihm diente, den Vorschlag, ich solle mich endgültig der Gehirnanatomie zuwenden, er verspreche, mir seine Vorlesung abzutreten, denn er fühle sich zu alt, um die neueren Methoden zu handhaben. Ich lehnte, erschreckt durch die Größe der Aufgabe, ab; auch mochte ich damals schon erraten haben, daß der geniale Mann mir keineswegs wohlwollend gesinnt sei.
Die Gehirnanatomie war in praktischer Hinsicht gewiß kein Fortschritt gegen die Physiologie. Den materiellen Anforderungen trug ich Rechnung, indem ich das Studium der Nervenkrankheiten begann. Dieses Spezialfach wurde damals in Wien wenig gepflegt, das Material war auf verschiedenen internen Abteilungen verstreut, es gab keine gute Gelegenheit, sich auszubilden, man mußte sein eigener Lehrer sein. Auch Nothnagel[11a], den man kurz vorher auf Grund seines Buches über die Gehirnlokalisation berufen hatte, zeichnete die Neuropathologie nicht vor anderen Teilgebieten der internen Medizin aus. In der Ferne leuchtete der große Name Charcots[12], und so machte ich mir den Plan, hier die Dozentur für Nervenkrankheiten zu erwerben[13] und dann zur weiteren Ausbildung nach Paris zu gehen.
In den nun folgenden Jahren sekundarärztlichen Dienstes veröffentlichte ich mehrere kasuistische Beobachtungen über organische Krankheiten des Nervensystems. Ich wurde allmählich mit dem Gebiet vertraut; ich verstand es, einen Herd in der *Oblongata* so genau zu lokalisieren, daß der pathologische Anatom nichts hinzuzusetzen hatte, ich war der erste in Wien, der einen Fall mit der Diagnose *Polyneuritis acuta* zur Sektion schickte. Der Ruf meiner durch die Autopsie bestätigten Diagnosen trug mir den Zulauf amerikanischer Ärzte ein, denen ich in einer Art von Pidgin-English Kurse an den Kranken meiner Abteilung las. Von den Neurosen verstand ich nichts. Als ich einmal meinen Hörern einen Neurotiker mit fixiertem Kopfschmerz als Fall von chronischer zirkumskripter *Meningitis* vorstellte, fielen sie alle in berechtigter kritischer Auflehnung von mir ab, und meine vorzeitige Lehrtätigkeit hatte ein Ende. Zu

11a [Hermann Nothnagel hatte damals den Lehrstuhl für Innere Medizin inne.]
12 [Jean-Martin Charcot, Professor der Neuropathologie in Paris. Freud hat immer wieder auf den großen Einfluß hingewiesen, den Charcot auf seine Entwicklung genommen hat – im Bericht über seine Studienreise nach Paris und Berlin (vgl. im vorliegenden Band, S. 127ff.), in ›Zur Geschichte der psychoanalytischen Bewegung‹ (vgl. im vorliegenden Band, S. 149f.), in seinem Charcot-Nachruf (Freud 1893*f*), schließlich in den Briefen an die Braut (Freud, 1960).]
13 [Vgl. S. 124ff. und S. 140.]

meiner Entschuldigung sei bemerkt, es war die Zeit, da auch größere Autoritäten in Wien die Neurasthenie als Hirntumor zu diagnostizieren pflegten.

Im Frühjahr 1885 erhielt ich die Dozentur für Neuropathologie[14] auf Grund meiner histologischen und klinischen Arbeiten. Bald darauf wurde mir infolge des warmen Fürspruchs Brückes ein größeres Reisestipendium zugeteilt. Im Herbst dieses Jahres reiste ich nach Paris.[15]

Ich trat als Eleve in die Salpêtrière ein, fand aber anfangs als einer der vielen Mitläufer aus der Fremde wenig Beachtung. Eines Tages hörte ich Charcot sein Bedauern darüber äußern, daß der deutsche Übersetzer seiner Vorlesungen seit dem Kriege nichts von sich habe hören lassen. Es wäre ihm lieb, wenn jemand die deutsche Übersetzung seiner *Neuen Vorlesungen* übernehmen würde. Ich bot mich schriftlich dazu an; ich weiß noch, daß der Brief die Wendung enthielt, ich sei bloß mit der *Aphasie motrice*, aber nicht mit der *Aphasie sensorielle du français* behaftet. Charcot akzeptierte mich, zog mich in seinen Privatverkehr, und von da an hatte ich meinen vollen Anteil an allem, was auf der Klinik vorging.

Während ich dies schreibe, erhalte ich zahlreiche Aufsätze und Zeitungsartikel aus Frankreich, die von dem heftigen Sträuben gegen die Aufnahme der Psychoanalyse zeugen und oft die unzutreffendsten Behauptungen über mein Verhältnis zur französischen Schule aufstellen. So lese ich z. B., daß ich meinen Aufenthalt in Paris dazu benützt, mich mit den Lehren von P. Janet vertraut zu machen, und dann mit meinem Raube die Flucht ergriffen habe. Ich will darum ausdrücklich erwähnen, daß der Name Janets während meines Verweilens an der Salpêtrière überhaupt nicht genannt wurde.

Von allem, was ich bei Charcot sah, machten mir den größten Eindruck seine letzten Untersuchungen über die Hysterie, die zum Teil noch unter meinen Augen ausgeführt wurden. Also der Nachweis der Echtheit und Gesetzmäßigkeit der hysterischen Phänomene (*»Introite et hic dii sunt«*[16]), des häufigen Vorkommens der Hysterie bei Männern, die Erzeugung hysterischer

[14] [Der Lebenslauf, den Freud für die Bewerbung um die Dozentur schrieb, findet sich auf S. 125f.]

[15] [Vgl. den ›Bericht‹ über diese Reise im vorliegenden Band, S. 127ff.]

[16] [Freud erwähnt diesen Satz schon 1896 in einem Brief an Fließ – als Motto für ein Kapitel über die Psychologie der Hysterie in einem Buch, das er damals plante, dann aber nicht geschrieben hat (Freud, 1962, S. 150).]

Lähmungen und Kontrakturen durch hypnotische Suggestion, das Ergebnis, daß diese Kunstprodukte dieselben Charaktere bis ins einzelnste zeigen wie die spontanen, oft durch Trauma hervorgerufenen Zufälle. Manche von Charcots Demonstrationen hatten bei mir wie bei anderen Gästen zunächst Befremden und Neigung zum Widerspruch erzeugt, den wir durch Berufung auf eine der herrschenden Theorien zu stützen versuchten. Er erledigte solche Bedenken immer freundlich und geduldig, aber auch sehr bestimmt; in einer dieser Diskussionen fiel das Wort: *Ça n'empêche pas d'exister*[17], das sich mir unvergeßlich eingeprägt hat.

Bekanntlich ist heute nicht mehr alles aufrechtgeblieben, was uns Charcot damals lehrte. Einiges ist unsicher geworden, anderes hat die Probe der Zeit offenbar nicht bestanden. Aber es ist genug davon übriggeblieben, was als dauernder Besitz der Wissenschaft gewertet wird. Ehe ich Paris verließ, verabredete ich mit dem Meister den Plan einer Arbeit zur Vergleichung der hysterischen mit den organischen Lähmungen. Ich wollte den Satz durchführen, daß bei der Hysterie Lähmungen und Anästhesien einzelner Körperteile sich so abgrenzen, wie es der gemeinen (nicht anatomischen) Vorstellung des Menschen entspricht. Er war damit einverstanden, aber es war leicht zu sehen, daß er im Grunde keine besondere Vorliebe für ein tieferes Eingehen in die Psychologie der Neurose hatte. Er war doch von der pathologischen Anatomie hergekommen.

Ehe ich nach Wien zurückkehrte, hielt ich mich einige Wochen in Berlin auf, um mir einige Kenntnisse über die allgemeinen Erkrankungen des Kindesalters zu holen. Kassowitz in Wien, der ein öffentliches Kinderkrankeninstitut leitete, hatte versprochen, mir dort eine Abteilung für Nervenkrankheiten der Kinder einzurichten. Ich fand in Berlin bei Ad. Baginsky freundliche Aufnahme und Förderung. Aus dem Kassowitzschen Institut[18] habe

[17] [In seinem Nachruf auf Charcot erwähnt Freud diesen Ausspruch ausführlicher: »Charcot wurde auch niemals müde, die Rechte der rein klinischen Arbeit, die im Sehen und Ordnen besteht, gegen die Übergriffe der theoretischen Medizin zu verteidigen. Wir waren einmal eine kleine Schar von Fremden beisammen, die, in der deutschen Schulphysiologie auferzogen, ihm durch die Beanständung seiner klinischen Neuheiten lästig fielen: ›Das kann doch nicht sein‹, wendete ihm einmal einer von uns ein, ›das widerspricht ja der Theorie von Young-Helmholtz.‹ Er erwiderte nicht: ›Um so ärger für die Theorie, die Tatsachen der Klinik haben den Vorrang‹ u. dgl., aber er sagte uns doch, was uns einen großen Eindruck machte: ›La théorie, c'est bon, mais ça n'empêche pas [les faits] d'exister‹.« (Freud, 1893*f*, S. 23f.)]

[18] [Freud arbeitete dort mehrere Jahre als Leiter der neurologischen Abteilung.]

ich im Laufe der nächsten Jahre mehrere größere Arbeiten über die einseitigen und doppelseitigen Gehirnlähmungen der Kinder veröffentlicht. Demzufolge übertrug mir auch später 1897 Nothnagel die Bearbeitung des entsprechenden Stoffes in seinem großen *Handbuch der allgemeinen und speziellen Therapie*[19].

Im Herbst 1886 ließ ich mich in Wien als Arzt nieder und heiratete das Mädchen[20], das seit länger als vier Jahren in einer fernen Stadt auf mich gewartet hatte. Ich kann hier rückgreifend erzählen, daß es die Schuld meiner Braut war, wenn ich nicht schon in jenen jungen Jahren berühmt geworden bin.[21] Ein abseitiges, aber tiefgehendes Interesse hatte mich 1884 veranlaßt, mir das damals wenig bekannte Alkaloid Kokain von Merck kommen zu lassen und dessen physiologische Wirkungen zu studieren. Mitten in dieser Arbeit eröffnete sich mir die Aussicht einer Reise, um meine Verlobte wiederzusehen, von der ich zwei Jahre getrennt gewesen war. Ich schloß die Untersuchung über das Kokain rasch ab und nahm in meine Publikation die Vorhersage auf, daß sich bald weitere Verwendungen des Mittels ergeben würden. Meinem Freunde, dem Augenarzt L. Königstein, legte ich aber nahe zu prüfen, inwieweit sich die anästhesierenden Eigenschaften des Kokains am kranken Auge verwerten ließen. Als ich vom Urlaub zurückkam, fand ich, daß nicht er, sondern ein anderer Freund, Carl Koller (jetzt in New York), dem ich auch vom Kokain erzählt, die entscheidenden Versuche am Tierauge angestellt und sie auf dem Ophthalmologenkongreß zu Heidelberg demonstriert hatte. Koller gilt darum mit Recht als der Entdecker der Lokalanästhesie durch Kokain, die für die kleine Chirurgie so wichtig geworden ist; ich aber habe die damalige Störung[22] meiner Braut nicht nachgetragen.

Ich wende mich nun wieder zu meiner Niederlassung als Nervenarzt in Wien 1886. Es lag mir die Verpflichtung ob, in der ›Gesellschaft der Ärzte‹ Bericht über das zu erstatten, was ich bei Charcot gesehen und gelernt hatte. Allein ich fand eine üble Aufnahme.[23] Maßgebende Personen wie der Vorsitzende, der

19 [Freud, 1897*a*.]

20 [Martha Bernays, die während der Verlobungszeit in der Nähe von Hamburg lebte.]

21 [Jones beschreibt diese Episode detailliert im 4. Kapitel des ersten Bandes seiner Freud-Biographie, 1960, S. 102ff.]

22 [In der Ausgabe von 1924 stand hier statt »die damalige Störung« »mein damaliges Versäumnis«. Vgl. dazu Freud, 1900*a*, S. 175f., und 1960, S. 351.]

23 [Vgl. zu dieser Episode die detaillierte Darstellung von Siegfried Bernfeld und Suzanne Cassirer Bernfeld (1952); sie zeigen, daß die Empörung der ›Gesellschaft der Ärzte‹ sich nicht so sehr mit den von Freud berichteten wissenschaftlichen Funden der Charcot-Schule als vielmehr damit erklären läßt, daß Freud sich in

Internist Bamberger, erklärten das, was ich erzählte, für unglaubwürdig. Meynert forderte mich auf, Fälle, wie die von mir geschilderten, doch in Wien aufzusuchen und der Gesellschaft vorzustellen. Dies versuchte ich auch, aber die Primarärzte, auf deren Abteilung ich solche Fälle fand, verweigerten es mir, sie zu beobachten oder zu bearbeiten. Einer von ihnen, ein alter Chirurg, brach direkt in den Ausruf aus: »Aber Herr Kollege, wie können Sie solchen Unsinn reden! *Hysteron* (*sic!*) heißt doch der Uterus. Wie kann denn ein Mann hysterisch sein?« Ich wendete vergebens ein, daß ich nur die Verfügung über den Krankheitsfall brauchte und nicht die Genehmigung meiner Diagnose. Endlich trieb ich außerhalb des Spitals einen Fall von klassischer hysterischer Hemianästhesie bei einem Manne auf, den ich in der ›Gesellschaft der Ärzte‹ demonstrierte. Diesmal klatschte man mir Beifall, nahm aber weiter kein Interesse an mir. Der Eindruck, daß die großen Autoritäten meine Neuigkeiten abgelehnt hätten, blieb unerschüttert; ich fand mich mit der männlichen Hysterie und der suggestiven Erzeugung hysterischer Lähmungen in die Opposition gedrängt. Als mir bald darauf das hirnanatomische Laboratorium versperrt[24] wurde und ich durch Semester kein Lokal hatte, in dem ich meine Vorlesung abhalten konnte, zog ich mich aus dem akademischen und Vereinsleben zurück. Ich habe die ›Gesellschaft der Ärzte‹ seit einem Menschenalter nicht mehr besucht.

Wenn man von der Behandlung Nervenkranker leben wollte, mußte man offenbar ihnen etwas leisten können. Mein therapeutisches Arsenal umfaßte nur zwei Waffen, die Elektrotherapie und die Hypnose, denn die Versendung in die Wasserheilanstalt nach einmaliger Konsultation war keine zureichende Erwerbsquelle. In der Elektrotherapie vertraute ich mich dem Handbuch von W. Erb[25] an, welches detaillierte Vorschriften für die Behandlung aller Symptome der Nervenleiden zur Verfügung stellte. Leider mußte ich bald erfahren, daß die Befolgung dieser Vorschriften niemals half, daß, was ich für den

seinem offenbar enthusiastischen Bericht erdreistet hatte, implizit auf Mängel der Wiener medizinischen Schule aufmerksam zu machen. Die Autoren sehen in dieser »Provokation« auch den Auslöser für Meynerts feindliche Einstellung zu Freud.]

[24] [Für die Beziehungen zwischen Meynert und Freud vgl. neben der Bernfeldschen Darstellung auch Jones, 1960, S. 247f., S. 273ff., insbesondere S. 276ff., wo Jones eine Erklärung gibt, die von derjenigen Freuds abweicht. Vgl. auch Freud, 1900*a*, S. 439f.]

[25] [Erb, 1882.]

Niederschlag exakter Beobachtung gehalten hatte, eine phantastische Konstruktion war. Die Einsicht, daß das Werk des ersten Namens der deutschen Neuropathologie nicht mehr Beziehung zur Realität habe als etwa ein »ägyptisches« Traumbuch, wie es in unseren Volksbuchhandlungen verkauft wird, war schmerzlich, aber sie verhalf dazu, wieder ein Stück des naiven Autoritätsglaubens abzutragen, von dem ich noch nicht frei war. So schob ich denn den elektrischen Apparat beiseite, noch ehe Möbius das erlösende Wort gesprochen hatte, die Erfolge der elektrischen Behandlung bei Nervenkranken seien — wo sie sich überhaupt ergeben — eine Wirkung der ärztlichen Suggestion.
Mit der Hypnose stand es besser. Noch als Student hatte ich einer öffentlichen Vorstellung des »Magnetiseurs« Hansen beigewohnt und bemerkt, daß eine der Versuchspersonen totenbleich wurde, als sie in kataleptische Starre geriet und während der ganzen Dauer des Zustandes so verharrte. Damit war meine Überzeugung von der Echtheit der hypnotischen Phänomene fest begründet. Bald nachher fand diese Auffassung in Heidenhain ihren wissenschaftlichen Vertreter, was aber die Professoren der Psychiatrie nicht abhielt, noch auf lange hinaus die Hypnose für etwas Schwindelhaftes und überdies Gefährliches zu erklären und auf die Hypnotiseure geringschätzig herabzuschauen. In Paris hatte ich gesehen, daß man sich der Hypnose unbedenklich als Methode bediente, um bei den Kranken Symptome zu schaffen und wieder aufzuheben. Dann drang die Kunde zu uns, daß in Nancy eine Schule entstanden war, welche die Suggestion mit oder ohne Hypnose im großen Ausmaße und mit besonderem Erfolg zu therapeutischen Zwecken verwendete. Es machte sich so ganz natürlich, daß in den ersten Jahren meiner ärztlichen Tätigkeit, von den mehr zufälligen und nicht systematischen psychotherapeutischen Methoden abgesehen, die hypnotische Suggestion mein hauptsächlichstes Arbeitsmittel wurde.
Damit war zwar der Verzicht auf die Behandlung der organischen Nervenkrankheiten gegeben, aber das verschlug wenig. Denn einerseits gab die Therapie dieser Zustände überhaupt keine erfreuliche Aussicht, und andererseits verschwand in der Stadtpraxis des Privatarztes die geringe Anzahl der an ihnen Leidenden gegen die Menge von Nervösen, die sich überdies dadurch vervielfältigten, daß sie unerlöst von einem Arzt zum anderen liefen. Sonst aber war die Arbeit mit der Hypnose wirklich verführerisch. Man hatte zum erstenmal das Gefühl

seiner Ohnmacht überwunden, der Ruf des Wundertäters war sehr schmeichelhaft. Welches die Mängel des Verfahrens waren, sollte ich später entdecken. Vorläufig konnte ich mich nur über zwei Punkte beklagen: erstens, daß es nicht gelang, alle Kranken zu hypnotisieren; zweitens, daß man es nicht in der Hand hatte, den einzelnen in so tiefe Hypnose zu versetzen, als man gewünscht hätte. In der Absicht, meine hypnotische Technik zu vervollkommnen, reiste ich im Sommer 1889 nach Nancy, wo ich mehrere Wochen zubrachte. Ich sah den rührenden alten Liébeault bei seiner Arbeit an den armen Frauen und Kindern der Arbeiterbevölkerung, wurde Zeuge der erstaunlichen Experimente Bernheims an seinen Spitalspatienten und holte mir die stärksten Eindrücke von der Möglichkeit mächtiger seelischer Vorgänge, die doch dem Bewußtsein des Menschen verhüllt bleiben. Zum Zwecke der Belehrung hatte ich eine meiner Patientinnen bewogen, nach Nancy nachzukommen. Es war eine vornehme, genial begabte Hysterika, die mir überlassen worden war, weil man nichts mit ihr anzufangen wußte. Ich hatte ihr durch hypnotische Beeinflussung eine menschenwürdige Existenz ermöglicht und konnte sie immer wieder aus dem Elend ihres Zustandes herausheben. Daß sie jedesmal nach einiger Zeit rückfällig wurde, schob ich in meiner damaligen Unkenntnis darauf, daß ihre Hypnose niemals den Grad von Somnambulismus mit Amnesie erreicht hatte. Bernheim versuchte es nun mit ihr wiederholte Male, brachte es aber auch nicht weiter. Er gestand mir freimütig, daß er die großen therapeutischen Erfolge durch die Suggestion nur in seiner Spitalspraxis, nicht auch an seinen Privatpatienten erziele. Ich hatte viele anregende Unterhaltungen mit ihm und übernahm es, seine beiden Werke über die Suggestion und ihre Heilwirkungen ins Deutsche zu übersetzen.[26]

Im Zeitraum von 1886–1891 habe ich wenig wissenschaftlich gearbeitet und kaum etwas publiziert. Ich war davon in Anspruch genommen, mich in den neuen Beruf zu finden und meine materielle Existenz sowie die meiner rasch anwachsenden Familie zu sichern. 1891 erschien die erste der Arbeiten über die Gehirnlähmungen der Kinder, in Gemeinschaft mit meinem Freunde und Assistenten Dr. Oskar Rie abgefaßt.[27] In dem-

[26] [Jones hat darauf hingewiesen, daß dies ein Irrtum sein müsse: die erste der beiden Bernheim-Übersetzungen Freuds sei schon vor dessen Reise nach Nancy, nämlich 1888, erschienen. (Jones, 1960, S. 283.)]

[27] [Freud, 1891*a*.]

selben Jahre veranlaßte mich ein Auftrag der Mitarbeiterschaft an einem Handwörterbuch der Medizin[28], die Lehre von der Aphasie zu erörtern, die damals von dem rein lokalisatorischen Gesichtspunkte Wernicke-Lichtheims beherrscht war. Ein kleines kritisch-spekulatives Buch *Zur Auffassung der Aphasien*[29] war die Frucht dieser Bemühung.

Ich habe nun aber zu verfolgen, wie es kam, daß die wissenschaftliche Forschung wieder zum Hauptinteresse meines Lebens wurde.[30]

II

Meine frühere Darstellung ergänzend, muß ich angeben, daß ich von Anfang an außer der hypnotischen Suggestion eine andere Verwendung der Hypnose[31] übte. Ich bediente mich ihrer zur Ausforschung des Kranken über die Entstehungsgeschichte seines Symptoms, die er im Wachzustand oft gar nicht oder nur sehr unvollkommen mitteilen konnte. Dies Verfahren schien nicht nur wirksamer als das bloße suggestive Gebot oder Verbot, es befriedigte auch die Wißbegierde des Arztes, der doch ein Recht hatte, etwas von der Herkunft des Phänomens zu erfahren, das er durch die monotone suggestive Prozedur aufzuheben strebte.

Zu diesem anderen Verfahren war ich aber auf folgende Weise gekommen. Noch im Brückeschen Laboratorium wurde ich mit Dr. Josef Breuer bekannt, einem der angesehensten Familienärzte Wiens, der aber auch eine wissenschaftliche Vergangenheit hatte, da mehrere Arbeiten von bleibendem Werte über die Physiologie der Atmung und über das Gleichgewichtsorgan von ihm herrührten. Er war ein Mann von überragender Intelligenz, vierzehn Jahre älter als ich; unsere Beziehungen wurden bald intimer, er wurde mein Freund und Helfer in schwierigen Lebenslagen. Wir hatten uns daran gewöhnt, alle wissenschaftlichen Interessen miteinander zu teilen. Natürlich war ich der gewinnende Teil in diesem Verhältnis. Die Entwicklung der

[28] [An A. Villarets *Handwörterbuch der gesamten Medizin*. Freuds Artikel über ›Aphasie‹ findet sich im 1888 erschienenen ersten Band.]

[29] [Freud, 1891*b*.]

[30] [Für Freuds voranalytische Zeit vgl. neben den Arbeiten von Bernfeld (1944, 1949, 1951) und Bernfeld und Cassirer Bernfeld (1952) die Untersuchungen von Paul Vogel (vor allem 1954 und 1956).]

[31] [Gemeint ist die von Josef Breuer entwickelte »kathartische Methode«, s. unten.]

Psychoanalyse hat mich dann seine Freundschaft gekostet. Es wurde mir nicht leicht, diesen Preis dafür zu zahlen, aber es war unausweichlich.[32]

Breuer hatte mir, schon ehe ich nach Paris ging, Mitteilungen über einen Fall von Hysterie gemacht, den er in den Jahren 1880 bis 1882 auf eine besondere Art behandelt hatte[33], wobei er tiefe Einblicke in die Verursachung und Bedeutung der hysterischen Symptome gewinnen konnte. Das war also zu einer Zeit geschehen, als die Arbeiten Janets noch der Zukunft angehörten. Er las mir wiederholt Stücke der Krankengeschichte vor, von denen ich den Eindruck empfing, hier sei mehr für das Verständnis der Neurose geleistet worden als je zuvor. Ich beschloß bei mir, Charcot von diesen Funden Kunde zu geben, wenn ich nach Paris käme, und tat dies dann auch. Aber der Meister zeigte für meine ersten Andeutungen kein Interesse, so daß ich nicht mehr auf die Sache zurückkam und sie auch bei mir fallenließ.

Nach Wien zurückgekehrt, wandte ich mich wieder der Breuerschen Beobachtung zu und ließ mir mehr von ihr erzählen. Die Patientin war ein junges Mädchen von ungewöhnlicher Bildung und Begabung gewesen, die während der Pflege ihres zärtlich geliebten Vaters erkrankt war. Als Breuer sie übernahm, bot sie ein buntes Bild von Lähmungen mit Kontrakturen, Hemmungen und Zuständen von psychischer Verworrenheit. Eine zufällige Beobachtung ließ den Arzt erkennen, daß sie von einer solchen Bewußtseinstrübung befreit werden konnte, wenn man sie veranlaßte, in Worten der affektiven Phantasie Ausdruck zu geben, von der sie eben beherrscht wurde. Breuer gewann aus dieser Erfahrung eine Methode der Behandlung. Er versetzte sie in tiefe Hypnose und ließ sie jedesmal von dem erzählen, was ihr Gemüt bedrückte. Nachdem die Anfälle von depressiver Verworrenheit auf diese Weise überwunden waren, verwendete er dasselbe Verfahren zur Aufhebung ihrer Hemmungen und körperlichen Störungen. Im wachen Zustande wußte das Mädchen so wenig wie andere Kranke zu sagen, wie ihre Symptome entstanden waren, und fand kein Band zwischen ihnen und irgendwelchen Eindrücken ihres Lebens. In der Hypnose ent-

[32] [Eine Darstellung der Beziehung zwischen Freud und Breuer findet sich im 11. Kapitel von Jones, 1960; Hinweise geben auch die Briefe an Fließ (Freud, 1962).]

[33] [Gemeint ist die berühmte Krankengeschichte von ›Fräulein Anna O.‹ (Freud, 1895*d*). Im ersten Band seiner Freud-Biographie gibt Ernest Jones einen sehr ausführlichen Bericht über diesen Fall und seine Behandlung (1960, S. 266ff.).]

deckte sie sofort den gesuchten Zusammenhang. Es ergab sich, daß alle ihre Symptome auf eindrucksvolle Erlebnisse während der Pflege des kranken Vaters zurückgingen, also sinnvoll waren, und Resten oder Reminiszenzen dieser affektiven Situationen entsprachen. Gewöhnlich war es so zugegangen, daß sie am Krankenbett des Vaters einen Gedanken oder Impuls hatte unterdrücken müssen; an dessen Stelle, in seiner Vertretung, war dann später das Symptom erschienen. In der Regel war aber das Symptom nicht der Niederschlag einer einzigen »traumatischen« Szene, sondern das Ergebnis der Summation von zahlreichen ähnlichen Situationen. Wenn nun die Kranke in der Hypnose eine solche Situation halluzinatorisch wieder erinnerte und den damals unterdrückten seelischen Akt nachträglich unter freier Affektentfaltung zu Ende führte, war das Symptom weggewischt und trat nicht wieder auf. Durch dies Verfahren gelang es Breuer in langer und mühevoller Arbeit, seine Kranke von all ihren Symptomen zu befreien.

Die Kranke war genesen und seither gesund geblieben, ja bedeutsamer Leistungen fähig geworden. Aber über dem Ausgang der hypnotischen Behandlung lastete ein Dunkel, das Breuer mir niemals aufhellte; auch konnte ich nicht verstehen, warum er seine, wie mir schien, unschätzbare Erkenntnis so lange geheimgehalten hatte, anstatt die Wissenschaft durch sie zu bereichern.[34] Die nächste Frage aber war, ob man verallgemeinern dürfe, was er an einem einzigen Krankheitsfalle gefunden. Die von ihm aufgedeckten Verhältnisse erschienen mir so fundamentaler Natur, daß ich nicht glauben konnte, sie würden bei irgendeinem Falle von Hysterie vermißt werden können, wenn sie einmal bei einem einzigen nachgewiesen waren. Doch konnte nur die Erfahrung darüber entscheiden. Ich begann also, die Breuerschen Untersuchungen an meinen Kranken zu wiederholen, und tat, besonders nachdem mir der Besuch bei Bernheim 1889 die Begrenzung in der Leistungsfähigkeit der hypnotischen Suggestion gezeigt hatte, überhaupt nichts anderes mehr. Als ich mehrere Jahre hindurch immer nur Bestätigungen gefunden hatte, bei jedem Falle von Hysterie, der solcher Behandlung zugänglich war, auch bereits über ein stattliches Material von Beobachtungen verfügte, die der seinigen analog waren, schlug ich ihm eine gemeinsame Publikation vor, gegen die er sich anfangs heftig sträubte. Er gab endlich nach, zumal da unterdes

[34] [Vgl. S. 57 sowie S. 148f. und Anm. 20.]

Janets Arbeiten einen Teil seiner Ergebnisse, die Zurückführung hysterischer Symptome auf Lebenseindrücke und deren Aufhebung durch hypnotische Reproduktion *in statu nascendi* vorweggenommen hatten. Wir ließen 1893[*a*] eine vorläufige Mitteilung erscheinen: ›Über den psychischen Mechanismus hysterischer Phänomene‹. 1895[*d*] folgte unser Buch *Studien über Hysterie*[35].

Wenn die bisherige Darstellung beim Leser die Erwartung geweckt hat, die *Studien über Hysterie* würden in allem Wesentlichen ihres materiellen Inhalts Breuers geistiges Eigentum sein, so ist das genau dasjenige, was ich immer vertreten habe und auch diesmal aussagen wollte. An der Theorie, welche das Buch versucht, habe ich in heute nicht mehr bestimmbarem Ausmaße mitgearbeitet. Diese ist bescheiden, geht nicht weit über den unmittelbaren Ausdruck der Beobachtungen hinaus. Sie will nicht die Natur der Hysterie ergründen, sondern bloß die Entstehung ihrer Symptome beleuchten. Dabei betont sie die Bedeutung des Affektlebens, die Wichtigkeit der Unterscheidung zwischen unbewußten und bewußten (besser: bewußtseinsfähigen) seelischen Akten, führt einen dynamischen Faktor ein, indem sie das Symptom durch die Aufstauung eines Affekts entstehen läßt, und einen ökonomischen, indem sie dasselbe Symptom als das Ergebnis der Umsetzung einer sonst anderswie verwendeten Energiemenge betrachtet (sog. *Konversion*). Breuer nannte unser Verfahren das *kathartische;* als dessen therapeutische Absicht wurde angegeben, den zur Erhaltung des Symptoms verwendeten Affektbetrag, der auf falsche Bahnen geraten und dort gleichsam eingeklemmt war, auf die normalen Wege zu leiten, wo er zur Abfuhr gelangen konnte (*abreagieren*). Der praktische Erfolg der kathartischen Prozedur war ausgezeichnet. Die Mängel, die sich später herausstellten, waren die einer jeden hypnotischen Behandlung. Noch jetzt gibt es eine Anzahl von Psychotherapeuten, die bei der Katharsis im Sinne Breuers stehengeblieben sind und sie zu loben wissen. In der Behandlung der Kriegsneurotiker des deutschen Heeres während des Weltkriegs hat sie sich als abkürzendes Heilverfahren unter den Händen von E. Simmel von neuem bewährt. Von der Sexualität

[35] [Dieses Werk, das als der Beginn der Psychoanalyse gilt, ist 1970 im Fischer Taschenbuch Verlag vorgelegt worden. Im Unterschied zu den Editionen der *Studien über Hysterie* in den beiden deutschen Freud-Gesamtausgaben, *G. S.* und *G. W.*, ist diese Taschenbuchausgabe vollständig, d. h. sie enthält auch die Breuerschen Beiträge ›Fräulein Anna O.‹ und ›Theoretisches‹.]

ist in der Theorie der Katharsis nicht viel die Rede. In den Krankengeschichten, die ich zu den *Studien* beigesteuert, spielen Momente aus dem Sexualleben eine gewisse Rolle, werden aber kaum anders gewertet als sonstige affektive Erregungen. Von seiner berühmt gewordenen ersten Patientin erzählt Breuer, das Sexuale sei bei ihr erstaunlich unentwickelt gewesen. Aus den *Studien über Hysterie* hätte man nicht leicht erraten können, welche Bedeutung die Sexualität für die Ätiologie der Neurosen hat.

Das nun folgende Stück der Entwicklung, den Übergang von der Katharsis zur eigentlichen Psychoanalyse, habe ich bereits mehrmals[36] so eingehend beschrieben, daß es mir schwerfallen wird, hier etwas Neues vorzubringen. Das Ereignis, welches diese Zeit einleitete, war der Rücktritt Breuers von unserer Arbeitsgemeinschaft, so daß ich sein Erbe allein zu verwalten hatte. Es hatte schon frühzeitig Meinungsverschiedenheiten zwischen uns gegeben, die aber keine Entzweiung begründeten. In der Frage, wann ein seelischer Ablauf pathogen, d. h. von der normalen Erledigung ausgeschlossen werde, bevorzugte Breuer eine sozusagen physiologische Theorie; er meinte, solche Vorgänge entzögen sich dem normalen Schicksal, die in außergewöhnlichen — hypnoiden — Seelenzuständen entstanden seien. Damit war eine neue Frage, die nach der Herkunft solcher Hypnoide, aufgeworfen. Ich hingegen vermutete eher ein Kräftespiel, die Wirkung von Absichten und Tendenzen, wie sie im normalen Leben zu beobachten sind. So stand »Hypnoidhysterie« gegen »Abwehrneurose«. Aber dieser und ähnliche Gegensätze hätten ihn wohl der Sache nicht abwendig gemacht, wenn nicht andere Momente hinzugetreten wären. Das eine derselben war gewiß, daß er als Internist und Familienarzt stark in Anspruch genommen war und nicht wie ich seine ganze Kraft der kathartischen Arbeit widmen konnte. Ferner wurde er durch die Aufnahme beeinflußt, welche unser Buch in Wien wie im Reiche draußen gefunden hatte. Sein Selbstvertrauen und seine Widerstandsfähigkeit standen nicht auf der Höhe seiner sonstigen geistigen Organisation. Als z. B. die *Studien* von Strümpell[37] eine harte Abweisung erfuhren, konnte ich über die verständnislose Kritik lachen, er aber kränkte sich und wurde entmutigt. Am meisten trug aber zu seinem Entschluß bei, daß meine eigenen weiteren Ar-

[36] [Vgl. z. B. im vorliegenden Band S. 149ff. und S. 205ff.]
[37] [Adolf von Strümpell, ein bekannter deutscher Neurologe, hatte das Buch 1896 in der *Deutschen Zeitschrift für Nervenheilkunde* (Bd. 8) scharf attackiert.]

beiten eine Richtung einschlugen, mit der er sich vergeblich zu befreunden versuchte.

Die Theorie, die wir in den *Studien* aufzubauen versucht hatten, war ja noch sehr unvollständig gewesen, insbesondere das Problem der Ätiologie, die Frage, auf welchem Boden der pathogene Vorgang entstehe, hatten wir kaum berührt. Nun zeigte mir eine rasch sich steigernde Erfahrung, daß nicht beliebige Affekterregungen hinter den Erscheinungen der Neurose wirksam waren, sondern regelmäßig solche sexueller Natur, entweder aktuelle sexuelle Konflikte oder Nachwirkungen früherer sexueller Erlebnisse. Ich war auf dieses Resultat nicht vorbereitet, meine Erwartung hatte keinen Anteil daran, ich war vollkommen arglos an die Untersuchung der Neurotiker herangetreten. Als ich 1914 die ›Geschichte der psychoanalytischen Bewegung‹ schrieb, tauchte in mir die Erinnerung an einige Aussprüche von Breuer, Charcot und Chrobak auf, aus denen ich eine solche Erkenntnis hätte frühzeitig gewinnen können.[38] Allein ich verstand damals nicht, was diese Autoritäten meinten; sie hatten mir mehr gesagt, als sie selbst wußten und zu vertreten bereit waren. Was ich von ihnen gehört hatte, schlummerte unwirksam in mir, bis es bei Gelegenheit der kathartischen Untersuchungen als anscheinend originelle Erkenntnis hervorbrach. Auch wußte ich damals noch nicht, daß ich mit der Zurückführung der Hysterie auf Sexualität bis auf die ältesten Zeiten der Medizin zurückgegriffen und an Plato angeknüpft hatte. Ich erfuhr es erst später aus einem Aufsatz von Havelock Ellis[39].

Unter dem Einfluß meines überraschenden Fundes machte ich nun einen folgenschweren Schritt. Ich ging über die Hysterie hinaus und begann, das Sexualleben der sogenannten Neurastheniker zu erforschen, die sich zahlreich in meiner Sprechstunde einzufinden pflegten. Dieses Experiment kostete mich zwar meine Beliebtheit als Arzt, aber es trug mir Überzeugungen ein, die sich heute, fast dreißig Jahre später, noch nicht abgeschwächt haben. Man hatte viel Verlogenheit und Geheimtuerei zu überwinden, aber wenn das gelungen war, fand man, daß bei all diesen Kranken schwere Mißbräuche der Sexualfunktion bestanden. Bei der großen Häufigkeit solcher Mißbräuche

[38] [Vgl. S. 149ff. im vorliegenden Band.]

[39] [Ellis, 1898. Freud spielt darauf in einem Brief an Fließ an (Freud, 1962, S. 233).]

einerseits, der Neurasthenie andererseits, hatte ein häufiges Zusammentreffen beider natürlich nicht viel Beweiskraft, aber es blieb auch nicht bei dieser einen groben Tatsache. Schärfere Beobachtung legte mir nahe, aus dem bunten Gewirre von Krankheitsbildern, die man mit dem Namen Neurasthenie deckte, zwei grundverschiedene Typen herauszugreifen, die in beliebiger Vermengung vorkommen konnten, aber doch in reiner Ausprägung zu beobachten waren. Bei dem einen Typus war der Angstanfall das zentrale Phänomen mit seinen Äquivalenten, rudimentären Formen und chronischen Ersatzsymptomen; ich hieß ihn darum auch *Angstneurose*. Auf den anderen Typus beschränkte ich die Bezeichnung *Neurasthenie*. Nun war es leicht festzustellen, daß jedem dieser Typen eine andere Abnormität des Sexuallebens als ätiologisches Moment entsprach (*coitus interruptus*, frustrane Erregung, sexuelle Enthaltung hier, exzessive Masturbation, gehäufte Pollutionen dort). Für einige besonders instruktive Fälle, in denen eine überraschende Wendung des Krankheitsbildes von dem einen Typus zum anderen stattgefunden hatte, gelang es auch nachzuweisen, daß ein entsprechender Wechsel des sexuellen Regimes zugrunde lag. Konnte man den Mißbrauch abstellen und durch normale Sexualtätigkeit ersetzen, so lohnte sich dies durch eine auffällige Besserung des Zustandes.

So wurde ich dazu geführt, die Neurosen ganz allgemein als Störungen der Sexualfunktion zu erkennen, und zwar die sogenannten Aktualneurosen als direkten toxischen Ausdruck, die Psychoneurosen als psychischen Ausdruck dieser Störungen. Mein ärztliches Gewissen fühlte sich durch diese Aufstellung befriedigt. Ich hoffte, eine Lücke in der Medizin ausgefüllt zu haben, die bei einer biologisch so wichtigen Funktion keine anderen Schädigungen als durch Infektion oder grobe anatomische Läsion in Betracht ziehen wollte. Außerdem kam der ärztlichen Auffassung zugute, daß die Sexualität ja keine bloß psychische Sache war. Sie hatte auch ihre somatische Seite, man durfte ihr einen besonderen Chemismus zuschreiben und die Sexualerregung von der Anwesenheit bestimmter, wenn auch noch unbekannter Stoffe ableiten.[40] Es mußte auch seinen guten Grund haben, daß die echten, spontanen Neurosen mit keiner anderen Krankheitsgruppe so viel Ähnlichkeit zeigen wie mit den Intoxikations- und Abstinenzerscheinungen, hervorgerufen

[40] [Vgl. S. 226 und Anm. 4.]

durch die Einführung und die Entbehrung gewisser toxisch wirkender Stoffe oder mit dem M. Basedowii, dessen Abhängigkeit vom Produkt der Schilddrüse bekannt ist.

Ich habe später keine Gelegenheit mehr gehabt, auf die Untersuchungen über die Aktualneurosen zurückzukommen. Auch von anderen ist dieses Stück meiner Arbeit nicht fortgesetzt worden. Blicke ich heute auf meine damaligen Ergebnisse zurück, so kann ich sie als erste, rohe Schematisierungen erkennen an einem wahrscheinlich weit komplizierteren Sachverhalt. Aber sie scheinen mir im ganzen heute noch richtig zu sein. Gern hätte ich später noch Fälle von reiner juveniler Neurasthenie dem psychoanalytischen Examen unterzogen; es hat sich leider nicht gefügt. Um mißverständlichen Auffassungen zu begegnen, will ich betonen, daß es mir ferneliegt, die Existenz des psychischen Konflikts und der neurotischen Komplexe bei der Neurasthenie zu leugnen. Die Behauptung geht nur dahin, daß die Symptome dieser Kranken nicht psychisch determiniert und analytisch auflösbar sind, sondern als direkte toxische Folgen des gestörten Sexualchemismus aufgefaßt werden müssen.

Als ich in den nächsten Jahren nach den *Studien* diese Ansichten über die ätiologische Rolle der Sexualität bei den Neurosen gewonnen hatte, hielt ich über sie einige Vorträge in ärztlichen Vereinen, fand aber nur Unglauben und Widerspruch. Breuer versuchte noch einige Male, das große Gewicht seines persönlichen Ansehens zu meinen Gunsten in die Waagschale zu werfen, aber er erreichte nichts, und es war leicht zu sehen, daß die Anerkennung der sexuellen Ätiologie auch gegen seine Neigungen ging. Er hätte mich durch den Hinweis auf seine eigene erste Patientin schlagen oder irremachen können, bei der sexuelle Momente angeblich gar keine Rolle gespielt hatten. Er tat es aber nie; ich verstand es lange nicht, bis ich gelernt hatte, mir diesen Fall richtig zu deuten und nach einigen früheren Bemerkungen von ihm den Ausgang seiner Behandlung zu rekonstruieren. Nachdem die kathartische Arbeit erledigt schien, hatte sich bei dem Mädchen plötzlich ein Zustand von »Übertragungsliebe« eingestellt, den er nicht mehr mit ihrem Kranksein in Beziehung brachte, so daß er sich bestürzt von ihr zurückzog. Es war ihm offenbar peinlich, an dieses anscheinende Mißgeschick erinnert zu werden. Im Benehmen gegen mich schwankte er eine Weile zwischen Anerkennung und herber Kritik, dann traten Zufälligkeiten hinzu, wie sie in gespannten Situationen niemals ausbleiben, und wir trennten uns voneinander.

Nun hatte meine Beschäftigung mit den Formen allgemeiner Nervosität die weitere Folge, daß ich die Technik der Katharsis abänderte. Ich gab die Hypnose auf und suchte sie durch eine andere Methode zu ersetzen, weil ich die Einschränkung der Behandlung auf hysteriforme Zustände überwinden wollte. Auch hatten sich mir mit zunehmender Erfahrung zwei schwere Bedenken gegen die Anwendung der Hypnose selbst im Dienste der Katharsis ergeben. Das erste war, daß selbst die schönsten Resultate plötzlich wie weggewischt waren, wenn sich das persönliche Verhältnis zum Patienten getrübt hatte. Sie stellten sich zwar wieder her, wenn man den Weg zur Versöhnung fand, aber man wurde belehrt, daß die persönliche affektive Beziehung doch mächtiger war als alle kathartische Arbeit, und gerade dieses Moment entzog sich der Beherrschung. Sodann machte ich eines Tages eine Erfahrung, die mir in grellem Lichte zeigte, was ich längst vermutet hatte. Als ich einmal eine meiner gefügigsten Patientinnen, bei der die Hypnose die merkwürdigsten Kunststücke ermöglicht hatte, durch die Zurückführung ihres Schmerzanfalls auf seine Veranlassung von ihrem Leiden befreite, schlug sie beim Erwachen ihre Arme um meinen Hals. Der unvermutete Eintritt einer dienenden Person enthob uns einer peinlichen Auseinandersetzung, aber wir verzichteten von da an in stillschweigender Übereinkunft auf die Fortsetzung der hypnotischen Behandlung. Ich war nüchtern genug, diesen Zufall nicht auf die Rechnung meiner persönlichen Unwiderstehlichkeit zu setzen, und meinte, jetzt die Natur des mystischen Elements, welches hinter der Hypnose wirkte, erfaßt zu haben. Um es auszuschalten oder wenigstens zu isolieren, mußte ich die Hypnose aufgeben.
Die Hypnose hatte aber der kathartischen Behandlung außerordentliche Dienste geleistet, indem sie das Bewußtseinsfeld der Patienten erweiterte und ihnen ein Wissen zur Verfügung stellte, über das sie im Wachen nicht verfügten. Es schien nicht leicht, sie darin zu ersetzen. In dieser Verlegenheit kam mir die Erinnerung an ein Experiment zu Hilfe, das ich oft bei Bernheim mit angesehen hatte. Wenn die Versuchsperson aus dem Somnambulismus erwachte, schien sie jede Erinnerung an die Vorfälle während dieses Zustands verloren zu haben. Aber Bernheim behauptete, sie wisse es doch, und wenn er sie aufforderte, sich zu erinnern, wenn er beteuerte, sie wisse alles, sie solle es doch nur sagen, und ihr dabei noch die Hand auf die Stirne legte, so kamen die vergessenen Erinnerungen wirklich wieder,

zuerst nur zögernd und dann im Strome und in voller Klarheit. Ich beschloß, es ebenso zu machen. Meine Patienten mußten ja auch all das »wissen«, was ihnen sonst erst die Hypnose zugänglich machte, und mein Versichern und Antreiben, etwa unterstützt durch Handauflegen, sollte die Macht haben, die vergessenen Tatsachen und Zusammenhänge ins Bewußtsein zu drängen. Das schien freilich mühseliger zu sein als die Versetzung in die Hypnose, aber es war vielleicht sehr lehrreich. Ich gab also die Hypnose auf und behielt von ihr nur die Lagerung des Patienten auf einem Ruhebett bei, hinter dem ich saß, so daß ich ihn sah, aber nicht selbst gesehen wurde.

III

Meine Erwartung erfüllte sich, ich wurde von der Hypnose frei, aber mit dem Wechsel der Technik änderte auch die kathartische Arbeit ihr Gesicht. Die Hypnose hatte ein Kräftespiel verdeckt, welches sich nun enthüllte, dessen Erfassung der Theorie eine sichere Begründung gab.

Woher kam es nur, daß die Kranken soviel Tatsachen des äußeren und inneren Erlebens vergessen hatten und diese doch erinnern konnten, wenn man die beschriebene Technik auf sie anwendete? Auf diese Fragen erteilte die Beobachtung erschöpfende Antwort. All das Vergessene war irgendwie peinlich gewesen, entweder schreckhaft oder schmerzlich oder beschämend für die Ansprüche der Persönlichkeit. Es drängte sich von selbst der Gedanke auf: gerade darum sei es vergessen worden, d. h. nicht bewußtgeblieben. Um es doch wieder bewußtzumachen, mußte man etwas in dem Kranken überwinden, was sich sträubte, mußte man eigene Anstrengung aufwenden, um ihn zu drängen und zu nötigen. Die vom Arzt erforderte Anstrengung war verschieden groß für verschiedene Fälle, sie wuchs im geraden Verhältnis zur Schwere des zu Erinnernden. Der Kraftaufwand des Arztes war offenbar das Maß für einen *Widerstand* des Kranken. Man brauchte jetzt nur in Worte zu übersetzen, was man selbst verspürt hatte, und man war im Besitz der Theorie der *Verdrängung*.

Der pathogene Vorgang ließ sich jetzt leicht rekonstruieren. Um beim einfachen Beispiel zu bleiben, es war im Seelenleben eine einzelne Strebung aufgetreten, der aber mächtige andere widerstrebten. Der nun entstehende seelische *Konflikt* sollte nach unserer Erwartung so verlaufen, daß die beiden dynamischen Größen – heißen wir sie für unsere Zwecke: Trieb und Widerstand – eine Weile unter stärkster Anteilnahme des Bewußtseins miteinander rangen, bis der Trieb abgewiesen, seiner Strebung die Energiebesetzung entzogen war. Das wäre die normale Erledigung. Bei der Neurose hatte aber – aus noch unbekannten Gründen – der Konflikt einen anderen Ausgang gefunden. Das Ich hatte sich sozusagen beim ersten Zusammenstoß von der anstößigen Triebregung zurückgezogen, ihr den Zugang zum Bewußtsein und zur direkten motorischen Abfuhr versperrt, dabei hatte sie aber ihre volle Energiebesetzung behalten. Diesen Vorgang nannte ich *Verdrängung;* er war eine Neuheit, nichts ihm Ähnliches war je im Seelenleben erkannt worden. Er war offenbar ein primärer Abwehrmechanismus, einem Fluchtversuch vergleichbar, erst ein Vorläufer der späteren normalen Urteilserledigung. An den ersten Akt der Verdrängung knüpften weitere Folgen an. Erstens mußte sich das Ich gegen den immer bereiten Andrang der verdrängten Regung durch einen permanenten Aufwand, eine *Gegenbesetzung,* schützen und verarmte dabei, andererseits konnte sich das Verdrängte, das nun *unbewußt* war, Abfuhr und Ersatzbefriedigung auf Umwegen schaffen und solcherart die Absicht der Verdrängung zum Scheitern bringen. Bei der Konversionshysterie führte dieser Umweg in die Körperinnervation, die verdrängte Regung brach an irgendeiner Stelle durch und schuf sich die *Symptome,* die also Kompromißergebnisse waren, zwar Ersatzbefriedigungen, aber doch entstellt und von ihrem Ziele abgelenkt durch den Widerstand des Ichs.

Die Lehre von der Verdrängung wurde zum Grundpfeiler des Verständnisses der Neurosen. Die therapeutische Aufgabe mußte nun anders gefaßt werden, ihr Ziel war nicht mehr das »Abreagieren« des auf falsche Bahnen geratenen Affekts, sondern die Aufdeckung der Verdrängungen und deren Ablösung durch Urteilsleistungen, die in Annahme oder Verwerfung des damals Abgewiesenen ausgehen konnten. Ich trug der neuen Sachlage Rechnung, indem ich das Verfahren zur Untersuchung und Heilung nicht mehr *Katharsis,* sondern *Psychoanalyse* benannte.

Man kann von der Verdrängung wie von einem Zentrum ausgehen und alle Stücke der psychoanalytischen Lehre mit ihr in Verbindung bringen. Vorher will ich aber noch eine Bemerkung polemischen Inhalts machen. Nach der Meinung Janets war die Hysterika eine arme Person, die infolge einer konstitutionellen

Schwäche ihre seelischen Akte nicht zusammenhalten konnte. Darum verfiel sie der seelischen Spaltung und der Einengung des Bewußtseins. Nach den Ergebnissen der psychoanalytischen Untersuchungen waren diese Phänomene aber Erfolg dynamischer Faktoren, des seelischen Konflikts und der vollzogenen Verdrängung. Ich meine, dieser Unterschied ist weittragend genug und sollte dem immer wiederholten Gerede ein Ende machen, was an der Psychoanalyse wertvoll sei, schränke sich auf eine Entlehnung Janetscher Gedanken ein. Meine Darstellung muß dem Leser gezeigt haben, daß die Psychoanalyse von den Janetschen Funden in historischer Hinsicht völlig unabhängig ist, wie sie auch inhaltlich von ihnen abweicht und weit über sie hinausgreift. Niemals wären auch von den Arbeiten Janets die Folgerungen ausgegangen, welche die Psychoanalyse so wichtig für die Geisteswissenschaften gemacht und ihr das allgemeinste Interesse zugewendet haben. Janet selbst habe ich immer respektvoll behandelt, weil seine Entdeckungen ein ganzes Stück weit mit denen Breuers zusammentrafen, die früher gemacht und später veröffentlicht worden waren. Aber als die Psychoanalyse Gegenstand der Diskussion auch in Frankreich wurde, hat Janet sich schlecht benommen, geringe Sachkenntnis gezeigt und unschöne Argumente gebraucht. Endlich hat er sich in meinen Augen bloßgestellt und sein Werk selbst entwertet, indem er verkündete, wenn er von »unbewußten« seelischen Akten gesprochen, so habe er nichts damit gemeint, es sei bloß »*une façon de parler*«[41] gewesen.

Die Psychoanalyse wurde aber durch das Studium der pathogenen Verdrängungen und anderer noch zu erwähnender Phänomene gezwungen, den Begriff des »Unbewußten« ernst zu nehmen. Für sie war alles Psychische zunächst unbewußt, die Bewußtseinsqualität konnte dann dazukommen oder auch wegbleiben. Dabei stieß man freilich mit dem Widerspruch der Philosophen zusammen, für die »bewußt« und »psychisch« identisch war und die beteuerten, sie könnten sich so ein Unding wie das »unbewußte Seelische« nicht vorstellen. Es half aber nichts, man mußte sich achselzuckend über diese Idiosynkrasie der Philosophen hinaussetzen. Die Erfahrungen am pathologischen Material, das die Philosophen nicht kannten, über die

[41] [In der Ausgabe von 1935, die hier zur verbindlichen Textvorlage genommen wird, steht erstmals »façon«; in den Editionen der »*Selbstdarstellung*« in G. S. und G. W. heißt es »manière«.]

Häufigkeit und Mächtigkeit solcher Regungen, von denen man nichts wußte und die man wie irgendeine Tatsache der Außenwelt erschließen mußte, ließen keine Wahl. Man konnte dann geltend machen, daß man nur am eigenen Seelenleben tat, was man immer schon für das anderer getan hatte. Man schrieb doch auch der anderen Person psychische Akte zu, obwohl man kein unmittelbares Bewußtsein von diesen hatte und sie aus Äußerungen und Handlungen erraten mußte. Was aber beim anderen recht ist, das muß auch für die eigene Person billig sein. Will man dies Argument weitertreiben und daraus ableiten, daß die eigenen verborgenen Akte eben einem zweiten Bewußtsein angehören, so steht man vor der Konzeption eines Bewußtseins, von dem man nichts weiß, eines unbewußten Bewußtseins, was doch kaum ein Vorteil gegen die Annahme eines unbewußten Psychischen ist. Sagt man aber mit anderen Philosophen, man würdige die pathologischen Vorkommnisse, nur sollten die diesen zugrunde liegenden Akte nicht psychisch, sondern psychoid geheißen werden, so läuft die Differenz auf einen unfruchtbaren Wortstreit hinaus, in dem man sich doch am zweckmäßigsten für die Beibehaltung des Ausdrucks »unbewußt psychisch« entscheidet. Die Frage, was dies Unbewußte an sich sei, ist dann nicht klüger und aussichtsreicher als die andere, frühere, was das Bewußte sei.

Schwieriger wäre es, in kurzem darzustellen, wie die Psychoanalyse dazu gekommen ist, das von ihr anerkannte Unbewußte noch zu gliedern, es in ein *Vorbewußtes* und in ein eigentlich Unbewußtes zu zerlegen. Es mag die Bemerkung genügen, daß es legitim erschien, die Theorien, welche direkter Ausdruck der Erfahrung sind, durch Hypothesen zu ergänzen, welche zur Bewältigung des Stoffes zweckdienlich sind und sich auf Verhältnisse beziehen, die nicht Gegenstand unmittelbarer Beobachtung werden können. Man pflegt auch in älteren Wissenschaften nicht anders zu verfahren. Die Gliederung des Unbewußten hängt mit dem Versuch zusammen, sich den seelischen Apparat aus einer Anzahl von *Instanzen* oder *Systemen* aufgebaut zu denken, von deren Beziehung zueinander man in räumlicher Ausdrucksweise spricht, wobei aber ein Anschluß an die reale Hirnanatomie nicht gesucht wird. (Der sogenannte *topische* Gesichtspunkt.) Solche und ähnliche Vorstellungen gehören zu einem spekulativen Überbau der Psychoanalyse, von dem jedes Stück ohne Schaden und Bedauern geopfert oder ausgetauscht werden kann, sobald seine Unzulänglichkeit erwiesen ist. Es bleibt genug zu berichten übrig, was der Beobachtung näher steht.

Ich habe schon erwähnt, daß die Forschung nach den Veranlassungen und Begründungen der Neurose mit immer steigender Häufigkeit auf Konflikte zwischen den sexuellen Regungen der Person und den Widerständen gegen die Sexualität führte. Bei der Suche nach den pathogenen Situationen, in denen die Verdrängungen der Sexualität eingetreten waren und aus denen die Symptome als Ersatzbildungen des Verdrängten stammten, wurde man in immer frühere Lebenszeiten des Kranken zurückgeleitet und langte endlich in dessen ersten Kindheitsjahren an. Es ergab sich, was Dichter und Menschenkenner immer behauptet hatten, daß die Eindrücke dieser frühen Lebensperiode, obwohl sie meist der Amnesie verfallen, unvertilgbare Spuren in der Entwicklung des Individuums zurücklassen, insbesondere daß sie die Disposition für spätere neurotische Erkrankungen festlegen. Da es sich aber in diesen Kindererlebnissen immer um sexuelle Erregungen und um die Reaktion gegen dieselben handelte, stand man vor der Tatsache der *infantilen Sexualität*, die wiederum eine Neuheit und einen Widerspruch gegen eines der stärksten Vorurteile der Menschen bedeutete. Die Kindheit sollte ja »unschuldig« sein, frei von geschlechtlichen Gelüsten, und der Kampf mit dem Dämon »Sinnlichkeit« erst mit dem Sturm und Drang der Pubertät einsetzen. Was man von sexuellen Betätigungen gelegentlich an Kindern hatte wahrnehmen müssen, faßte man als Zeichen von Degeneration, vorzeitiger Verderbtheit oder als kuriose Laune der Natur auf. Wenige der Ermittlungen der Psychoanalyse haben eine so allgemeine Ablehnung gefunden, einen solchen Ausbruch von Entrüstung hervorgerufen wie die Behauptung, daß die Sexualfunktion vom Anfang des Lebens an beginne und schon in der Kindheit sich in wichtigen Erscheinungen äußere. Und doch ist kein anderer analytischer Fund so leicht und so vollständig zu erweisen.
Ehe ich weiter in die Würdigung der infantilen Sexualität eingehe, muß ich eines Irrtums gedenken, dem ich eine Weile verfallen war und der bald für meine ganze Arbeit verhängnisvoll geworden wäre. Unter dem Drängen meines damaligen technischen Verfahrens reproduzierten die meisten meiner Patienten Szenen aus ihrer Kindheit, deren Inhalt die sexuelle Verführung durch einen Erwachsenen war. Bei den weiblichen Personen war die Rolle des Verführers fast immer dem Vater zugeteilt. Ich

schenkte diesen Mitteilungen Glauben und nahm also an, daß ich in diesen Erlebnissen sexueller Verführung in der Kindheit die Quellen der späteren Neurose aufgefunden hatte. Einige Fälle, in denen sich solche Beziehungen zum Vater, Oheim oder älteren Bruder bis in die Jahre sicherer Erinnerung fortgesetzt hatten, bestärkten mich in meinem Zutrauen. Wenn jemand über meine Leichtgläubigkeit mißtrauisch den Kopf schütteln wollte, so kann ich ihm nicht ganz unrecht geben, will aber vorbringen, daß es die Zeit war, wo ich meiner Kritik absichtlich Zwang antat, um unparteiisch und aufnahmefähig für die vielen Neuheiten zu bleiben, die mir täglich entgegentraten. Als ich dann doch erkennen mußte, diese Verführungsszenen seien niemals vorgefallen, seien nur Phantasien, die meine Patienten erdichtet, die ich ihnen vielleicht selbst aufgedrängt hatte, war ich eine Zeitlang ratlos.[42] Mein Vertrauen in meine Technik wie in ihre Ergebnisse erlitt einen harten Stoß; ich hatte doch diese Szenen auf einem technischen Wege, den ich für korrekt hielt, gewonnen, und ihr Inhalt stand in unverkennbarer Beziehung zu den Symptomen, von denen meine Untersuchung ausgegangen war. Als ich mich gefaßt hatte, zog ich aus meiner Erfahrung die richtigen Schlüsse, daß die neurotischen Symptome nicht direkt an wirkliche Erlebnisse anknüpften, sondern an Wunschphantasien, und daß für die Neurose die psychische Realität mehr bedeute als die materielle. Ich glaube auch heute nicht, daß ich meinen Patienten jene Verführungsphantasien aufgedrängt, »suggeriert« habe. Ich war da zum erstenmal mit dem *Ödipuskomplex* zusammengetroffen, der späterhin eine so überragende Bedeutung gewinnen sollte, den ich aber in solch phantastischer Verkleidung noch nicht erkannte. Auch blieb der Verführung im Kindesalter ihr Anteil an der Ätiologie, wenngleich in bescheidenerem Ausmaß, gewahrt. Die Verführer waren aber zumeist ältere Kinder gewesen.

Mein Irrtum war also der nämliche gewesen, wie wenn jemand die Sagengeschichte der römischen Königszeit nach der Erzählung des Livius für historische Wahrheit nehmen würde, anstatt für das, was sie ist, eine Reaktionsbildung gegen die Erinnerung armseliger, wahrscheinlich nicht immer rühmlicher Zeiten und Verhältnisse. Nach der Aufhellung des Irrtums war der Weg

[42] [In einem Brief an Fließ vom 21. September 1897 hat Freud diesen »Sturz aller Werte« beschrieben, wie und weshalb er allmählich zu begreifen begann, daß die Berichte seiner Patienten Fiktionen waren (Freud, 1962, S. 186ff.). – Vgl. oben S. 11 und unten S. 153f.]

zum Studium des infantilen Sexuallebens frei. Man kam da in die Lage, die Psychoanalyse auf ein anderes Wissensgebiet anzuwenden, aus ihren Daten ein bisher unbekanntes Stück des biologischen Geschehens zu erraten.

Die Sexualfunktion war von Anfang an vorhanden, lehnte sich zunächst an die anderen lebenswichtigen Funktionen an und machte sich dann von ihnen unabhängig; sie hatte eine lange und komplizierte Entwicklung durchzumachen, bis aus ihr das wurde, was als das normale Sexualleben des Erwachsenen bekannt war. Sie äußerte sich zuerst als Tätigkeit einer ganzen Reihe von *Triebkomponenten*, welche von *erogenen* Körperzonen abhängig waren, zum Teil in Gegensatzpaaren auftraten (Sadismus – Masochismus, Schautrieb – Exhibitionslust), unabhängig voneinander auf Lustgewinn ausgingen und ihr Objekt zumeist am eigenen Körper fanden. Sie war also zuerst nicht zentriert und vorwiegend *auto-erotisch*. Später traten Zusammenfassungen in ihr auf; eine erste Organisationsstufe stand unter der Vorherrschaft der *oralen* Komponenten, dann folgte eine *sadistisch-anale* Phase, und erst die spät erreichte dritte Phase brachte den Primat der *Genitalien*, womit die Sexualfunktion in den Dienst der Fortpflanzung trat. Während dieser Entwicklung wurden manche Triebanteile als für diesen Endzweck unbrauchbar beiseite gelassen oder anderen Verwendungen zugeführt, andere von ihren Zielen abgelenkt und in die genitale Organisation übergeleitet. Ich nannte die Energie der Sexualtriebe – und nur diese – *Libido*. Ich mußte nun annehmen, daß die Libido die beschriebene Entwicklung nicht immer tadellos durchmache. Infolge der Überstärke einzelner Komponenten oder frühzeitiger Befriedigungserlebnisse kommt es zu *Fixierungen* der Libido an gewissen Stellen des Entwicklungsweges. Zu diesen Stellen strebt dann die Libido im Falle einer späteren Verdrängung zurück (*Regression*), und von ihnen aus wird auch der Durchbruch zum Symptom erfolgen. Eine spätere Einsicht fügte hinzu, daß die Lokalisation der Fixierungsstelle auch entscheidend ist für die Neurosenwahl, für die Form, in der die spätere Erkrankung auftritt.

Neben der Organisation der Libido geht der Prozeß der Objektfindung einher, dem eine große Rolle im Seelenleben vorbehalten ist. Das erste Liebesobjekt nach dem Stadium des *Autoerotismus* wird für beide Geschlechter die Mutter, deren nährendes Organ wahrscheinlich anfänglich vom eigenen Körper nicht unterschieden wurde. Später, aber noch in den ersten Kinderjahren, stellt sich die Relation des Ödipuskomplexes her, in welcher der Knabe seine sexuellen Wünsche auf die Person der Mutter konzentriert und feindselige Regungen gegen den Vater als Rivalen entwickelt. In analoger Weise stellt sich das kleine Mädchen ein[43], alle Variationen und Abfolgen des Ödipuskomplexes werden bedeutungsvoll, die angeborene bisexuelle Konstitution macht sich geltend und vermehrt die Anzahl der gleichzeitig vorhandenen Strebungen. Es dauert eine ganze Weile, bis das Kind über die Unterschiede der Geschlechter Klarheit gewinnt; in dieser Zeit der *Sexualforschung* schafft es sich typische *Sexualtheorien*, die, abhängig von der Unvollkommenheit der eigenen körperlichen Organisation, Richtiges und Falsches vermengen und die Probleme des Geschlechtslebens (das Rätsel der Sphinx: woher die Kinder kommen) nicht lösen können. Die erste Objektwahl des Kindes ist also eine *inzestuöse*. Die ganze hier beschriebene Entwicklung wird rasch durchlaufen. Der merkwürdigste Charakter des menschlichen Sexuallebens ist sein *zweizeitiger Ansatz* mit dazwischenliegender Pause. Im vierten und fünften Lebensjahr erreicht es einen ersten Höhepunkt, dann aber vergeht diese Frühblüte der Sexualität, die bisher lebhaften Strebungen verfallen der Verdrängung, und es tritt die bis zur Pubertät dauernde *Latenzzeit* ein, während welcher die Reaktionsbildungen der Moral, der Scham, des Ekels aufgerichtet werden.[44] Die Zweizeitigkeit der Sexualentwicklung scheint von allen Lebewesen allein dem Menschen zuzukommen, sie ist vielleicht die biologische Bedingung seiner Disposition zur Neurose. Mit der Pubertät werden die Strebungen und Objektbesetzungen der Frühzeit wieder belebt, auch die Gefühlsbindungen des Ödipuskomplexes. Im Sexualleben der Pubertät ringen miteinander die Anregungen der Frühzeit

[43] [Zusatz 1935:] Die Ermittlungen über die infantile Sexualität waren am Mann gewonnen und die aus ihnen abgeleitete Theorie für das männliche Kind zugerichtet worden. Die Erwartung eines durchgehenden Parallelismus zwischen den beiden Geschlechtern war natürlich genug, aber sie erwies sich als unzutreffend. Weitere Untersuchungen und Erwägungen deckten tiefgehende Unterschiede in der Geschlechtsentwicklung zwischen Mann und Weib auf. Auch für das kleine Mädchen ist die Mutter das erste Sexualobjekt, aber um das Ziel der normalen Entwicklung zu erreichen, soll das Weib nicht nur das Sexualobjekt, sondern auch die leitende Genitalzone wechseln. Daraus ergeben sich Schwierigkeiten und mögliche Hemmungen, die für den Mann entfallen. [Vgl. dazu ›Der Untergang des Ödipuskomplexes‹ (1924*d*) und ›Einige psychische Folgen des anatomischen Geschlechtsunterschieds‹ (1925*j*).]

[44] [Zusatz 1935:] Die Latenzzeit ist ein physiologisches Phänomen. Eine völlige Unterbrechung des Sexuallebens kann sie aber nur in jenen kulturellen Organisationen hervorrufen, die eine Unterdrückung der infantilen Sexualität in ihren Plan aufgenommen haben. Dies ist bei den meisten Primitiven nicht der Fall.

und die Hemmungen der Latenzperiode. Noch auf der Höhe der infantilen Sexualentwicklung hatte sich eine Art von genitaler Organisation hergestellt, in der aber nur das männliche Genitale eine Rolle spielte, das weibliche unentdeckt geblieben war (der sogenannte *phallische* Primat). Der Gegensatz der Geschlechter hieß damals noch nicht *männlich* oder *weiblich*, sondern: im Besitze eines Penis oder *kastriert*. Der hier anschließende *Kastrationskomplex* wird überaus bedeutsam für die Bildung von Charakter und Neurose.

In dieser verkürzten Darstellung meiner Befunde über das menschliche Sexualleben habe ich dem Verständnis zuliebe vielfach zusammengetragen, was zu verschiedenen Zeiten entstand und als Ergänzung oder Berichtigung in die aufeinanderfolgenden Auflagen meiner *Drei Abhandlungen zur Sexualtheorie*[45] Aufnahme fand. Ich hoffe, es läßt sich aus ihr leicht entnehmen, worin die oft betonte und beanstandete Erweiterung des Begriffes Sexualität besteht. Diese Erweiterung ist eine zweifache. Erstens wird die Sexualität aus ihren allzu engen Beziehungen zu den Genitalien gelöst und als eine umfassendere, nach Lust strebende Körperfunktion hingestellt, welche erst sekundär in den Dienst der Fortpflanzung tritt; zweitens werden zu den sexuellen Regungen alle die bloß zärtlichen und freundschaftlichen gerechnet, für welche unser Sprachgebrauch das vieldeutige Wort »Liebe« verwendet. Allein ich meine, diese Erweiterungen sind nicht Neuerungen, sondern Wiederherstellungen, sie bedeuten die Aufhebung von unzweckmäßigen Einengungen des Begriffes, zu denen wir uns haben bewegen lassen. Die Loslösung der Sexualität von den Genitalien hat den Vorteil, daß sie uns gestattet, die Sexualbetätigung der Kinder und der Perversen unter dieselben Gesichtspunkte zu bringen wie die der normalen Erwachsenen, während die erstere bisher völlig vernachlässigt, die andere zwar mit moralischer Entrüstung, aber ohne Verständnis aufgenommen wurde. Der psychoanalytischen Auffassung erklären sich auch die absonderlichsten und abstoßendsten Perversionen als Äußerung von sexuellen Partialtrieben, die sich dem Genitalprimat entzogen haben und wie in den Urzeiten der Libidoentwicklung selbständig dem Lusterwerb nachgehen. Die wichtigste dieser Perversionen, die Homosexualität, verdient kaum diesen Namen. Sie führt sich auf die konstitutionelle Bisexualität und auf die Nachwirkung des phalli-

[45] [Freud, 1905*d*.]

schen Primats zurück; durch Psychoanalyse kann man bei jedermann ein Stück homosexueller Objektwahl nachweisen. Wenn man die Kinder »polymorph pervers« genannt hat, so war das nur eine Beschreibung in allgemein gebräuchlichen Ausdrücken; eine moralische Wertung sollte damit nicht ausgesprochen werden. Solche Werturteile liegen der Psychoanalyse überhaupt fern.

Die andere der angeblichen Erweiterungen rechtfertigt sich durch den Hinweis auf die psychoanalytische Untersuchung, welche zeigt, daß all diese zärtlichen Gefühlsregungen ursprünglich vollsexuelle Strebungen waren, die dann »zielgehemmt« oder »sublimiert« worden sind. Auf dieser Beeinflußbarkeit und Ablenkbarkeit der Sexualtriebe beruht auch ihre Verwendbarkeit für mannigfache kulturelle Leistungen, zu denen sie die bedeutsamsten Beiträge stellen.

Die überraschenden Ermittlungen über die Sexualität des Kindes wurden zunächst durch die Analyse Erwachsener gewonnen, konnten aber später, etwa von 1908 an, durch direkte Beobachtungen an Kindern bis in alle Einzelheiten und in beliebigem Ausmaße bestätigt werden.[46] Es ist wirklich so leicht, sich von den regulären sexuellen Betätigungen der Kinder zu überzeugen, daß man sich verwundert fragen muß, wie es die Menschen zustande gebracht haben, diese Tatsachen zu übersehen und die Wunschlegende von der asexuellen Kindheit so lange aufrechtzuhalten. Dies muß mit der Amnesie der meisten Erwachsenen für ihre eigene Kindheit zusammenhängen.

IV

Die Lehren vom Widerstand und von der Verdrängung, vom Unbewußten, von der ätiologischen Bedeutung des Sexuallebens und der Wichtigkeit der Kindheitserlebnisse sind die Hauptbestandteile des psychoanalytischen Lehrgebäudes. Ich bedauere, daß ich hier nur die einzelnen Stücke beschreiben konnte und nicht auch, wie sie sich zusammensetzen und ineinandergreifen. Es ist jetzt an der Zeit, sich zu den Veränderungen zu wenden, die sich allmählich an der Technik des analytischen Verfahrens vollzogen.

Die zuerst geübte Überwindung des Widerstandes durch Drän-

[46] [Vgl. z. B. die ›Analyse der Phobie eines fünfjährigen Knaben‹ (Freud, 1909*b*).]

gen und Versichern war unentbehrlich gewesen, um dem Arzt die ersten Orientierungen in dem, was er zu erwarten hatte, zu verschaffen. Auf die Dauer war sie aber für beide Teile zu anstrengend und schien nicht frei von gewissen naheliegenden Bedenken. Sie wurde also von einer anderen Methode abgelöst, welche in gewissem Sinne ihr Gegensatz war. Anstatt den Patienten anzutreiben, etwas zu einem bestimmten Thema zu sagen, forderte man ihn jetzt auf, sich der *freien Assoziation* zu überlassen, d. h. zu sagen, was immer ihm in den Sinn kam, wenn er sich jeder bewußten Zielvorstellung enthielt. Nur mußte er sich dazu verpflichten, auch wirklich alles mitzuteilen, was ihm seine Selbstwahrnehmung ergab, und den kritischen Einwendungen nicht nachzugeben, die einzelne Einfälle mit den Motivierungen beseitigen wollten, sie seien nicht wichtig genug, gehörten nicht dazu oder seien überhaupt ganz unsinnig. Die Forderung nach Aufrichtigkeit in der Mitteilung brauchte man nicht ausdrücklich zu wiederholen, sie war ja die Voraussetzung der analytischen Kur.

Daß dies Verfahren der freien Assoziation unter Einhaltung der *psychoanalytischen Grundregel* leisten sollte, was man von ihm erwartete, nämlich das verdrängte und durch Widerstände ferngehaltene Material dem Bewußtsein zuzuführen, mag befremdend erscheinen. Allein man muß bedenken, daß die freie Assoziation nicht wirklich frei ist. Der Patient bleibt unter dem Einfluß der analytischen Situation, auch wenn er seine Denktätigkeit nicht auf ein bestimmtes Thema richtet. Man hat das Recht anzunehmen, daß ihm nichts anderes einfallen wird, als was zu dieser Situation in Beziehung steht. Sein Widerstand gegen die Reproduktion des Verdrängten wird sich jetzt auf zweierlei Weise äußern. Erstens durch jene kritischen Einwendungen, auf welche die psychoanalytische Grundregel gemünzt ist. Überwindet er aber in Befolgung der Regel diese Abhaltungen, so findet der Widerstand einen anderen Ausdruck. Er wird es durchsetzen, daß dem Analysierten niemals das Verdrängte selbst einfällt, sondern nur etwas, was diesem nach Art einer Anspielung nahekommt, und je größer der Widerstand ist, desto weiter wird sich der mitzuteilende Ersatzeinfall von dem Eigentlichen, das man sucht, entfernen. Der Analytiker, der in Sammlung, aber ohne Anstrengung zuhört und der durch seine Erfahrung im allgemeinen auf das Kommende vorbereitet ist, kann nun das Material, das der Patient zutage fördert, nach zwei Möglichkeiten verwerten. Entweder gelingt es ihm, bei geringem

Widerstand, aus den Andeutungen das Verdrängte selbst zu erraten, oder er kann, bei stärkerem Widerstand, an den Einfällen, die sich vom Thema zu entfernen scheinen, die Beschaffenheit dieses Widerstandes erkennen, den er dann dem Patienten mitteilt. Die Aufdeckung des Widerstandes ist aber der erste Schritt zu seiner Überwindung. So ergibt sich im Rahmen der analytischen Arbeit eine *Deutungskunst*, deren erfolgreiche Handhabung zwar Takt und Übung erfordert, die aber unschwer zu erlernen ist. Die Methode der freien Assoziation hat große Vorzüge vor der früheren, nicht nur den der Ersparung an Mühe. Sie setzt den Analysierten dem geringsten Maß von Zwang aus, verliert nie den Kontakt mit der realen Gegenwart, gewährt weitgehende Garantien dafür, daß man kein Moment in der Struktur der Neurose übersieht und nichts aus eigener Erwartung in sie einträgt. Man überläßt es bei ihr wesentlich dem Patienten, den Gang der Analyse und die Anordnung des Stoffes zu bestimmen, daher wird die systematische Bearbeitung der einzelnen Symptome und Komplexe unmöglich. Recht im Gegensatz zum Hergang beim hypnotischen oder antreibenden Verfahren erfährt man das Zusammengehörige zu verschiedenen Zeiten und an verschiedenen Stellen der Behandlung. Für einen Zuhörer – den es in Wirklichkeit nicht geben darf – würde die analytische Kur daher ganz undurchsichtig sein.

Ein anderer Vorteil der Methode ist, daß sie eigentlich nie zu versagen braucht. Es muß theoretisch immer möglich sein, einen Einfall zu haben, wenn man seine Ansprüche an die Art desselben fallenläßt. Doch tritt solches Versagen ganz regelmäßig in einem Falle auf, aber gerade durch seine Vereinzelung wird auch dieser Fall deutbar.

Ich nähere mich nun der Beschreibung eines Moments, welches einen wesentlichen Zug zum Bilde der Analyse hinzufügt und technisch wie theoretisch die größte Bedeutung beanspruchen darf. In jeder analytischen Behandlung stellt sich ohne Dazutun des Arztes eine intensive Gefühlsbeziehung des Patienten zur Person des Analytikers her, die in den realen Verhältnissen keine Erklärung finden kann. Sie ist positiver oder negativer Natur, variiert von leidenschaftlicher, vollsinnlicher Verliebtheit bis zum extremen Ausdruck von Auflehnung, Erbitterung und Haß. Diese abkürzend sogenannte *Übertragung* setzt sich beim Patienten bald an die Stelle des Wunsches nach Genesung und wird, solange sie zärtlich und gemäßigt ist, zum Träger des ärztlichen Einflusses und zur eigentlichen Triebfeder der gemein-

samen analytischen Arbeit. Später, wenn sie leidenschaftlich geworden ist oder ins Feindselige umgeschlagen hat, wird sie das Hauptwerkzeug des Widerstandes. Dann geschieht es auch, daß sie die Einfallstätigkeit des Patienten lahmlegt und den Erfolg der Behandlung gefährdet. Es wäre aber unsinnig, ihr ausweichen zu wollen; eine Analyse ohne Übertragung ist eine Unmöglichkeit. Man darf nicht glauben, daß die Analyse die Übertragung schafft und daß diese nur bei ihr vorkommt. Die Übertragung wird von der Analyse nur aufgedeckt und isoliert. Sie ist ein allgemein menschliches Phänomen, entscheidet über den Erfolg bei jeder ärztlichen Beeinflussung, ja sie beherrscht überhaupt die Beziehungen einer Person zu ihrer menschlichen Umwelt. Unschwer erkennt man in ihr denselben dynamischen Faktor, den die Hypnotiker Suggerierbarkeit genannt haben, der der Träger des hypnotischen Rapports ist, über dessen Unberechenbarkeit auch die kathartische Methode zu klagen hatte. Wo diese Neigung zur Gefühlsübertragung fehlt oder durchaus negativ geworden ist, wie bei der Dementia praecox und der Paranoia, da entfällt auch die Möglichkeit einer psychischen Beeinflussung des Kranken.
Es ist ganz richtig, daß auch die Psychoanalyse mit dem Mittel der *Suggestion* arbeitet wie andere psychotherapeutische Methoden. Der Unterschied ist aber, daß ihr – der Suggestion oder der Übertragung – hier nicht die Entscheidung über den therapeutischen Erfolg überlassen wird. Sie wird vielmehr dazu verwendet, den Kranken zur Leistung einer psychischen Arbeit zu bewegen – zur Überwindung seiner Übertragungswiderstände –, die eine dauernde Veränderung seiner seelischen Ökonomie bedeutet. Die Übertragung wird vom Analytiker dem Kranken bewußtgemacht, sie wird aufgelöst, indem man ihn davon überzeugt, daß er in seinem Übertragungsverhalten Gefühlsrelationen *wiedererlebt*, die von seinen frühesten Objektbesetzungen, aus der verdrängten Periode seiner Kindheit, herstammen. Durch solche Wendung wird die Übertragung aus der stärksten Waffe des Widerstandes zum besten Instrument der analytischen Kur. Immerhin bleibt ihre Handhabung das schwierigste wie das wichtigste Stück der analytischen Technik.

Mit Hilfe des Verfahrens der freien Assoziation und der an sie anschließenden Deutungskunst gelang der Psychoanalyse eine Leistung, die anscheinend nicht praktisch bedeutsam war, aber in Wirklichkeit zu einer völlig neuen Stellung und Geltung im wissenschaftlichen Betrieb führen mußte. Es wurde möglich nachzuweisen, daß *Träume* sinnvoll sind, und den Sinn derselben zu erraten. Träume waren noch im klassischen Altertum als Verkündigungen der Zukunft hochgeschätzt worden; die moderne Wissenschaft wollte vom Traum nichts wissen, überließ ihn dem Aberglauben, erklärte ihn für einen bloß »körperlichen« Akt, für eine Art Zuckung des sonst schlafenden Seelenlebens. Daß jemand, der ernste wissenschaftliche Arbeit geleistet hatte, als »Traumdeuter« auftreten könnte, schien doch ausgeschlossen. Wenn man sich aber um eine solche Verdammung des Traumes nicht kümmerte, ihn behandelte wie ein unverstandenes neurotisches Symptom, eine Wahn- oder Zwangsidee, von seinem scheinbaren Inhalt absah und seine einzelnen Bilder zu Objekten der freien Assoziation machte, so kam man zu einem anderen Ergebnis. Man gewann durch die zahlreichen Einfälle des Träumers Kenntnis von einem Gedankengebilde, das nicht mehr absurd oder verworren genannt werden konnte, das einer vollwertigen psychischen Leistung entsprach und von dem der *manifeste* Traum nur eine entstellte, verkürzte und mißverstandene Übersetzung war, zumeist eine Übersetzung in visuelle Bilder. Diese *latenten Traumgedanken* enthielten den Sinn des Traumes, der manifeste Trauminhalt war nur eine Täuschung, eine Fassade, an welche zwar die Assoziation anknüpfen konnte, aber nicht die Deutung.

Man stand nun vor der Beantwortung einer ganzen Reihe von Fragen, die wichtigsten darunter, ob es denn ein Motiv für die Traumbildung gebe, unter welchen Bedingungen sie sich vollziehen könne, auf welchen Wegen die Überführung der immer sinnreichen Traumgedanken in den oft sinnlosen Traum vor sich geht u. a. In meiner 1900 veröffentlichten *Traumdeutung* habe ich versucht, alle diese Probleme zu erledigen. Nur der kürzeste Auszug aus dieser Untersuchung[47] kann hier Raum finden: Wenn man die latenten Traumgedanken, die man aus der Analyse des Traumes erfahren hat, untersucht, findet man einen unter ihnen, der sich von den anderen, verständigen und dem Träumer wohlbekannten, scharf abhebt. Diese anderen sind Reste des Wachlebens (Tagesreste); in dem vereinzelten aber erkennt man eine oft sehr anstößige Wunschregung, die dem Wachleben des Träumers fremd ist, die er dementspre-

[47] [Vgl. dazu die leicht verständliche, gleichfalls kurze Zusammenfassung der Ergebnisse der *Traumdeutung* in *Über den Traum* (1901*a*).]

chend auch verwundert oder entrüstet verleugnet. Diese Regung ist der eigentliche Traumbildner, sie hat die Energie für die Produktion des Traumes aufgebracht und sich der Tagesreste als Material bedient; der so entstandene Traum stellt eine Befriedigungssituation für sie vor, ist ihre *Wunscherfüllung*. Dieser Vorgang wäre nicht möglich geworden, wenn nicht etwas in der Natur des Schlafzustandes ihn begünstigt hätte. Die psychische Voraussetzung des Schlafens ist die Einstellung des Ichs auf den Schlafwunsch und die Abziehung der Besetzungen von allen Interessen des Lebens; da gleichzeitig die Zugänge zur Motilität gesperrt werden, kann das Ich auch den Aufwand herabsetzen, mit dem es sonst die Verdrängungen aufrechthält. Diesen nächtlichen Nachlaß der Verdrängung macht sich die unbewußte Regung zunutze, um mit dem Traum zum Bewußtsein vorzudringen. Der Verdrängungswiderstand des Ichs ist aber auch im Schlafe nicht aufgehoben, sondern bloß herabgesetzt worden. Ein Rest von ihm ist als *Traumzensur* verblieben und verbietet nun der unbewußten Wunschregung, sich in den Formen zu äußern, die ihr eigentlich angemessen wären. Infolge der Strenge der Traumzensur müssen sich die latenten Traumgedanken Abänderungen und Abschwächungen gefallen lassen, die den verpönten Sinn des Traumes unkenntlich machen. Dies ist die Erklärung der *Traumentstellung*, welcher der manifeste Traum seine auffälligsten Charaktere verdankt. Daher die Berechtigung des Satzes: *der Traum sei die (verkappte) Erfüllung eines (verdrängten) Wunsches*. Wir erkennen schon jetzt, daß der Traum gebaut ist wie ein neurotisches Symptom, er ist eine Kompromißbildung zwischen dem Anspruch einer verdrängten Triebregung und dem Widerstand einer zensurierenden Macht im Ich. Infolge der gleichen Genese ist er auch ebenso unverständlich wie das Symptom und in gleicher Weise der Deutung bedürftig.

Die allgemeine Funktion des Träumens ist leicht aufzufinden. Es dient dazu, um äußere oder innere Reize, welche zum Erwachen auffordern würden, durch eine Art von Beschwichtigung abzuwehren und so den Schlaf gegen Störung zu versichern. Der äußere Reiz wird abgewehrt, indem er umgedeutet und in irgendeine harmlose Situation verwoben wird; den inneren Reiz des Triebanspruchs läßt der Schläfer gewähren und gestattet ihm die Befriedigung durch die Traumbildung, solange sich die latenten Traumgedanken der Bändigung durch die Zensur nicht entziehen. Droht aber diese Gefahr und wird der Traum allzu deutlich, so bricht der Schläfer den Traum ab und wacht erschreckt auf *(Angsttraum)*. Dasselbe Versagen der Traumfunktion tritt ein, wenn der äußere Reiz so stark wird, daß er sich nicht mehr abweisen läßt (*Wecktraum*). Den Prozeß, welcher unter Mitwirkung der Traumzensur die latenten Gedanken in den manifesten Trauminhalt überführt, habe ich die *Traumarbeit* genannt. Er besteht in einer eigenartigen Behandlung des vorbewußten Gedankenmaterials, bei welcher dessen Bestandteile *verdichtet*, seine psychischen Akzente *verschoben*, das Ganze dann in visuelle Bilder umgesetzt, *dramatisiert*, und durch eine mißverständliche *sekundäre Bearbeitung* ergänzt wird. Die Traumarbeit ist ein ausgezeichnetes Muster der Vorgänge in den tieferen, unbewußten Schichten des Seelenlebens, welche sich von den uns bekannten normalen Denkvorgängen erheblich unterscheiden. Sie bringt auch eine Anzahl archaischer Züge zum Vorschein, z. B. die Verwendung einer hier vorwiegend sexuellen *Symbolik*, die man dann auf anderen Gebieten geistiger Tätigkeit wiedergefunden hat.

Indem sich die unbewußte Triebregung des Traumes mit einem Tagesrest, einem unerledigten Interesse des Wachlebens, in Verbindung setzt, verschafft sie dem von ihr gebildeten Traume einen zweifachen Wert für die analytische Arbeit. Der gedeutete Traum erweist sich ja einerseits als die Erfüllung eines verdrängten Wunsches, andererseits kann er die vorbewußte Denktätigkeit des Tages fortgesetzt und sich mit beliebigem Inhalt erfüllt haben, einem Vorsatz, einer Warnung, Überlegung und wiederum einer Wunscherfüllung Ausdruck geben. Die Analyse verwertet ihn nach beiden Richtungen, sowohl für die Kenntnis der bewußten wie der unbewußten Vorgänge beim Analysierten. Auch zieht sie aus dem Umstande Vorteil, daß dem Traume der vergessene Stoff des Kindheitslebens zugänglich ist, so daß die infantile Amnesie zumeist im Anschluß an die Deutung von Träumen überwunden wird. Der Traum leistet hier ein Stück von dem, was früher der Hypnose auferlegt war. Dagegen habe ich nie die mir oft zugeschriebene Behauptung aufgestellt, die Traumdeutung ergebe, daß alle Träume sexuellen Inhalt haben oder auf sexuelle Triebkräfte zurückgehen. Es ist leicht zu sehen, daß Hunger, Durst und Exkretionsdrang ebensogut Befriedigungsträume erzeugen wie irgendeine verdrängte sexuelle oder egoistische Regung. Bei kleinen Kindern stellt sich eine bequeme Probe auf die Richtigkeit unserer Traumtheorie zur Verfügung. Hier, wo die verschiedenen psychischen Systeme noch nicht scharf gesondert, die Verdrängungen noch nicht tiefer ausgebildet sind, erfährt man häufig von Träumen, die nichts anderes sind als unverhüllte Erfüllungen irgendwelcher vom Tage erübrigten Wunschregungen. Unter dem Einfluß imperativer Bedürfnisse können auch Erwachsene solche Träume vom infantilen Typus produzieren.[48]

In ähnlicher Weise wie der Traumdeutung bedient sich die Analyse des Studiums der so häufigen kleinen Fehlleistungen und Symptomhandlungen der Menschen, denen ich eine 1904 zuerst als Buch veröffentlichte Untersuchung *Zur Psychopathologie des Alltagslebens*[49] gewidmet habe. Den Inhalt dieses vielgelesenen Werkes bildet der Nachweis, daß diese Phänomene nichts Zufälliges sind, daß sie über physiologische Erklärungen hinausgehen, sinnvoll und deutbar sind und zum Schluß auf zurückgehaltene oder verdrängte Regungen und Intentionen berechtigen. Der überragende Wert der Traumdeutung wie dieser Studie liegt aber nicht in der Unterstützung, die sie der analytischen Arbeit leihen, sondern in einer anderen Eigenschaft derselben. Bisher hatte die Psychoanalyse sich nur mit der Auflösung pathologischer Phänomene beschäftigt und zu deren Erklärung oft Annahmen machen müssen, deren Tragweite außer Verhältnis zur Wichtigkeit des behandelten Stoffes stand. Der Traum aber, den sie dann in Angriff nahm, war kein krankhaftes Symptom, er war ein Phänomen des normalen Seelenlebens, konnte sich bei jedem gesunden Menschen ereignen. Wenn der Traum so gebaut ist wie ein Symptom, wenn seine Erklärung die nämlichen Annahmen erfordert, die der Verdrängung von Triebregungen, der Ersatz- und Kompromißbildung, der verschiedenen psychischen Systeme zur Unterbringung des Bewußten und Unbewußten, dann ist die Psychoanalyse nicht mehr eine Hilfswissenschaft der Psychopathologie, dann ist sie vielmehr der Ansatz zu einer neuen und gründlicheren Seelenkunde, die auch für das Verständnis des Normalen unentbehrlich wird. Man darf ihre Voraussetzungen und Ergebnisse auf andere Gebiete des seelischen und geistigen Geschehens übertragen; der Weg ins Weite, zum Weltinteresse, ist ihr eröffnet.

[48] [Zusatz 1935:] Wenn man das so häufige Mißlingen der Traumfunktion berücksichtigt, kann man den Traum zutreffend charakterisieren als einen *Versuch* zur Wunscherfüllung. Unbestritten bleibt die alte Definition des Traumes durch Aristoteles als das Seelenleben während des Schlafes. Es ist nicht ohne Sinn, daß ich mein Buch nicht den *Traum* betitelt habe, sondern *Die Traumdeutung*.

[49] [Freud, 1901*b*.]

V

Ich unterbreche die Darstellung vom inneren Wachstum der Psychoanalyse und wende mich ihren äußeren Schicksalen zu. Was ich von ihrem Erwerb bisher mitgeteilt habe, war in großen Zügen der Erfolg meiner Arbeit, ich habe aber in den Zusammenhang auch spätere Ergebnisse eingetragen und die Beiträge meiner Schüler und Anhänger nicht von den eigenen gesondert.

Durch mehr als ein Jahrzehnt nach der Trennung von Breuer hatte ich keine Anhänger. Ich stand völlig isoliert. In Wien wurde ich gemieden, das Ausland nahm von mir keine Kenntnis. Die *Traumdeutung*, 1900[*a*], wurde in den Fachzeitschriften kaum referiert. Im Aufsatz ›Zur Geschichte der psychoanalytischen Bewegung‹ [vgl. unten S. 158f.] habe ich als Beispiel für die Einstellung der psychiatrischen Kreise in Wien ein Gespräch mit einem Assistenten mitgeteilt, der ein Buch gegen meine Lehren[50] geschrieben, aber die *Traumdeutung* nicht gelesen hatte. Man hatte ihm auf der Klinik gesagt, es lohne nicht der Mühe. Der Betreffende, seither Extraordinarius geworden, hat sich gestattet, den Inhalt jener Unterredung zu verleugnen und überhaupt die Treue meiner Erinnerung anzuzweifeln. Ich halte jedes Wort meines damaligen Berichtes aufrecht.

Als ich verstanden hatte, mit welchen Notwendigkeiten ich zusammengestoßen war, ließ meine Empfindlichkeit sehr nach. Allmählich fand auch die Isolierung ein Ende. Zuerst sammelte sich in Wien ein kleiner Kreis von Schülern um mich; nach 1906 erfuhr man, daß sich die Psychiater in Zürich, E. Bleuler[51], sein Assistent C. G. Jung und andere lebhaft für die Psychoanalyse interessierten. Persönliche Beziehungen knüpften sich an, zu Ostern 1908 trafen sich die Freunde der jungen Wissenschaft in Salzburg, verabredeten die regelmäßige Wiederholung solcher Privatkongresse und die Herausgabe einer Zeitschrift, die unter

[50] [Jones (1960, S. 418) hat nachgewiesen, daß hier der damalige Assistent an der Psychiatrischen und Nervenklinik Emil Raimann und dessen Buch von 1904 *Die hysterischen Geistesstörungen* gemeint sind. – Raimann legt Freud in seiner Kritik auf die frühe, inzwischen längst korrigierte Theorie, daß die Hysterie immer sexuelle Erlebnisse in der Kindheit zur Ursache habe, sowie auf die mittlerweile gleichfalls überwundene kathartische Methode fest. Daß er ihn als einen »geistvollen Forscher« (S. 212) bezeichnet, dem »glänzende psychologische Deduktionen« (S. 348) gelungen seien und dem das Verdienst zukomme, »auf die bedeutsame Rolle der Sexualität in der Pathogenese der Neurosen überhaupt nachdrücklich hingewiesen zu haben« (S. 217), hat Freud offensichtlich nicht beeindruckt.]

[51] [Eugen Bleuler, Direktor der Züricher Psychiatrischen Klinik Burghölzli.]

dem Titel *Jahrbuch für psychoanalytische und psychopathologische Forschungen* von Jung redigiert wurde. Herausgeber waren Bleuler und ich; sie wurde dann mit Beginn des Weltkrieges eingestellt. Gleichzeitig mit dem Anschluß der Schweizer war auch überall in Deutschland das Interesse für die Psychoanalyse erwacht, sie wurde der Gegenstand zahlreicher literarischer Äußerungen und lebhafter Diskussion auf wissenschaftlichen Kongressen. Die Aufnahme war nirgends eine freundliche oder wohlwollend zuwartende. Nach kürzester Bekanntschaft mit der Psychoanalyse war die deutsche Wissenschaft in ihrer Verwerfung einig.

Ich kann natürlich auch heute nicht wissen, welches das endgültige Urteil der Nachwelt über den Wert der Psychoanalyse für Psychiatrie, Psychologie und die Geisteswissenschaften überhaupt sein wird. Aber ich meine, wenn die Phase, die wir durchlebt haben, einmal ihren Geschichtsschreiber findet, wird dieser zugestehen müssen, daß das Verhalten ihrer damaligen Vertreter nicht rühmlich für die deutsche Wissenschaft war. Ich beziehe mich dabei nicht auf die Tatsache der Ablehnung oder auf die Entschiedenheit, mit der sie geschah; beides war leicht zu verstehen, entsprach nur der Erwartung und konnte wenigstens keinen Schatten auf den Charakter der Gegner werfen. Aber für das Ausmaß von Hochmut und gewissenloser Verschmähung der Logik, für die Roheit und Geschmacklosigkeit der Angriffe gibt es keine Entschuldigung. Man kann mir vorhalten, es sei kindisch, noch nach fünfzehn Jahren solcher Empfindlichkeit freien Lauf zu geben; ich würde es auch nicht tun, wenn ich nicht noch etwas anderes hinzuzufügen hätte. Jahre später, als während des Weltkrieges ein Chor von Feinden gegen die deutsche Nation den Vorwurf der Barbarei[52] erhob, in dem all das Erwähnte zusammentrifft, schmerzte es doch tief, daß man aus eigener Erfahrung dem nicht widersprechen konnte.

Einer der Gegner rühmte sich laut, daß er seinen Patienten den Mund verbiete, wenn sie von sexuellen Dingen zu sprechen beginnen, und leitete aus dieser Technik offenbar ein Recht ab, über die ätiologische Rolle der Sexualität bei den Neurosen zu urteilen. Abgesehen von den affektiven Widerständen, die sich nach der psychoanalytischen Theorie so leicht erklärten, daß sie uns nicht irremachen konnten, schien mir das Haupthindernis

[52] [Jones (1962*b*, S. 144) berichtet, daß Max Eitingon, der sich zum Entwurf der »*Selbstdarstellung*« äußern sollte, Freud bat, diese Bemerkung über die deutsche Barbarei fortzulassen. Freud hat dieser Bitte nicht nachgegeben.]

der Verständigung in dem Umstand zu liegen, daß die Gegner in der Psychoanalyse ein Produkt meiner spekulativen Phantasie sahen und nicht an die lange, geduldige, voraussetzungslose Arbeit glauben wollten, die zu ihrem Aufbau aufgewendet worden war. Da nach ihrer Meinung die Analyse nichts mit Beobachtung und Erfahrung zu tun hatte, hielten sie sich auch für berechtigt, sie ohne eigene Erfahrung zu verwerfen. Andere, die sich solcher Überzeugung nicht so sicher fühlten, wiederholten das klassische Widerstandsmanöver, nicht ins Mikroskop zu gucken, um das nicht zu sehen, was sie bestritten hatten. Es ist überhaupt merkwürdig, wie inkorrekt sich die meisten Menschen benehmen, wenn sie in einer neuen Sache auf ihr eigenes Urteil gestellt sind. Durch viele Jahre und auch heute noch bekam ich von »wohlwollenden« Kritikern zu hören, so und so weit habe die Psychoanalyse recht, aber an dem Punkte beginne ihr Übermaß, ihre unberechtigte Verallgemeinerung. Dabei weiß ich, daß nichts schwieriger ist als über eine solche Abgrenzung zu entscheiden und daß die Kritiker selbst bis vor wenigen Tagen oder Wochen in voller Unkenntnis der Sache gewesen waren.

Das offizielle Anathema gegen die Psychoanalyse hatte zur Folge, daß sich die Analytiker enger zusammenschlossen. Auf dem zweiten Kongreß zu Nürnberg 1910 organisierten sie sich auf Vorschlag von S. Ferenczi zu einer ›Internationalen Psychoanalytischen Vereinigung‹, die in Ortsgruppen zerfiel und unter der Leitung eines Präsidenten stand. Diese Vereinigung hat den Weltkrieg überstanden, sie besteht heute noch und umfaßt die Ortsgruppen Wien, Berlin, Budapest, Zürich, London, Holland, New York, Pan-Amerika, Moskau und Kalkutta. Zum ersten Präsidenten ließ ich C. G. Jung wählen, ein recht unglücklicher Schritt, wie sich später herausstellte. Die Psychoanalyse erwarb damals ein zweites Journal, das *Zentralblatt für Psychoanalyse*, redigiert von Adler und Stekel, und bald darauf ein drittes, die *Imago*, von den Nichtärzten H. Sachs und O. Rank für die Anwendungen der Analyse auf die Geisteswissenschaften bestimmt. Bald darauf veröffentlichte Bleuler seine Schrift zur Verteidigung der Psychoanalyse (›Die Psychoanalyse Freuds‹, 1910). So erfreulich es war, daß in dem Streit einmal auch Gerechtigkeit und ehrliche Logik zu Worte kamen, so konnte mich die Arbeit Bleulers doch nicht völlig befriedigen. Sie strebte zu sehr nach dem Anschein der Unparteilichkeit; es war kein Zufall, daß man gerade ihrem Autor die Einführung des wertvollen Begriffes der *Ambivalenz* in unsere Wissenschaft zu danken hatte. In späteren Aufsätzen hat Bleuler sich so ablehnend gegen das analytische Lehrgebäude verhalten, so wesentliche Stücke desselben bezweifelt oder verworfen, daß ich mich verwundert fragen konnte, was für seine Anerkennung davon erübrige. Und doch hat er auch später nicht nur die herzhaftesten Äußerungen zugunsten der »Tiefenpsychologie« getan, sondern auch seine großangelegte Darstellung der Schizophrenien[53] auf sie begründet. Bleuler verblieb übrigens nicht lange in der ›Internationalen Psychoanalytischen Vereinigung‹, er verließ sie infolge von Mißhelligkeiten mit Jung, und das »Burghölzli« ging der Analyse verloren.

Der offizielle Widerspruch konnte die Ausbreitung der Psychoanalyse weder in Deutschland noch in den anderen Ländern aufhalten. Ich habe an anderer Stelle (›Zur Geschichte der psychoanalytischen Bewegung‹ [vgl. unten S. 160ff.]) die Etappen ihres Fortschrittes verfolgt und dort auch die Männer genannt, die sich als ihre Vertreter hervortaten. Im Jahre 1909 waren Jung und ich von G. Stanley Hall nach Amerika berufen worden, um dort an der Clark University, Worcester, Mass., deren Präsident er war, zur zwanzigjährigen Gründungsfeier des Instituts eine Woche lang Vorlesungen (in deutscher Sprache) zu halten. Hall war ein mit Recht angesehener Psycholog und Pädagog, der die Psychoanalyse schon seit Jahren in seinen Unterricht einbezogen hatte; es war etwas vom »Königsmacher« in ihm, dem es gefiel, Autoritäten ein- und wieder abzusetzen. Wir trafen dort auch James J. Putnam, den Neurologen von Harvard, der sich trotz seines Alters für die Psychoanalyse begeisterte und mit dem ganzen Gewicht seiner allgemein respektierten Persönlichkeit für ihren kulturellen Wert und die Reinheit ihrer Absichten eintrat. An dem ausgezeichneten Manne, der in Reaktion auf eine zwangsneurotische Anlage vorwiegend ethisch orientiert war, störte uns nur die Zumutung, die Psychoanalyse an ein bestimmtes philosophisches System anzuschließen und in den Dienst moralischer Bestrebungen zu stellen. Auch eine Zusammenkunft mit dem Philosophen William James hinterließ mir einen bleibenden Eindruck. Ich kann nicht die kleine Szene vergessen, wie er auf einem Spaziergang plötzlich stehenblieb, mir seine Handtasche übergab und mich bat vorauszugehen, er werde nachkommen, sobald er den herannahenden Anfall von

[53] [Bleuler, 1911.]

Angina pectoris abgemacht habe. Er starb ein Jahr später am Herzen; ich habe mir seither immer eine ähnliche Furchtlosigkeit angesichts des nahen Lebensendes gewünscht.
Damals war ich erst 53 Jahre alt, fühlte mich jugendlich und gesund, der kurze Aufenthalt in der Neuen Welt tat meinem Selbstgefühl überhaupt wohl[54]; in Europa fühlte ich mich wie geächtet, hier sah ich mich von den Besten wie ein Gleichwertiger aufgenommen. Es war wie die Verwirklichung eines unglaubwürdigen Tagtraumes, als ich in Worcester den Katheder bestieg, um meine ›Fünf Vorlesungen über Psychoanalyse‹[55] abzuhalten. Die Psychoanalyse war also kein Wahngebilde mehr, sie war zu einem wertvollen Stück der Realität geworden. Sie hat auch den Boden in Amerika seit unserem Besuch nicht mehr verloren, sie ist unter den Laien ungemein populär und wird von vielen offiziellen Psychiatern als wichtiger Bestandteil des medizinischen Unterrichts anerkannt. Leider hat sie dort auch viel Verwässerung erfahren. Mancher Mißbrauch, der nichts mit ihr zu tun hat, deckt sich mit ihrem Namen, es fehlt an Gelegenheiten zu gründlicher Ausbildung in Technik und Theorie. Auch stößt sie in Amerika mit dem *Behaviourism* zusammen, der sich in seiner Naivität rühmt, das psychologische Problem überhaupt ausgeschaltet zu haben.
In Europa vollzogen sich in den Jahren 1911-1913 zwei Abfallsbewegungen von der Psychoanalyse, eingeleitet von Personen, die bisher eine ansehnliche Rolle in der jungen Wissenschaft gespielt hatten, die von Alfred Adler und von C. G. Jung.[56] Beide sahen recht gefährlich aus und gewannen rasch eine große Anhängerschaft. Ihre Stärke dankten sie aber nicht dem eigenen Gehalt, sondern der Verlockung, von den anstößig empfundenen Resultaten der Psychoanalyse freizukommen, auch wenn man ihr tatsächliches Material nicht mehr verleugnete. Jung versuchte eine Umdeutung der analytischen Tatsachen ins Abstrakte, Unpersönliche und Unhistorische, wodurch er sich die Würdigung der infantilen Sexualität und des Ödipuskomplexes sowie die Notwendigkeit der Kindheitsanalyse zu ersparen hoffte. Adler schien sich noch weiter von der Psychoanalyse zu entfernen, er verwarf die Bedeutung der Sexualität überhaupt,

[54] [Eine ausführlichere Schilderung der Amerika-Reise findet sich auf S. 166f. des vorliegenden Bandes.]
[55] [Freud, 1910*a*.]
[56] [Vgl. die detaillierte Darstellung dieser Vorgänge auf S. 184ff. des vorliegenden Bandes.]

führte Charakter- wie Neurosenbildung ausschließlich auf das Machtstreben der Menschen und ihr Bedürfnis nach Kompensation ihrer konstitutionellen Minderwertigkeiten zurück und schlug alle psychologischen Neuerwerbungen der Psychoanalyse in den Wind. Doch hat das von ihm Verworfene sich unter geändertem Namen die Aufnahme in sein geschlossenes System erzwungen; sein »männlicher Protest« ist nichts anderes als die zu Unrecht sexualisierte Verdrängung. Die Kritik begegnete beiden Häretikern mit großer Milde; ich konnte nur erreichen, daß Adler wie Jung darauf verzichteten, ihre Lehren »Psychoanalyse« zu heißen. Man kann heute, nach einem Jahrzehnt, feststellen, daß beide Versuche an der Psychoanalyse schadlos vorübergegangen sind.

Wenn eine Gemeinschaft auf Übereinstimmung in einigen kardinalen Punkten begründet ist, wird es selbstverständlich, daß diejenigen aus ihr ausscheiden, welche diesen gemeinsamen Boden aufgegeben haben. Doch hat man häufig den Abfall früherer Schüler als Zeichen meiner Intoleranz mir zur Schuld angerechnet oder den Ausdruck eines besonderen auf mir lastenden Verhängnisses darin gesehen. Es genüge dagegen, darauf hinzuweisen, daß denen, die mich verlassen haben, wie Jung, Adler, Stekel und wenige andere, eine große Anzahl von Personen gegenübersteht, die, wie Abraham, Eitingon, Ferenczi, Rank, Jones, Brill, Sachs, Pfarrer Pfister, van Emden, Reik u. a.[57] seit etwa fünfzehn Jahren mir in treuer Mitarbeiterschaft, meist auch in ungetrübter Freundschaft anhängen. Ich habe nur die ältesten meiner Schüler hier genannt, die sich bereits einen rühmlichen Namen in der Literatur der Psychoanalyse geschaffen haben, die Übergehung anderer soll keine Zurücksetzung bedeuten, und gerade unter den jungen und spät hinzugekommenen befinden sich Talente, auf die man große Hoffnungen setzen darf. Aber ich darf wohl für mich geltend machen, daß ein intoleranter und vom Unfehlbarkeitsdünkel beherrschter Mensch niemals eine so große Schar geistig bedeutender Personen an sich hätte fesseln können, zumal wenn er über nicht mehr praktische Verlockungen verfügte als ich.

Der Weltkrieg, der so viele andere Organisationen zerstört hat, konnte unserer ›Internationalen‹ nichts anhaben. Die erste Zusammenkunft nach dem Kriege fand 1920 im Haag statt, auf

[57] [Mit einigen dieser Mitarbeiter kam es jedoch in den Jahren nach der Niederschrift der »*Selbstdarstellung*« doch noch zu Differenzen, darunter Sándor Ferenczi und Otto Rank.]

neutralem Boden. Es war rührend, wie holländische Gastfreundschaft sich der verhungerten und verarmten Mitteleuropäer annahm, es geschah auch meines Wissens damals zum ersten Male in einer zerstörten Welt, daß Engländer und Deutsche sich wegen wissenschaftlicher Interessen freundschaftlich an denselben Tisch setzten. Der Krieg hatte sogar in Deutschland wie in den westlichen Ländern das Interesse an der Psychoanalyse gesteigert. Die Beobachtung der Kriegsneurotiker hatte den Ärzten endlich die Augen über die Bedeutung der Psychogenese für neurotische Störungen geöffnet, einige unserer psychologischen Konzeptionen, der »Krankheitsgewinn«, die »Flucht in die Krankheit«, wurden rasch populär. Zum letzten Kongreß vor dem Zusammenbruch, Budapest 1918, hatten die verbündeten Regierungen der Mittelmächte offizielle Vertreter geschickt, welche die Einrichtung psychoanalytischer Stationen zur Behandlung der Kriegsneurotiker zusagten. Es kam nicht mehr dazu. Auch weitausgreifende Pläne eines unserer besten Mitglieder, des Dr. Anton von Freund, welche in Budapest eine Zentrale für analytische Lehre und Therapie schaffen wollten, scheiterten an den bald darauf erfolgenden politischen Umwälzungen und dem frühen Tod des unersetzlichen Mannes. Einen Teil seiner Anregungen verwirklichte später Max Eitingon, indem er 1920 in Berlin eine psychoanalytische Poliklinik schuf. Während der kurzen Dauer der bolschewistischen Herrschaft in Ungarn konnte Ferenczi noch eine erfolgreiche Lehrtätigkeit als offizieller Vertreter der Psychoanalyse an der Universität entfalten. Nach dem Kriege gefiel es unseren Gegnern zu verkünden, daß die Erfahrung ein schlagendes Argument gegen die Richtigkeit der analytischen Behauptungen ergeben habe. Die Kriegsneurosen hätten den Beweis für die Überflüssigkeit sexueller Momente in der Ätiologie neurotischer Affektionen geliefert. Allein, das war ein leichtfertiger und voreiliger Triumph. Denn einerseits hatte niemand die gründliche Analyse eines Falles von Kriegsneurose durchführen können, man wußte also einfach nichts Sicheres über deren Motivierung und durfte doch aus solcher Unwissenheit keinen Schluß ziehen. Andererseits aber hatte die Psychoanalyse längst den Begriff des Narzißmus und der narzißtischen Neurose gewonnen, der die Anheftung der Libido an das eigene Ich, an Stelle eines Objekts, zum Inhalt hatte. Das heißt also, man machte sonst der Psychoanalyse zum Vorwurf, daß sie den Begriff der Sexualität ungebührlich erweitert habe; wenn man es aber in der Polemik bequem fand, vergaß man an dieses ihr Vergehen und hielt ihr wiederum die Sexualität im engsten Sinne vor.

Die Geschichte der Psychoanalyse zerfällt für mich in zwei Abschnitte, von der kathartischen Vorgeschichte abgesehen. Im ersten stand ich allein und hatte alle Arbeit selbst zu tun, so war es von 1895/96 an bis 1906 oder 1907. Im zweiten Abschnitt, von da an bis zum heutigen Tage, haben die Beiträge meiner Schüler und Mitarbeiter immer mehr an Bedeutung gewonnen, so daß ich jetzt, durch schwere Erkrankung an das nahe Ende gemahnt, mit innerer Ruhe an das Aufhören meiner eigenen Leistung denken kann. Gerade dadurch schließt es sich aber aus, daß ich in dieser *»Selbstdarstellung«* die Fortschritte der Psychoanalyse im zweiten Zeitabschnitt mit solcher Ausführlichkeit behandle wie deren allmählichen Aufbau im ersten, der allein von meiner Tätigkeit ausgefüllt ist. Ich fühle mich nur berechtigt, hier jene Neuerwerbungen zu erwähnen, an denen ich noch einen hervorragenden Anteil hatte, also vor allem die auf dem Gebiet des Narzißmus, der Trieblehre und der Anwendung auf die Psychosen.
Ich habe nachzutragen, daß mit zunehmender Erfahrung der Ödipuskomplex sich immer deutlicher als der Kern der Neurose herausstellte. Er war sowohl der Höhepunkt des infantilen Sexuallebens wie auch der Knotenpunkt, von dem alle späteren Entwicklungen ausgingen. Damit schwand aber die Erwartung, durch die Analyse ein für die Neurose spezifisches Moment aufzudecken. Man mußte sich sagen, wie es Jung in seiner analytischen Frühzeit treffend auszudrücken verstand, daß die Neurose keinen besonderen, ihr ausschließlich eigenen Inhalt habe und daß die Neurotiker an den nämlichen Dingen scheitern, welche von den Normalen glücklich bewältigt werden. Diese Einsicht bedeutete durchaus keine Enttäuschung. Sie stand im besten Einklang mit jener anderen, daß die durch die Psychoanalyse gefundene Tiefenpsychologie eben die Psychologie des normalen Seelenlebens war. Es war uns ebenso ergangen wie den Chemikern; die großen qualitativen Verschiedenheiten der Produkte führten sich auf quantitative Abänderungen in den Kombinationsverhältnissen der nämlichen Elemente zurück.
Im Ödipuskomplex zeigte sich die Libido an die Vorstellung der elterlichen Personen gebunden. Aber es hatte vorher eine Zeit ohne alle solche Objekte gegeben. Daraus ergab sich die für eine Libidotheorie grundlegende Konzeption eines Zustandes, in

dem die Libido das eigene Ich erfüllt, dieses selbst zum Objekt genommen hat. Diesen Zustand konnte man »Narzißmus« oder Selbstliebe nennen. Die nächsten Überlegungen sagten, daß er eigentlich nie völlig aufgehoben wird; für die ganze Lebenszeit bleibt das Ich das große Libidoreservoir, aus welchem Objektbesetzungen ausgeschickt werden, in welches die Libido von den Objekten wieder zurückströmen kann. Narzißtische Libido setzt sich also fortwährend in Objektlibido um und umgekehrt. Ein ausgezeichnetes Beispiel davon, welches Ausmaß diese Umsetzung erreichen kann, zeigt uns die bis zur Selbstaufopferung reichende sexuelle oder sublimierte Verliebtheit. Während man bisher im Verdrängungsprozeß nur dem Verdrängten Aufmerksamkeit geschenkt hatte, ermöglichten diese Vorstellungen, auch das Verdrängende richtig zu würdigen. Man hatte gesagt, die Verdrängung werde von den im Ich wirksamen Selbsterhaltungstrieben (»Ichtrieben«) ins Werk gesetzt und an den libidinösen Trieben vollzogen. Nun, da man die Selbsterhaltungstriebe auch als libidinöser Natur, als narzißtische Libido, erkannte, erschien der Verdrängungsvorgang als ein Prozeß innerhalb der Libido selbst; narzißtische Libido stand gegen Objektlibido, das Interesse der Selbsterhaltung wehrte sich gegen den Anspruch der Objektliebe, also auch gegen den der engeren Sexualität.

Kein Bedürfnis wird in der Psychologie dringender empfunden als [das] nach einer tragfähigen Trieblehre, auf welcher man weiterbauen kann. Allein nichts dergleichen ist vorhanden, die Psychoanalyse muß sich in tastenden Versuchen um eine Trieblehre bemühen. Sie stellte zuerst den Gegensatz von Ichtrieben (Selbsterhaltung, Hunger) und von libidinösen Trieben (Liebe) auf, ersetzte ihn dann durch den neuen von narzißtischer und Objektlibido. Damit war offenbar das letzte Wort nicht gesprochen; biologische Erwägungen schienen zu verbieten, daß man sich mit der Annahme einer einzigen Art von Trieben begnüge.
In den Arbeiten meiner letzten Jahre (*Jenseits des Lustprinzips*[58], *Massenpsychologie und Ich-Analyse*[59], *Das Ich und das Es*[60]) habe ich der lange niedergehaltenen Neigung zur Spekulation freien Lauf gelassen und dort auch eine neue Lösung des Triebproblems ins Auge gefaßt. Ich habe Selbst- und Arterhaltung unter den Begriff des *Eros* zusammengefaßt und ihm den

[58] [Freud, 1920*g*.] [59] [1921*c*.] [60] [1923*b*.]

geräuschlos arbeitenden *Todes-* oder *Destruktionstrieb* gegenübergestellt. Der Trieb wird ganz allgemein erfaßt als eine Art Elastizität des Lebenden, als ein Drang nach Wiederherstellung einer Situation, die einmal bestanden hatte und durch eine äußere Störung aufgehoben worden war. Diese im Wesen konservative Natur der Triebe wird durch die Erscheinungen des *Wiederholungszwanges* erläutert. Das Zusammen- und Gegeneinanderwirken von Eros und Todestrieb ergibt für uns das Bild des Lebens.

Es steht dahin, ob sich diese Konstruktion als brauchbar erproben wird. Sie ist zwar von dem Bestreben geleitet worden, einige der wichtigsten theoretischen Vorstellungen der Psychoanalyse zu fixieren, aber sie geht weit über die Psychoanalyse hinaus. Ich habe wiederholt die geringschätzige Äußerung gehört, man könne nichts von einer Wissenschaft halten, deren oberste Begriffe so unscharf wären wie die der Libido und des Triebes in der Psychoanalyse. Aber diesem Vorwurf liegt eine völlige Verkennung des Sachverhalts zugrunde. Klare Grundbegriffe und scharf umrissene Definitionen sind nur in den Geisteswissenschaften möglich, soweit diese ein Tatsachengebiet in den Rahmen einer intellektuellen Systembildung fassen wollen. In den Naturwissenschaften, zu denen die Psychologie gehört, ist solche Klarheit der Oberbegriffe überflüssig, ja unmöglich. Zoologie und Botanik haben nicht mit korrekten und zureichenden Definitionen von Tier und Pflanze begonnen, die Biologie weiß noch heute den Begriff des Lebenden nicht mit sicherem Inhalt zu erfüllen. Ja, selbst die Physik hätte ihre ganze Entwicklung versäumt, wenn sie hätte abwarten müssen, bis ihre Begriffe von Stoff, Kraft, Gravitation und andere die wünschenswerte Klarheit und Präzision erreichten. Die Grundvorstellungen oder obersten Begriffe der naturwissenschaftlichen Disziplinen werden immer zunächst unbestimmt gelassen, vorläufig nur durch den Hinweis auf das Erscheinungsgebiet erläutert, dem sie entstammen, und können erst durch die fortschreitende Analyse des Beobachtungsmaterials klar, inhaltsreich und widerspruchsfrei werden. Ich[61] habe es immer als grobe Ungerechtigkeit empfunden, daß man die Psychoanalyse nicht behandeln wollte wie jede andere Naturwissenschaft. Diese Verweigerung kam in den hartnäckigsten Einwendungen zum Ausdruck. Man macht

[61] [Die bis zum Ende des Absatzes folgenden Sätze hat Freud der Ausgabe von 1935 hinzugefügt. Sie fehlen in *G. S.* und *G. W.*]

der Psychoanalyse jede ihrer Unvollständigkeiten und Unvollkommenheiten zum Vorwurf, während eine auf Beobachtung gegründete Wissenschaft doch nicht anders kann, als ihre Ergebnisse stückweise herauszuarbeiten und ihre Probleme schrittweise zu lösen. Noch mehr, wenn wir bemüht waren, der Sexualfunktion die Anerkennung zu verschaffen, die ihr so lange versagt worden war, so wurde die psychoanalytische Theorie als »Pansexualismus« gebrandmarkt, wenn wir die bisher übersehene Rolle akzidenteller Eindrücke der frühen Jugendzeit betonten, mußten wir hören, daß die Psychoanalyse die Faktoren der Konstitution und der Heredität verleugne, was uns niemals eingefallen war. Es war Widerspruch um jeden Preis und mit allen Mitteln.

Ich habe schon in früheren Phasen meiner Produktion den Versuch gemacht, von der psychoanalytischen Beobachtung aus allgemeinere Gesichtspunkte zu erreichen. 1911 betonte ich in einem kleinen Aufsatz ›Formulierungen über die zwei Prinzipien des psychischen Geschehens‹[62] in gewiß nicht origineller Weise die Vorherrschaft des Lust-Unlust-Prinzips für das Seelenleben und dessen Ablösung durch das sogenannte »Realitätsprinzip«. Später wagte ich den Versuch einer »Metapsychologie«. Ich nannte so eine Weise der Betrachtung, in der jeder seelische Vorgang nach den drei Koordinaten der *Dynamik*, *Topik* und *Ökonomie* gewürdigt wird, und sah in ihr das äußerste Ziel, das der Psychologie erreichbar ist. Der Versuch blieb ein Torso, ich brach nach wenigen Abhandlungen (›Triebe und Triebschicksale‹[63] — ›Verdrängung‹[64] — ›Das Unbewußte‹[65] — ›Trauer und Melancholie‹[66] usw.) ab und tat gewiß wohl daran, denn die Zeit für solche theoretische Festlegung war noch nicht gekommen. In meinen letzten spekulativen Arbeiten habe ich es unternommen, unseren seelischen Apparat auf Grund analytischer Verwertung der pathologischen Tatsachen zu gliedern, und habe ihn in ein *Ich*, ein *Es* und ein *Über-Ich* zerlegt.[67] Das Über-Ich ist der Erbe des Ödipuskomplexes und der Vertreter der ethischen Anforderungen des Menschen.

Es soll nicht der Eindruck erweckt werden, als hätte ich in dieser letzten Periode meiner Arbeit der geduldigen Beobachtung den Rücken gewendet und mich durchaus der Spekulation überlassen. Ich bin vielmehr immer in inniger Berührung mit dem analy-

[62] [1911*b*.] [63] [1915*c*.] [64] [1915*d*.] [65] [1915*e*.] [66] [1917*e*.]
[67] *Das Ich und das Es* [1923*b*].

tischen Material geblieben und habe die Bearbeitung spezieller, klinischer oder technischer Themata nie eingestellt. Auch wo ich mich von der Beobachtung entfernte, habe ich die Annäherung an die eigentliche Philosophie sorgfältig vermieden. Konstitutionelle Unfähigkeit hat mir solche Enthaltung sehr erleichtert. Ich war immer für die Ideen G. Th. Fechners zugänglich und habe mich auch in wichtigen Punkten an diesen Denker angelehnt. Die weitgehenden Übereinstimmungen der Psychoanalyse mit der Philosophie Schopenhauers[68] – er hat nicht nur den Primat der Affektivität und die überragende Bedeutung der Sexualität vertreten, sondern selbst den Mechanismus der Verdrängung gekannt – lassen sich nicht auf meine Bekanntschaft mit seiner Lehre zurückführen. Ich habe Schopenhauer sehr spät im Leben gelesen. Nietzsche, den anderen Philosophen, dessen Ahnungen und Einsichten sich oft in der erstaunlichsten Weise mit den mühsamen Ergebnissen der Psychoanalyse decken, habe ich gerade darum lange gemieden; an der Priorität lag mir ja weniger als an der Erhaltung meiner Unbefangenheit.

Die Neurosen waren das erste, lange Zeit auch das einzige Objekt der Analyse gewesen. Keinem Analytiker blieb es zweifelhaft, daß die medizinische Praxis unrecht hat, welche diese Affektionen von den Psychosen fernhält und an die organischen Nervenleiden anschließt. Die Neurosenlehre gehört zur Psychiatrie, ist unentbehrlich zur Einführung in dieselbe. Nun scheint das analytische Studium der Psychosen durch die therapeutische Aussichtslosigkeit einer solchen Bemühung ausgeschlossen. Den psychisch Kranken fehlt im allgemeinen die Fähigkeit zur positiven Übertragung, so daß das Hauptmittel der analytischen Technik unanwendbar ist. Aber es ergeben sich doch mancherlei Zugänge. Die Übertragung ist oft nicht so völlig abwesend, daß man nicht ein Stück weit mit ihr kommen könnte, bei zyklischen Verstimmungen, leichter paranoischer Veränderung, partieller Schizophrenie hat man unzweifelhafte Erfolge mit der Analyse erzielt. Es war auch wenigstens für die Wissenschaft ein Vorteil, daß in vielen Fällen die Diagnose längere Zeit zwischen der Annahme einer Psychoneurose und der einer Dementia praecox schwanken kann; der angestellte therapeutische Versuch konnte so wichtige Aufschlüsse bringen, ehe er abgebrochen werden mußte. Am meisten kommt aber in Betracht, daß in den Psychosen so vieles für jedermann sichtbar an die Oberfläche gebracht

[68] [Vgl. S. 229 und Anm. 5.]

wird, was man bei den Neurosen in mühsamer Arbeit aus der Tiefe heraufholt. Für viele analytische Behauptungen ergibt darum die psychiatrische Klinik die besten Demonstrationsobjekte. Es konnte also nicht ausbleiben, daß die Analyse bald den Weg zu den Objekten der psychiatrischen Beobachtung fand. Sehr frühzeitig (1896) habe ich an einem Fall von paranoider Demenz die gleichen ätiologischen Momente und das Vorhandensein der nämlichen affektiven Komplexe wie bei den Neurosen feststellen können.[69] Jung hat rätselhafte Stereotypien bei Dementen durch Rückbeziehung auf die Lebensgeschichte der Kranken aufgeklärt[70]; Bleuler bei verschiedenen Psychosen Mechanismen aufgezeigt[71] wie die durch Analyse bei den Neurotikern eruierten. Seither haben die Bemühungen der Analytiker um das Verständnis der Psychosen nicht mehr aufgehört. Besonders seitdem man mit dem Begriff des Narzißmus arbeitete, gelang es bald an dieser, bald an jener Stelle, einen Blick über die Mauer zu tun. Am weitesten hat es wohl Abraham[72] in der Aufklärung der Melancholien gebracht. Auf diesem Gebiet setzt sich zwar gegenwärtig nicht alles Wissen in therapeutische Macht um; aber auch der bloß theoretische Gewinn ist nicht gering anzuschlagen und mag gern auf seine praktische Verwendung warten. Auf die Dauer können auch die Psychiater der Beweiskraft ihres Krankenmaterials nicht widerstehen. Es vollzieht sich jetzt in der deutschen Psychiatrie eine Art von *pénétration pacifique* mit analytischen Gesichtspunkten. Unter unausgesetzten Beteuerungen, daß sie keine Psychoanalytiker sein wollen, nicht der »orthodoxen« Schule angehören, deren Übertreibungen nicht mitmachen, insbesondere aber an das übermächtige sexuelle Moment nicht glauben, machen doch die meisten der jüngeren Forscher dies oder jenes Stück der analytischen Lehre zu ihrem Eigen und wenden es in ihrer Weise auf das Material an. Alle Anzeichen deuten auf das Bevorstehen weiterer Entwicklungen nach dieser Richtung.

VI

Ich verfolge jetzt aus der Ferne, unter welchen Reaktionssymptomen sich der Einzug der Psychoanalyse in das lang refraktäre

[69] [›Weitere Bemerkungen über die Abwehr-Neuropsychosen‹ (1896*b*), Abschnitt III: ›Analyse eines Falles von chronischer Paranoia‹, S. 392ff.]
[70] [Jung, 1907.] [71] [Bleuler, 1906*a*.] [72] [Abraham, 1912.]

Frankreich vollzieht. Es wirkt wie eine Reproduktion von früher Erlebtem, hat aber doch auch seine besonderen Züge. Einwendungen von unglaublicher Einfalt werden laut, wie der, das französische Feingefühl nehme Anstoß an der Pedanterie und Plumpheit der psychoanalytischen Namengebungen (man muß dabei doch an Lessings unsterblichen Chevalier Riccaut de la Marlinière denken!). Eine andere Äußerung klingt ernsthafter; sie ist selbst einem Professor der Psychologie an der Sorbonne nicht unwürdig erschienen: das *Génie latin* vertrage überhaupt nicht die Denkungsart der Psychoanalyse. Dabei werden die anglosächsischen Alliierten, die als ihre Anhänger gelten, ausdrücklich preisgegeben. Wer das hört, muß natürlich glauben, das *Génie teutonique* habe die Psychoanalyse gleich nach ihrer Geburt als sein liebstes Kind ans Herz gedrückt.

In Frankreich ist das Interesse an der Psychoanalyse von den Männern der schönen Literatur ausgegangen. Um das zu verstehen, muß man sich erinnern, daß die Psychoanalyse mit der *Traumdeutung* die Grenzen einer rein ärztlichen Angelegenheit überschritten hat. Zwischen ihrem Auftreten in Deutschland und nun in Frankreich liegen ihre mannigfachen Anwendungen auf Gebiete der Literatur und Kunstwissenschaft, auf Religionsgeschichte und Prähistorie, auf Mythologie, Volkskunde, Pädagogik usw.[73]

Alle diese Dinge haben mit der Medizin wenig zu tun, sind mit ihr eben nur durch die Vermittlung der Psychoanalyse verknüpft. Ich habe darum kein Anrecht, sie an dieser Stelle eingehend zu behandeln.[74] Ich kann sie aber auch nicht ganz vernachlässigen, denn einerseits sind sie unerläßlich, um die richtige Vorstellung vom Wert und Wesen der Psychoanalyse zu geben, andererseits habe ich mich ja der Aufgabe unterzogen, mein eigenes Lebenswerk darzustellen. Von den meisten dieser Anwendungen gehen die Anfänge auf meine Arbeiten zurück. Hier und da habe ich wohl auch einen Schritt vom Wege getan, um ein solches außerärztliches Interesse zu befriedigen. Andere, nicht nur Ärzte, sondern auch Fachmänner, sind dann meiner Wegspur nachgefolgt und weit in die betreffenden Gebiete eingedrungen. Da ich mich aber meinem Programm gemäß auf den Bericht über meine eigenen Beiträge zur Anwendung der Psychoanalyse beschränken werde, kann ich dem Leser nur ein

[73] [Vgl. S. 170ff. sowie Freud, 1913*j*.]

[74] [Es sei daran erinnert, daß die vorliegende Schrift für eine Sammlung *medizinischer* Selbstdarstellungen verfaßt wurde.]

ganz unzureichendes Bild von deren Ausdehnung und Bedeutung ermöglichen.

Eine Reihe von Anregungen ging für mich vom *Ödipuskomplex* aus, dessen Ubiquität ich allmählich erkannte. War schon immer die Wahl, ja die Schöpfung des grauenhaften Stoffes rätselhaft gewesen, die erschütternde Wirkung seiner poetischen Darstellung und das Wesen der Schicksalstragödie überhaupt, so erklärte sich dies alles durch die Einsicht, daß hier eine Gesetzmäßigkeit des seelischen Geschehens in ihrer vollen affektiven Bedeutung erfaßt worden war. Verhängnis und Orakel waren nur die Materialisationen der inneren Notwendigkeit; daß der Held ohne sein Wissen und gegen seine Absicht sündigte, verstand sich als der richtige Ausdruck der *unbewußten* Natur seiner verbrecherischen Strebungen. Vom Verständnis dieser Schicksalstragödie war dann nur ein Schritt bis zur Aufhellung der Charaktertragödie des *Hamlet*[75], die man seit dreihundert Jahren bewunderte, ohne ihren Sinn angeben und die Motive des Dichters erraten zu können. Es war doch merkwürdig, daß dieser vom Dichter erschaffene Neurotiker am Ödipuskomplex scheitert wie seine zahlreichen Gefährten in der realen Welt, denn Hamlet ist vor die Aufgabe gestellt, an einem anderen die beiden Taten zu rächen, die den Inhalt des Ödipusstrebens bilden, wobei ihm sein eigenes dunkles Schuldgefühl lähmend in den Arm fallen darf. Der *Hamlet* ist von Shakespeare sehr bald nach dem Tode seines Vaters geschrieben worden.[76] Meine Andeutungen zur Analyse dieses Trauerspieles haben später durch

[75] [Vgl. nur eine der vielen Stellen seines Werkes, an denen Freud sich mit der Interpretation des *Hamlet* beschäftigt: *Die Traumdeutung*, 1900*a*, S. 271ff.]

[76] [Zusatz 1935:] Dies ist eine Konstruktion, die ich ausdrücklich zurücknehmen möchte. Ich glaube nicht mehr, daß der Schauspieler William Shakespeare aus Stratford der Verfasser der Werke ist, die ihm so lange zugeschrieben wurden. Seit der Veröffentlichung des Buches *›Shakespeare‹ Identified* [*in Edward de Vere, the 17th Earl of Oxford*, 1920] von J. Th. Looney bin ich nahezu überzeugt davon, daß sich hinter diesem Decknamen tatsächlich Edward de Vere, Earl of Oxford, verbirgt. [Der von Looney veröffentlichte Identifizierungsversuch, einer unter vielen anderen, stützt sich auf die biographische Ähnlichkeit des Bertram in *Ende gut, alles gut* und der Hamletfigur mit Edward de Vere. Außerdem hat Looney versucht, Strukturverwandtschaften im poetischen Werk Shakespeares und des Earl of Oxford nachzuweisen. Edward de Vere habe für seine Dramen ein Pseudonym benutzen müssen, um sich vor dem Stigma des Stückeschreibers zu schützen. Vgl. Freuds Brief an Lytton Strachey vom 25. Dezember 1928 (Freud, 1960, in der zweiten, erweiterten Auflage von 1968, S. 399ff.). – Im Zusammenhang mit Freuds ursprünglicher Feststellung, daß Shakespeare den *Hamlet* unmittelbar nach dem Tode seines Vaters geschrieben habe, ist jedoch von Interesse, daß es die durch den Tod des eigenen Vaters ausgelöste persönliche Krise war, die Freud zu seiner Selbstanalyse und damit zur Entdeckung des Ödipuskomplexes geführt hat. Vgl. die Einleitung zum vorliegenden Band sowie *Die Traumdeutung*, 1900*a*, S. X.]

Ernest Jones eine gründliche Ausarbeitung[77] erfahren. Dasselbe Beispiel nahm dann Otto Rank zum Ausgangspunkt seiner Untersuchungen über die Stoffwahl der dramatischen Dichter. In seinem großen Buche über das »Inzest-Motiv«[78] konnte er zeigen, wie häufig die Dichter gerade die Motive der Ödipussituation zur Darstellung wählen, und die Wandlungen, Abänderungen und Milderungen des Stoffes durch die Weltliteratur verfolgen.

Es lag nahe, von da aus die Analyse des dichterischen und künstlerischen Schaffens überhaupt in Angriff zu nehmen. Man erkannte, daß das Reich der Phantasie eine »Schonung« war, die beim schmerzlich empfundenen Übergang vom Lust- zum Realitätsprinzip eingerichtet wurde, um einen Ersatz für Triebbefriedigung zu gestatten, auf die man im wirklichen Leben hatte verzichten müssen. Der Künstler hatte sich wie der Neurotiker von der unbefriedigenden Wirklichkeit in diese Phantasiewelt zurückgezogen, aber anders als der Neurotiker verstand er den Rückweg aus ihr zu finden und in der Wirklichkeit wieder festen Fuß zu fassen. Seine Schöpfungen, die Kunstwerke, waren Phantasiebefriedigungen unbewußter Wünsche, ganz wie die Träume, mit denen sie auch den Charakter des Kompromisses gemein hatten, denn auch sie mußten den offenen Konflikt mit den Mächten der Verdrängung vermeiden. Aber zum Unterschied von den asozialen, narzißtischen Traumproduktionen waren sie auf die Anteilnahme anderer Menschen berechnet, konnten bei diesen die nämlichen unbewußten Wunschregungen beleben und befriedigen. Überdies bedienten sie sich der Wahrnehmungslust der Formschönheit als »Verlockungsprämie«. Was die Psychoanalyse leisten konnte, war, aus der Aufeinanderbeziehung der Lebenseindrücke, zufälligen Schicksale und der Werke des Künstlers seine Konstitution und die in ihr wirksamen Triebregungen, also das allgemein Menschliche an ihm, zu konstruieren.[79] In solcher Absicht habe ich z. B. Leonardo da Vinci[80] zum Gegenstand einer Studie genommen, die auf einer einzigen, von ihm mitgeteilten Kindheitserinnerung ruht und im wesentlichen auf die Erklärung seines Bildes ›Die heilige Anna selbdritt‹ hinzielt. Meine Freunde und Schüler haben dann zahlreiche ähnliche Analysen an Künstlern und ihren Werken unternommen. Es ist nicht eingetroffen, daß der

[77] [Jones, 1910.] [78] [Rank, 1912.]
[79] [Vgl. dazu Freuds Arbeit ›Der Dichter und das Phantasieren‹, 1908*e*.]
[80] [1910*c*.]

Genuß am Kunstwerk durch das so gewonnene analytische Verständnis geschädigt wird. Dem Laien, der aber hier vielleicht von der Analyse zuviel erwartet, muß eingestanden werden, daß sie auf zwei Probleme kein Licht wirft, die ihn wahrscheinlich am meisten interessieren. Die Analyse kann nichts zur Aufklärung der künstlerischen Begabung sagen, und auch die Aufdeckung der Mittel, mit denen der Künstler arbeitet, der künstlerischen Technik, fällt ihr nicht zu.

An einer kleinen, an sich nicht besonders wertvollen Novelle, der *Gradiva*[81] von W. Jensen, konnte ich nachweisen, daß erdichtete Träume dieselben Deutungen zulassen wie reale, daß also in der Produktion des Dichters die uns aus der Traumarbeit bekannten Mechanismen des Unbewußten wirksam sind.

Mein Buch über den *Witz und seine Beziehung zum Unbewußten*[82] ist direkt ein Seitensprung von der *Traumdeutung* her. Der einzige Freund[83], der damals an meinen Arbeiten Anteil nahm, hatte mir bemerkt, daß meine Traumdeutungen häufig einen »witzigen« Eindruck machten. Um diesen Eindruck aufzuklären, nahm ich die Untersuchung der Witze vor und fand, das Wesen des Witzes liege in seinen technischen Mitteln, diese seien aber dieselben wie die Arbeitsweisen der »Traumarbeit«, also Verdichtung, Verschiebung, Darstellung durch das Gegenteil, durch ein Kleinstes usw. Daran schloß sich die ökonomische Untersuchung, wie der hohe Lustgewinn beim Hörer des Witzes zustande komme. Die Antwort war: durch momentane Aufhebung von Verdrängungsaufwand nach der Verlockung durch eine dargebotene Lustprämie (*Vorlust*).

Höher schätze ich selbst meine Beiträge zur *Religionspsychologie* ein, die 1907 mit der Feststellung einer überraschenden Ähnlichkeit zwischen Zwangshandlungen und Religionsübungen (Ritus) begannen.[84] Ohne noch die tieferen Zusammenhänge zu kennen, bezeichnete ich die Zwangsneurose als eine verzerrte Privatreligion, die Religion sozusagen als eine universelle Zwangsneurose. Später, 1912, wurde der nachdrückliche Hinweis von Jung auf die weitgehenden Analogien zwischen den geistigen Produktionen der Neurotiker und der Primitiven mir zum Anlaß, meine Aufmerksamkeit diesem Thema zuzuwenden. In den vier Aufsätzen, welche zu einem Buch mit dem Titel *Totem und Tabu*[85] zusammengefaßt wurden, führte ich aus, daß bei den Primitiven die Inzestscheu noch stärker ausge-

[81] [1907*a*.] [82] [1905*c*.] [83] [Gemeint ist Wilhelm Fließ.]
[84] [1907*b*.] [85] [1912–13.]

prägt ist als bei den Kultivierten und ganz besondere Abwehrmaßregeln hervorgerufen hat, untersuchte die Beziehungen der Tabuverbote, in welcher Form die ersten Moraleinschränkungen auftreten, zur Gefühlsambivalenz und deckte im primitiven Weltsystem des *Animismus* das Prinzip der Überschätzung der seelischen Realität, der »Allmacht der Gedanken« auf, welches auch der *Magie* zugrunde liegt. Überall wurde die Vergleichung mit der Zwangsneurose durchgeführt und gezeigt, wie viel von den Voraussetzungen des primitiven Geisteslebens bei dieser merkwürdigen Affektion noch in Kraft ist. Vor allem zog mich aber der *Totemismus* an, dies erste Organisationssystem primitiver Stämme, in dem die Anfänge sozialer Ordnung mit einer rudimentären Religion und der unerbittlichen Herrschaft einiger weniger Tabuverbote vereinigt sind. Das »verehrte« Wesen ist hier ursprünglich immer ein Tier, von dem der Clan auch abzustammen behauptet. Aus verschiedenen Anzeichen wird erschlossen, daß alle, auch die höchststehenden Völker, einst dieses Stadium des Totemismus durchgemacht haben.

Meine literarische Hauptquelle für die Arbeiten auf diesem Gebiete waren die bekannten Werke von J. G. Frazer (*Totemism and Exogamy* [1910], *The Golden Bough* [1900]), eine Fundgrube wertvoller Tatsachen und Gesichtspunkte. Aber zur Aufklärung der Probleme des Totemismus leistete Frazer wenig; er hatte seine Ansicht über diesen Gegenstand mehrmals grundstürzend verändert, und die anderen Ethnologen und Prähistoriker schienen ebenso unsicher als uneinig in diesen Dingen. Mein Ausgangspunkt war die auffällige Übereinstimmung der beiden Tabusatzungen des Totemismus, den Totem nicht zu töten und kein Weib des gleichen Totemclans geschlechtlich zu gebrauchen, mit den beiden Inhalten des Ödipuskomplexes, den Vater zu beseitigen und die Mutter zum Weibe zu nehmen. Es ergab sich so die Versuchung, das Totemtier dem Vater gleichzustellen, wie es die Primitiven ohnedies ausdrücklich taten, indem sie es als den Ahnherrn des Clans verehrten. Von psychoanalytischer Seite kamen mir dann zwei Tatsachen zu Hilfe, eine glückliche Beobachtung Ferenczis[86] am Kinde, welche gestattete, von einer *infantilen Wiederkehr des Totemismus* zu sprechen, und die Analyse der frühen Tierphobien der Kinder, welche so oft zeigte, daß dies Tier ein Vaterersatz war, auf welchen die im Ödipuskomplex begründete Furcht vor dem Vater verschoben

[86] [Ferenczi, 1913.]

wurde. Es fehlte nun nicht mehr viel, um die *Vatertötung* als Kern des Totemismus und als Ausgangspunkt der Religionsbildung zu erkennen.

Dies fehlende Stück kam durch die Kenntnisnahme von W. Robertson Smiths Werk *The Religion of the Semites* hinzu — der geniale Mann, Physiker und Bibelforscher, hatte als ein wesentliches Stück der Totemreligion die sogenannte *Totemmahlzeit* hingestellt. Einmal im Jahre wurde das sonst heiliggehaltene Totemtier feierlich unter Beteiligung aller Stammesgenossen getötet, verzehrt und dann betrauert. An diese Trauer schloß sich ein großes Fest an. Nahm ich die Darwinsche Vermutung hinzu, daß die Menschen ursprünglich in Horden lebten, deren jede unter der Herrschaft eines einzigen, starken, gewalttätigen und eifersüchtigen Männchens stand, so gestaltete sich mir aus all diesen Komponenten die Hypothese, oder ich möchte lieber sagen: die Vision, des folgenden Hergangs: Der Vater der Urhorde hatte als unumschränkter Despot alle Frauen für sich in Anspruch genommen, die als Rivalen gefährlichen Söhne getötet oder verjagt. Eines Tages aber taten sich diese Söhne zusammen, überwältigten, töteten und verzehrten ihn gemeinsam, der ihr Feind, aber auch ihr Ideal gewesen war. Nach der Tat waren sie außerstande, sein Erbe anzutreten, da einer dem anderen im Wege stand. Unter dem Einfluß des Mißerfolges und der Reue lernten sie, sich miteinander zu vertragen, banden sich zu einem Brüderclan durch die Satzungen des Totemismus, welche die Wiederholung einer solchen Tat ausschließen sollten, und verzichteten insgesamt auf den Besitz der Frauen, um welche sie den Vater getötet hatten. Sie waren nun auf fremde Frauen angewiesen; dies der Ursprung der mit dem Totemismus eng verknüpften Exogamie. Die Totemmahlzeit war die Gedächtnisfeier der ungeheuerlichen Tat, von der das Schuldbewußtsein der Menschheit (die Erbsünde) herrührte, mit der soziale Organisation, Religion und sittliche Beschränkung gleichzeitig ihren Anfang nahmen.

Ob nun eine solche Möglichkeit als historisch anzunehmen ist oder nicht, die Religionsbildung war hiemit auf den Boden des Vaterkomplexes gestellt und über der Ambivalenz aufgebaut, welche diesen beherrscht. Nachdem der Vaterersatz durch das Totemtier verlassen war, wurde der gefürchtete und gehaßte, verehrte und beneidete Urvater selbst das Vorbild Gottes. Der Sohnestrotz und seine Vatersehnsucht rangen miteinander in immer neuen Kompromißbildungen, durch welche einerseits die

Tat des Vatermordes gesühnt, andererseits deren Gewinn behauptet werden sollte. Ein besonders helles Licht wirft diese Auffassung der Religion auf die psychologische Fundierung des Christentums, in dem ja die Zeremonie der Totemmahlzeit noch wenig entstellt als *Kommunion* fortlebt. Ich will ausdrücklich bemerken, daß diese letztere Agnoszierung nicht von mir herrührt, sondern sich bereits bei Robertson Smith und Frazer findet.

Th. Reik und der Ethnologe G. Róheim haben in zahlreichen beachtenswerten Arbeiten an die Gedankengänge von *Totem und Tabu* angeknüpft, sie fortgeführt, vertieft oder berichtigt. Ich selbst bin später noch einige Male auf sie zurückgekommen, bei Untersuchungen über das »unbewußte Schuldgefühl«, dem auch unter den Motiven des neurotischen Leidens eine so große Bedeutung zukommt, und bei Bemühungen, die soziale Psychologie enger an die Psychologie des Individuums zu binden (*Das Ich und das Es*[87] — *Massenpsychologie und Ich-Analyse*[88]). Auch zur Erklärung der Hypnotisierbarkeit habe ich die archaische Erbschaft aus der Urhordenzeit der Menschen herangezogen.[89]

Gering ist mein direkter Anteil an anderen Anwendungen der Psychoanalyse, die doch des allgemeinsten Interesses würdig sind. Von den Phantasien des einzelnen Neurotikers führt ein breiter Weg zu den Phantasieschöpfungen der Massen und Völker, wie sie in den Mythen, Sagen und Märchen zutage liegen. Die *Mythologie* ist das Arbeitsgebiet von Otto Rank geworden, die Deutung der Mythen, ihre Zurückführung auf die bekannten unbewußten Kindheitskomplexe, der Ersatz astraler Erklärungen durch menschliche Motivierung war in vielen Fällen der Erfolg seiner analytischen Bemühung. Auch das Thema der *Symbolik* hat zahlreiche Bearbeiter in meinen Kreisen gefunden. Die Symbolik hat der Psychoanalyse viel Feindschaften eingetragen; manche allzu nüchterne Forscher haben ihr die Anerkennung der Symbolik, wie sie sich aus der Deutung der Träume ergab, niemals verzeihen können. Aber die Analyse ist an der Entdekkung der Symbolik unschuldig, sie war auf anderen Gebieten längst bekannt und spielt dort (Folklore, Sage, Mythus) selbst eine größere Rolle als in der »Sprache des Traumes«.

Zur Anwendung der Analyse auf die *Pädagogik* habe ich persönlich nichts beigetragen; aber es war natürlich, daß die analy-

[87] [Freud, 1923*b*.]
[88] [Freud, 1921*c*.] [89] [1921*c*, 139ff.]

tischen Ermittlungen über das Sexualleben und die seelische Entwicklung der Kinder die Aufmerksamkeit der Erzieher auf sich zogen und sie ihre Aufgaben in einem neuen Lichte sehen ließen. Als unermüdlicher Vorkämpfer dieser Richtung in der Pädagogik hat sich der protestantische Pfarrer O. Pfister in Zürich hervorgetan, der die Pflege der Analyse auch mit dem Festhalten an einer allerdings sublimierten Religiosität vereinbar fand; neben ihm Frau Dr. Hug-Hellmuth und Dr. S. Bernfeld in Wien sowie viele andere.[90] Aus der Verwendung der Analyse zur vorbeugenden Erziehung des gesunden und zur Korrektur des noch nicht neurotischen, aber in seiner Entwicklung entgleisten Kindes hat sich eine praktisch wichtige Folge ergeben. Es ist nicht mehr möglich, die Ausübung der Psychoanalyse den Ärzten vorzubehalten und die Laien von ihr auszuschließen. In der Tat ist der Arzt, der nicht eine besondere Ausbildung erfahren hat, trotz seines Diploms ein Laie in der Analyse, und der Nichtarzt kann bei entsprechender Vorbereitung und gelegentlicher Anlehnung an einen Arzt auch die Aufgabe der analytischen Behandlung von Neurosen erfüllen.[91]

Durch eine jener Entwicklungen, gegen deren Erfolg man sich vergebens sträuben würde, ist das Wort Psychoanalyse selbst mehrdeutig geworden. Ursprünglich die Bezeichnung eines bestimmten therapeutischen Verfahrens, ist es jetzt auch der Name einer Wissenschaft geworden, der vom Unbewußt-Seelischen. Diese Wissenschaft kann nur selten für sich allein ein Problem voll erledigen; aber sie scheint berufen, zu den verschiedensten Wissensgebieten wichtige Beiträge zu liefern. Das Anwendungsgebiet der Psychoanalyse reicht ebensoweit wie das der Psychologie, zu der sie eine Ergänzung von mächtiger Tragweite hinzufügt.

So kann ich denn, rückschauend auf das Stückwerk meiner Lebensarbeit, sagen, daß ich vielerlei Anfänge gemacht und manche Anregungen ausgeteilt habe, woraus dann in der Zukunft etwas werden soll. Ich kann selbst nicht wissen, ob es viel sein wird oder wenig. Aber ich darf die Hoffnung aussprechen, daß ich für einen wichtigen Fortschritt in unserer Erkenntnis den Weg eröffnet habe.[92]

[90] [Zusatz 1935:] Seither hat gerade die Kinderanalyse durch die Arbeiten von Frau Melanie Klein und meiner Tochter Anna Freud einen mächtigen Aufschwung genommen.

[91] [Vgl. *Die Frage der Laienanalyse* (1926*e*).]

[92] [Diesen letzten Satz hat Freud 1935 hinzugefügt.]

Nachschrift
(1935)

Der Herausgeber dieser Sammlung von »Selbstdarstellungen« hatte es meines Wissens nicht in Aussicht genommen, daß eine derselben nach Ablauf eines gewissen Zeitraums eine Fortsetzung finden sollte. Es ist möglich, daß es hier zum ersten Mal geschieht. Anlaß zu diesem Unternehmen wurde der Wunsch des amerikanischen Verlegers[93], die kleine Schrift seinem Publikum in einer neuen Ausgabe vorzulegen. Sie war zuerst im Jahre 1927 in Amerika (bei Brentano) erschienen unter dem Titel *An Autobiographical Study*, aber ungeschickterweise mit einem anderen Essay verkoppelt und durch dessen Titel *The Problem of Lay-Analysis* verdeckt. Zwei Themen ziehen sich durch diese Arbeit, das meiner Lebensschicksale und das der Geschichte der Psychoanalyse. Sie treten in die innigste Verbindung zueinander. Die *Selbstdarstellung* zeigt, wie die Psychoanalyse mein Lebensinhalt wird, und folgt dann der berechtigten Annahme, daß nichts, was mir persönlich begegnet ist, neben meinen Beziehungen zur Wissenschaft Interesse verdient.

Kurz vor der Abfassung der *Selbstdarstellung* hatte es den Anschein gehabt, als würde mein Leben durch die Rezidive einer bösartigen Erkrankung zu einem baldigen Abschluß kommen; allein die Kunst des Chirurgen hatte mir 1923 Rettung gebracht, und ich blieb lebens- und leistungsfähig, wenn auch nie mehr beschwerdefrei. In den mehr als zehn Jahren seither habe ich nicht aufgehört, analytisch zu arbeiten und zu publizieren, wie meine mit dem XII. Band abgeschlossenen *Gesammelten Schriften* (beim Internationalen Psychoanalytischen Verlag in Wien) erweisen. Aber ich finde selbst einen bedeutsamen Unterschied gegen früher. Fäden, die sich in meiner Entwicklung miteinander verschlungen hatten, begannen sich voneinander zu lösen, später erworbene Interessen sind zurückgetreten und ältere, ursprünglichere, haben sich wieder durchgesetzt. Zwar habe ich in diesem letzten Dezennium noch manch wichtiges Stück analytischer Arbeit unternommen, wie die Revision des Angstproblems in der Schrift *Hemmung, Symptom und Angst* 1926[*d*], oder es gelang mir 1927 die glatte Aufklärung des sexuellen »Fetischismus«[94], aber es ist doch richtig zu sagen, daß ich seit

[93] [W. W. Norton & Co., New York.]
[94] [Freud, 1927*e*.]

der Aufstellung der zwei Triebarten (Eros und Todestrieb) und der Zerlegung der psychischen Persönlichkeit in Ich, Über-Ich und Es (1923[*b*]) keine entscheidenden Beiträge mehr zur Psychoanalyse geliefert, und was ich später geschrieben habe, hätte schadlos wegbleiben können oder wäre bald von anderer Seite beigebracht worden. Dies hing mit einer Wandlung bei mir zusammen, mit einem Stück regressiver Entwicklung, wenn man es so nennen will. Nach dem lebenslangen Umweg über die Naturwissenschaften, Medizin und Psychotherapie war mein Interesse zu jenen kulturellen Problemen zurückgekehrt, die dereinst den kaum zum Denken erwachten Jüngling gefesselt hatten. Bereits mitten auf der Höhe der psychoanalytischen Arbeit, im Jahre 1912, hatte ich in *Totem und Tabu* den Versuch gemacht, die neu gewonnenen analytischen Einsichten zur Erforschung der Ursprünge von Religion und Sittlichkeit auszunützen. Zwei spätere Essays *Die Zukunft einer Illusion* (1927[*c*]) und *Das Unbehagen in der Kultur* (1930[*a*]) setzten dann diese Arbeitsrichtung fort. Immer klarer erkannte ich, daß die Geschehnisse der Menschheitsgeschichte, die Wechselwirkungen zwischen Menschennatur, Kulturentwicklung und jenen Niederschlägen urzeitlicher Erlebnisse, als deren Vertretung sich die Religion vordrängt, nur die Spiegelung der dynamischen Konflikte zwischen Ich, Es und Über-Ich sind, welche die Psychoanalyse beim Einzelmenschen studiert, die gleichen Vorgänge, auf einer weiteren Bühne wiederholt. In der *Zukunft einer Illusion* hatte ich die Religion hauptsächlich negativ gewürdigt; ich fand später die Formel, die ihr bessere Gerechtigkeit erweist: ihre Macht beruhe allerdings auf ihrem Wahrheitsgehalt, aber diese Wahrheit sei keine materielle, sondern eine historische.[95]
Diese von der Psychoanalyse ausgehenden, aber weit über sie hinausgreifenden Studien haben vielleicht mehr Anklang beim Publikum gefunden als die Psychoanalyse selbst. Sie mögen ihren Anteil an der Entstehung der kurzlebigen Illusion gehabt haben, daß man zu den Autoren gehört, denen eine große Nation wie die deutsche bereit ist, Gehör zu schenken. Es war im Jahre 1929, daß Thomas Mann, einer der berufensten Wortführer des deutschen Volkes, mir eine Stellung in der modernen Geistesgeschichte zuwies in ebenso inhaltsvollen wie wohlwollenden Sätzen. Wenig später wurde meine Tochter Anna auf dem Rathaus von Frankfurt a. M. gefeiert, als sie dort in mei-

[95] [Vgl. *Der Mann Moses und die monotheistische Religion* (1939*a*); geschrieben 1937–39.]

ner Vertretung erschienen war, um den mir verliehenen Goethepreis für 1930 zu holen.[96] Es war der Höhepunkt meines bürgerlichen Lebens; kurze Zeit nachher hatte sich unser Vaterland verengt, und die Nation wollte nichts von uns wissen.

Hier darf ich mir gestatten, meine autobiographischen Mitteilungen abzuschließen. Was sonst meine persönlichen Verhältnisse, meine Kämpfe, Enttäuschungen und Erfolge betrifft, so hat die Öffentlichkeit kein Recht, mehr davon zu erfahren. Ich bin ohnedies in einigen meiner Schriften – Traumdeutung, Alltagsleben – offenherziger und aufrichtiger gewesen, als Personen zu sein pflegen, die ihr Leben für die Mit- oder Nachwelt beschreiben. Man hat mir wenig Dank dafür gewußt; ich kann nach meinen Erfahrungen niemand raten, es mir gleichzutun.

Noch einige Worte über die Schicksale der Psychoanalyse in diesem letzten Jahrzehnt! Es ist kein Zweifel mehr, daß sie fortbestehen wird, sie hat ihre Lebens- und Entwicklungsfähigkeit erwiesen als Wissenszweig wie als Therapie. Die Anzahl ihrer Anhänger, die in der ›Internationalen Psychoanalytischen Vereinigung‹ organisiert sind, hat sich erheblich vermehrt; zu den älteren Ortsgruppen Wien, Berlin, Budapest, London, Holland, Schweiz sind neue hinzugekommen in Paris, Kalkutta, zwei in Japan, mehrere in den Vereinigten Staaten, zuletzt je eine in Jerusalem, Südafrika und zwei in Skandinavien. Diese Ortsgruppen unterhalten aus ihren eigenen Mitteln Lehrinstitute, in denen die Unterweisung in der Psychoanalyse nach einem einheitlichen Lehrplan geübt wird, und Ambulatorien, in denen erfahrene Analytiker wie Zöglinge den Bedürftigen unentgeltliche Behandlung geben, oder sie sind um die Schöpfung solcher Institute bemüht. Die Mitglieder der I.P.V. treffen jedes zweite Jahr in Kongressen zusammen, in denen wissenschaftliche Vorträge gehalten und Fragen der Organisation entschieden werden. Der XIII. dieser Kongresse, die ich selbst nicht mehr besuchen kann, fand 1934 in Luzern statt. Die Bestrebungen der Mitglieder gehen von dem allen Gemeinsamen aus nach verschiedenen Richtungen auseinander. Die einen legen den Hauptwert in die Klärung und Vertiefung der psychologischen Erkenntnisse, andere bemühen sich um die Pflege der Zusammenhänge mit der internen Medizin und der Psychiatrie. In praktischer Hinsicht hat sich ein Teil der Analytiker zum Ziel gesetzt, die Anerkennung der Psychoanalyse durch die Universi-

[96] [Vgl. die damals von Anna Freud verlesene Ansprache im Frankfurter Goethe-Haus (1930*e*).]

täten und ihre Aufnahme in den medizinischen Lehrplan zu erreichen, andere bescheiden sich damit, außerhalb dieser Institutionen zu bleiben, und wollen die pädagogische Bedeutung der Psychoanalyse nicht gegen ihre ärztliche zurücktreten lassen. Von Zeit zu Zeit ereignet es sich immer wieder, daß ein analytischer Mitarbeiter sich bei der Bemühung isoliert, einen einzigen der psychoanalytischen Funde oder Gesichtspunkte auf Kosten aller anderen zur Geltung zu bringen. Das Ganze macht aber den erfreulichen Eindruck von ernsthafter wissenschaftlicher Arbeit auf hohem Niveau.

II

Jugendbriefe an Emil Fluß
(1969 [1872–74])

Editorische Hinweise

Die folgenden Dokumente gehören, strenggenommen, nicht in einen Band, in dem der Briefschreiber Freud nicht zu Wort kommt. Daß sie dennoch aufgenommen wurden, hat zuerst einen praktischen verlegerischen Grund. Bis auf den Maturabrief vom 16. Juni 1873, der in der Sammlung *Briefe 1873–1939* (Freud, 1960, S. 5ff.) abgedruckt und der hier, um den Zusammenhang nicht zu zerstören, nochmals wiedergegeben ist, hielt man sie bis vor kurzem für verloren. Ernst L. Freud hat ihre recht abenteuerlichen Schicksale rekonstruiert: In den dreißiger Jahren sind die Fluß-Briefe in Wien der Psychoanalytikerin Dorothy Burlingham, der Mitarbeiterin Anna Freuds, zum Kauf angeboten worden. Sie hat die damals schon recht schwer lesbaren Handschriften erworben und sie Anna Freud geschenkt. Zusammen mit anderen Dokumenten hat Marie Bonaparte Jahre später die Briefe vor den Nationalsozialisten nach Paris in Sicherheit gebracht und sie der Freud-Familie nach deren Emigration ins Londoner Exil zurückgegeben. Der Maturabrief ist als der einzige offenbar leichter entzifferbare Brief schon 1941 in der Londoner Zeitschrift *Imago* veröffentlicht worden. Danach galten die Briefe als verschollen, bis der Bibliothekar des British Institute of Psycho-Analysis, Masud Khan, bei der Durchsicht der Papiere, die Ernest Jones für die Arbeit an seiner Freud-Biographie benutzt hatte und die nach seinem Tode dem Institut übergeben worden waren, auf ein Kuvert stieß, in dem die Fluß-Briefe lagen. Mit einem besonderen technischen Verfahren ist es gelungen, die verblaßten Handschriften wieder erkennbar zu machen. In deutscher Sprache sind sie, kommentiert von Ernst L. Freud, inzwischen in der *Neuen Rundschau* (1969, 4. Heft, 80. Jg., S. 678ff.) und in der *Psyche* (1970, 10. Heft, 24. Jg., S. 768ff.) veröffentlicht worden; sie haben also bisher nur den Leserkreis dieser beiden Zeitschriften erreicht. Sie in den Band *Briefe 1873–1939* aufzunehmen, ist in den nächsten Jahren nicht möglich, weil diese Sammlung unmittelbar vor der Wiederentdeckung der Fluß-Briefe eine erweiterte Neuauflage erfahren hat, in absehbarer Zeit also nicht nachgedruckt wird.

Dennoch ist es keine bloße Verlegenheitslösung, wenn wir diese Dokumente, um sie einem weiten Leserkreis schon jetzt zugänglich zu machen, in den vorliegenden Band einbeziehen. Sie gehören zu den frühesten Zeugnissen Freuds, und sie enthalten gleichsam die Ursprünge der Psychoanalyse, indem sie lebendiger als jede Rekonstruktion diejenigen schon im Jüngling entwickelten Fähigkeiten zeigen, die Freud für seine Entdeckungen brauchte. Endlich handeln sie von Freuds Berufswahl. Weil aber, wie in der Einleitung zum vorliegenden Band dargelegt, die Geschichte der Psychoanalyse ein Stück weit mit der Biographie Freuds identisch ist, kann man behaupten, daß es, wäre diese Berufswahl anders entschieden worden, heute vielleicht einen bedeutenden Romancier oder Philosophen mehr, jedoch keine Psychoanalyse gäbe. Für diese Behauptung sprechen nicht zuletzt die Fluß-Briefe selbst.

Zum Verständnis dieser Briefe sind einige zusätzliche Informationen nötig. Freiberg, tschechisch Příbor, der Geburtsort Sigmund Freuds, ist eine kleine Stadt im Südosten Mährens, etwa 250 Kilometer von Wien entfernt. In der Mitte des vergangenen Jahrhunderts war ihre wirtschaftliche Basis die Textilbranche, in der auch Freuds Vater als Wollhändler tätig war. Die Industrialisierung brachte die Gemeinde jedoch in eine schwere ökonomische Krise, die auch zur Verschärfung antisemitischer Tendenzen führte. Als Sigmund Freud drei Jahre alt war, sah sich sein Vater gezwungen, Freiberg zu verlassen und anderswo sein Auskommen zu suchen. Nach einem kurzen Zwischenaufenthalt in Leipzig ließ sich die Familie 1860 in Wien nieder. Offenbar hat der Übergang vom Land- zum Großstadtleben bei Freud einen starken negativen Eindruck hinterlassen. Suzanne Cassirer Bernfeld (1951) sieht in dieser schmerzlichen Trennung vom Schauplatz seiner frühen Kindheit einen der verdeckten Gründe für Freuds Interesse an der Archäologie: Freiberg sei für ihn Pompeji geworden. In seiner frühen Arbeit ›Über Deckerinnerungen‹ (1899*a*) läßt Freud einen Patienten berichten, hinter dem sich, wie Siegfried Bernfeld (1946) nachgewiesen hat, Freud selbst verbirgt. »Als ich ungefähr drei Jahre alt war, trat eine Katastrophe in dem Industriezweig ein, mit dem sich der Vater beschäftigte. Er verlor sein Vermögen, und wir verließen den Ort notgedrungen, um in eine große Stadt zu übersiedeln. Dann kamen lange harte Jahre ... In der Stadt fühlte ich mich nie recht behaglich.«[1] »Mit siebzehn Jahren ... bin ich zuerst wieder als Gymnasiast zum Ferienaufenthalte in meinen Heimatsort gekommen, und zwar als Gast einer uns seit jener Vorzeit befreundeten Familie. Ich weiß sehr wohl, welche Fülle von Erregungen damals Besitz von mir genommen hat.«[2] In Wirklichkeit war Freud bei jenem ersten Besuch sechzehn Jahre alt; von der Erregung, von der im Patientenbericht die Rede ist, spürt man noch etwas im ersten der folgenden Briefe. Ihr Adressat ist einer der Söhne der befreundeten Familie Fluß, die Freud in der fingierten Erzählung meint und zu der insgesamt vier Söhne und zwei Töchter gehörten. Als auch diese Familie 1878 nach Wien übersiedelte, wurde die alte Freundschaft zwischen den beiden Familien neu belebt; einer später von Freud gegründeten Gruppe von Studienfreunden, die »der Bund« hieß, schlossen sich dann auch drei

[1] Freud, 1899*a*, S. 542. [2] AaO.

Fluß-Brüder, Emil, Richard und Alfred, an. In einem Brief an den Bürgermeister von Příbor vom 25. Oktober 1931 hat Freud, anläßlich der Enthüllung einer Gedenktafel an seinem Geburtshaus, noch einmal die Geborgenheit seiner frühen Kindheit betont: »tief in mir, überlagert, lebt noch immer fort das glückliche Freiberger Kind«[3], er hat aber auch festgestellt, daß jener Besuch als Gymnasiast der einzige geblieben sei. Die Fluß-Briefe weisen jedoch darauf hin, daß Freud damals mindestens zweimal in Freiberg gewesen sein muß.

Diese Briefe sind ein Beweis für viele rückblickende autobiographische Bemerkungen Freuds, die sich verstreut in seinen späteren Werken und Briefen finden. In seiner »*Selbstdarstellung*« (s. S. 40) hat er gesagt, daß ihn in seiner Jugend »eine Art von Wißbegierde, die sich aber mehr auf menschliche Verhältnisse als auf natürliche Objekte bezog«, bewegt habe. Mit ihren höchst anschaulichen, durchaus psychologischen Portraitskizzen und den genauen Beschreibungen menschlicher Motive, Reaktionen und Handlungen sind die Fluß-Briefe ein Zeugnis dieses spezifischen Interesses; sie sind gleichzeitig ein bewegendes Dokument für eine frühzeitige überempfindliche Beobachtungsgabe, auch gegenüber der eigenen Person, verbunden mit einer nicht minder hochentwickelten Begriffs- und Sprachfähigkeit. Wer diese Briefe aufmerksam liest, wird erste umgangssprachliche Andeutungen von Konzepten und Themen aufleuchten sehen, die dann viel später theoretisch und terminologisch gefaßt worden sind: Ambivalenz, Härte des Über-Ichs, Masochismus, Bisexualität, Psychopathologie des Alltagslebens usw. In manchen Zeilen wirken diese Briefe wie die »schlaftrunkene« Vorwegnahme der Psychoanalyse. »Ich will Sie nicht auffordern, wenn Sie in irgendwelche zweifelnde Lage kommen, Ihre Empfindungen unbarmherzig zu zergliedern, aber wenn Sie es tun, werden Sie sehen, wie wenig Sie sicher an sich haben. Die Großartigkeit der Welt beruht ja auf dieser Mannigfaltigkeit der Möglichkeiten, nur ist's leider kein fester Grund für unsere Selbsterkenntnis.« Oder: »Allein, wer einmal Melancholiker ist, saugt Trauer aus jedem Ereignis.« Solche Formulierungen, mögen sie sich auch an literarische Vorbilder anlehnen, lassen vergessen, daß es die Briefe eines Sechzehn- bis Achtzehnjährigen sind, und machen die Klage Freuds glaubhaft, er habe in seiner Jugend nicht wirklich jung sein können.[4] Lediglich die augenzwinkernde Geheimnistuerei und kecke Verspieltheit vieler Passagen sprechen für das tatsächliche Alter des Schreibers.

Im Hinblick auf die Geschichte der Psychoanalyse sind die Fluß-Briefe, wie erwähnt, deshalb von besonderem Interesse, weil sie Kommentare zur Berufswahl Freuds enthalten. Im Brief vom 17. März 1873 kündigt er seinem Freund die »Neuigkeit« an, »die wohl die größte meines armseligen Lebens ist«. Und selbstgewiß fährt er fort: »Wenn das

[3] Freud, 1960, S. 403.
[4] Brief an Martha Bernays vom 2. Februar 1886 (Freud, 1960, S. 196).

letztere je einen Wert haben wird, so wird dieses Ereignis ihm denselben gegeben haben.« Im Brief vom 1. Mai 1873 wird das Geheimnis gelüftet: daß er beschlossen habe, Naturforscher zu werden.[5] Es sind, nicht zuletzt von Freud selbst, viele Gründe für diese auf den ersten Blick ungereimte Entscheidung genannt worden: die Faszination, die die Lehre Darwins und ein Goethe zugeschriebener Aufsatz über ›Die Natur‹[6] in jungen Jahren auf ihn ausgeübt haben, die damals weitverbreitete Wertschätzung des positivistischen Wissenschaftsideals, wohl auch die nüchterne Beurteilung der für einen Juden beschränkten Aufstiegschancen, schließlich hatte Freud den Antisemitismus schon in seinen Wiener Schultagen zu spüren bekommen.

Alle diese Gründe sind einleuchtend und reichen doch nicht aus. Ein anderes Motiv, das Freuds früher Biograph Fritz Wittels (1924) hinter der Berufswahl vermutet hat, gewinnt gerade angesichts der Fluß-Briefe, die doch das Sprach- und Erzählergenie Freuds offenbaren, als sei es von Anfang an fertig gewesen, an Glaubwürdigkeit: Freud habe eigenen Aussagen[7] zufolge schon als Jüngling einen so starken Hang zu philosophischer Spekulation und dichterischer Beschreibung gezeigt, daß er die Gefahr des Ausuferns und die Notwendigkeit einer unnachgiebigen Disziplinierung seines Denkens wenn nicht erkannt, so doch gespürt habe. Freud selbst hat bekanntlich mehrmals betont, daß er sich zum Beruf des Arztes nie hingezogen gefühlt habe und daß er in seinem eigenen Urteil auch nie ein »richtiger Arzt« gewesen sei. Nach jahrelanger geduldiger Laborarbeit und einer strengen Einübung in das naturwissenschaftliche Denkreglement ist er zu den Themen seiner Jugend zurückgekehrt. »Mein Lebenstriumph liegt darin, daß ich nach großem Umweg die anfängliche Richtung wiedergefunden habe.«[8] Für Wittels' These spricht auch Freuds ambivalente Haltung gegenüber der Philosophie[9] und die »Doppelgängerscheu«, die er dem Dichter Arthur Schnitzler[10] einmal offen eingestand, die er aber auch gegenüber anderen Autoren, darunter Nietzsche, empfunden haben mag. Noch in einem seiner letzten Briefe spricht er von jener zeitlebens wirksamen »Scheu vor meiner subjektiven Neigung, in der wissenschaftlichen Forschung der Phantasie zuviel einzuräumen.«[11]

Die Briefdaten sind für den vorliegenden Abdruck einheitlich ausgezeichnet worden. Einige der in den Briefen angedeuteten Ereignisse und Anspielungen waren nicht zuletzt deshalb nicht mehr aufzuklären, weil nur die Freud-Briefe, nicht aber die Antworten von Emil Fluß erhalten sind. Zahlreiche Hinweise für die Anmerkungen sind Ernst und Lucie Freud zu danken.

[5] Vgl. auch S. 125, Anm. 4. [6] Vgl. S. 41 und Anm. 8.

[7] Jones (1960, S. 49) bestätigt dies. Freud habe ihm einmal auf die Frage, wie viele philosophische Werke er schon gelesen habe, geantwortet: »Sehr wenig. In jungen Jahren war meine Neigung zum Spekulieren so groß, daß ich ihr um keinen Preis nachgeben wollte.«

[8] Freud, 1927*a*, S. 290; vgl. auch S. 98 des vorliegenden Bandes. [9] Vgl. z. B. S. 87.

[10] Freud 1960, S. 339. [11] AaO, S. 447. Vgl. auch S. 158 des vorliegenden Bandes.

geheim

Lieber neuer Freund! *Wien, 18. September 1872*

Ich komme meinem Versprechen nach, indem ich Ihnen von meinem alten Heim aus über meine Reise berichte, aber Gott weiß welch ein Sturmwind mich so schnell von Freiberg[12] hergeweht hat, ich habe die Erinnerung an das Vergangene fast verloren und lasse wie betäubt alles über mich ergehen, Fragen und Liebkosungen und Glückwünsche, und öffne nicht den Mund.

Es wird mir Mühe kosten, mich in meinen Erinnerungen an gestern zurechtzufinden. Ich beichte die ungeschminkte Wahrheit, aber nur Ihnen, und hoffe, daß kein fremdes Auge die Züge erblicken wird. Sollte es aber doch geschehen und [sollten] Sie nicht imstande sein, es zu verhindern, so schreiben Sie mir nichts davon, denn sonst wärs aus mit der Wahrheit und Sie bekämen nichts als aalglatte Phrasen zu hören, aus denen Sie nichts entnehmen sollen.

Unsere[13] erste Reisegefährtin war ein armes Geschöpf mit einem durch Geschwüre schrecklich verunstalteten Gesicht. Ich wollte mich zwingen zu bleiben, um die Arme nicht zu kränken, aber mein Zustand ward immer unerträglicher, und als das Mädchen gar sprach und das Kopftuch lüftete, siegte der Ekel über die Rücksicht, die ich einem Leidenden schuldig war. Wir stiegen aus – da ich aber einmal Unglück hatte, geriet ich in die Gesellschaft eines hoch-ehrwürdigen alten Juden und einer entsprechenden alten Jüdin samt melancholisch schmachtendem Töchterlein und einem frechen hoffnungsvollen Sohn. Die Gemeinschaft war mir unerträglicher als jede andere; eine kleine Bemerkung, die ich rot vor Zorn gemacht, konnte mir die Langeweile nicht versüßen. Die Menschen sind nicht so verschieden, als sie aussehen, sie teilen sich zwanglos in große Klassen durch ihr Denken und Handeln, es ist auch natürlich, denn ähnliche Verhältnisse werden immer ähnliche Menschen erzeugen! (Ich habe Sie, wie ich sehe, mit der Bemerkung nicht verschont, obwohl ich anfangs so wollte.)

Dieser Jude nun sprach grade so, wie ich schon tausend andere, selbst in Freiberg, reden gehört habe, selbst sein Gesicht schien

12 [Vgl. die ›Editorischen Hinweise‹ zu diesen Briefen.]

13 [Freud ist damals zwar mit zwei Schulfreunden, Rosanes und Silberstein, nach Freiberg gereist, aber als erster von dort wieder abgefahren. Die beiden Freunde kamen später nach Wien zurück (s. den Brief vom 28. September 1872). Wie in den Briefen an die Braut gebraucht Freud also auch hier zuweilen die Form des Pluralis majestatis.]

mir bekannt, der Mann war ein Typus. Der Junge, mit dem er sich über Religion unterhielt, war es ebenfalls. Er war vom Holz, aus dem das Schicksal die Schwindler schneidet, wenn die Zeit gekommen ist: pfiffig, verlogen, von den teuern Verwandten im Glauben erhalten, er sei ein Talent, dabei ohne Grundsätze und Weltanschauung. Eine böhmische Köchin mit dem vollkommensten Mopsgesicht, das ich je gesehen, machte das Maß voll. Ich hab genug an dem Gesindel. – Im Laufe des Gespräches erfuhr ich, daß die Frau Jüdin samt Familie aus Meseritsch [ist][14]: der rechte Misthaufen für solches Gewächs.

Von Prerau[14] aus leuchteten zwei schöne Sterne über mich. Hier halten Sie ein und legen zwei Finger an den Mund – es waren Augensterne. Doch der Ordnung nach erzählt und nichts versäumt: – Das Bier in Prerau war köstlich, Nektar, wie Sie sagten, der Lungenbraten auf dem L. L. gezeichneten Teller wollte mir nicht schmecken. Ich vermute, daß daran mein Gegenüber schuld war. Mir gegenüber saß aber eine nervöse, vor Aufregung zitternde Frau, die alle Kellner zur Verzweiflung brachte, jeden andern Augenblick auf die Uhr und dann auf den Zug sah, ächzte und seufzte, daß es jedem in der Nähe weich ums Herz wurde vor Rührung, und in der ersten Viertelstunde gespeist, gezahlt und das Coupé gewählt hatte. Ich hätte sie fragen mögen, ob sie denn unser irdisches Leben für so vergänglich halte, daß man in einer Stunde nicht einmal bequem speisen könne; aber Gedanken an die Vergänglichkeit kamen mir gar nicht in den Kopf, denn zur Seite der nervösen Frau saß ihre 12jährige Tochter mit einem Engelsköpfchen und einem so neutralen Gesicht, daß immer noch ein schöner Page hätte daraus werden können. Das Kind aß mit weit mehr Behaglichkeit als die Mutter und ließ nach jedem Bissen die schüchternen braunen Augen die Mitgäste mustern. Aber ehe noch mein erster Hunger gestillt war und ich mir Zeit gönnen konnte, fest in die braunen Augen zu schauen, hatte die ängstliche Mutter sie mit einem kleinen Schwesterlein entführt. Ich fand sie aber bald wieder und ertrug die unangenehmste Gesellschaft, um mir nicht durch allzugroße Entfernung die Hoffnung zu rauben, die Rekognoszierung fortzuführen. Als ich nämlich in ein fast leeres Coupé einsteigen wollte, das nur um drei von dem ihrigen entfernt war, wollte mich ein Soldat abhalten, der davor stand, und, auf einen andern im Waggon zeigend, setzte er hinzu: es ist bei

[14] [Mährische Stadt an der Bahnstrecke zwischen Wien und Freiberg.]

ihm im Kopf nicht richtig. Die Gesellschaft wird Ihnen unangenehm werden. Ich entnahm, daß der eine irrsinnig war und der andere, sein Kamerad, beauftragt, ihn in eine Heilanstalt zu bringen; aber die Hoffnung, das schöne Kind vom Fenster aus zu sehen, überwog. Es gesellten sich bald noch andere Soldaten zu den Zweien, die alle ins Geheimnis eingeweiht wurden und den Irrsinnigen freundlich genug behandelten. Es gab Scherz und Gelächter, sie erzählten Kriegsstreiche, für mich aber war ihr Geplauder verloren, denn ich stand am Fenster und lauerte, wann sich der blonde Kopf mit den großen fragenden Augen zeigen würde. Ich sah ihn bald und habe auch im ärgsten Lärm kein Auge von ihm abgewandt. Der Sturm wühlte lustig in ihrem dickblonden, kurzen, lockigen Haar. Zwei Stunden verflogen so wie eine Minute. Dann aber zog sich der Kopf zurück, und ich sah ihn nur, wenn eine Station auf die Seite fiel, wo wir beide am Fenster saßen. Aber die Zeit verging mir deshalb nicht minder angenehm. Ich wartete und hoffte und dachte unterdessen an Freiberg. Bis jetzt hatte ich keine Zeit, die sechs Wochen Revue passieren zu lassen. So kam ich in Wien an. Ich sah noch einmal die nervöse Mutter und das blonde Kind und gelobte mir, acht zu haben, wo ich sie wieder im Gewühl von Wien treffen würde. – So endet mein kleiner Roman. Es täte mir leid, wenn Sie mehr erwartet hätten und dächten, deswegen lohnt es sich ja nicht der Mühe des »Schweigens«. –

Ich habe treu das Meinige geschrieben und will Sie mit der Erwähnung des Eindrucks verschonen, den Wien auf mich machte. Es war mir ekelhaft. Leben Sie wohl und berichten Sie mir, was immer nur einen Freiberger und Freund Ihres Hauses interessieren kann. Wenn Sie im nächsten Brief die Erzählung von Ich.[15] verlangen, die ich Ihnen schuldig geblieben, werde ich sie nicht verweigern.

Ihr Sig.[16] Freud.

[15] [»Ich.« ist die Abkürzung für »Ichthyosaura«, die Freud für Gisela Fluß, eine Schwester von Emil Fluß, gewählt hatte (griechisch ichthyos = Fisch, Flußwesen). Bei seinem ersten Besuch in Freiberg hatte sich Freud in dieses Mädchen verliebt. Ernst Freud hat in diesem Zusammenhang auf einen unveröffentlichten Brief an die Braut vom 28. Oktober 1883 hingewiesen: »Hab' ich Dir einmal erzählt, daß Gisela meine erste Liebe war, als ich sechzehn Lenze zählte? Nein, nun denn lach' mich ordentlich aus, erstlich wegen meines Geschmackes und dann weil ich nie ein neutrales, geschweige liebenswürdiges Wort mit dem Kind gesprochen habe. Wenn ich mir's jetzt überlege, so war ich damals durch das Wiedersehen meiner Heimat weich geworden.« Vgl. dazu auch den in den ›Editorischen Hinweisen‹ zu den Fluß-Briefen erwähnten fingierten Patientenbericht.]

[16] [Freud kürzt hier seinen Vornamen, im Unterschied zu vielen späteren Briefen, nicht mit »Sigm.«, sondern mit »Sig.« ab. Wenn er den Namen ausschreibt, benutzt

Lieber junger Freund! *Wien, 28. September 1872*

Sie legen in der Tat meinem Reiseabenteuer mehr Bedeutung bei, als ich selbst getan; in der Rolle, die Sie in Ihrem eben angelangten Brief andeuten, werden Sie mich kaum jemals, am wenigsten jetzt sehen, wo ich ernstere Dinge zu denken habe. Indessen bin ich in dem einen Punkt ganz Ihrer Ansicht: ich tauge gewiß sehr schlecht dazu. Mit seltenem Scharfsinn, den ich mir nur durch Ihr Abenteurerleben in Příbor erklären kann, haben Sie sich an meine Stelle versetzt und den fraglichen Punkt herausgefunden. Wohl denn; daß sie auf derselben Seite saß, war ein Zufall; daß sie so standhaft herausschaute wie ich, keiner; aber ich denke, die Neugierde mag gegenseitig gewesen sein. Es ist ja auch sonst unsere Gewohnheit, wenn uns jemand scharf und angelegentlich ansieht, ihm den Blick ebenso zurückzugeben. Ich bedaure also, Ihre schönen Luftschlösser in dem Punkt zerblasen zu müssen.

Ihre Bitte um die versprochenen ante-příborischen[17] Enthüllungen macht mir Mühe, sie zu erfüllen. Ich bin in dem Falle wie ein Gelehrter, den Sie um die Vergangenheit der Erde befragen. Die ganze Periode ist mir urfremd, so heimlich sie mir auch einmal schien. Ich steure mit vollen Segeln in die Zukunft hinein; daß ich hier einstens gelandet, dort Erfrischungen eingenommen, wie bald entschwindet das dem Gedächtnis, wenn man nur das Ziel vor Augen hat!

Wollen Sie aber jedenfalls von Ichthyosaura unterhalten werden, so erfahren Sie, daß in der ganzen Tändelei mehr Ironie, ja Hohn gesteckt als Ernst. Sie waren freilich nie bei einer Sitzung der »spanischen Akademie«[18] (so nennt sich unsere zweigliedrige Gesellschaft) zugegen, Sie hätten aber hören sollen, wie die Arme heruntergemacht wurde, Sie hätten sich andere Vorstellungen von »unserem« Verhältnis zu ihr gemacht. Eine

er abwechselnd seinen ursprünglichen Vornamen »Sigismund« und die selbstgewählte, seit 1870 verwendete Abwandlung »Sigmund«. Die Fluß-Briefe stammen also aus einer Zeit, als er zwischen beiden Möglichkeiten hin- und herschwankte. Für mögliche Motive der schließlich definitiven Namensänderung vgl. Jones (der für die Namensänderung das irrtümliche Datum 1878 angibt), 1960, S. 40, aber auch Stanescu, 1965, S. 127.]

[17] [Gemeint sind Berichte über Ereignisse vor Freuds Freiberg-Besuch.]

[18] [»Spanische Akademie« ist die scherzhafte Bezeichnung für einen Schülerbund, den Freud und Eduard Silberstein gegründet hatten. Sie waren seine einzigen Mitglieder und sprachen und korrespondierten zuweilen spanisch miteinander. Vgl. *Briefe 1873–1939* (1960, ²1968, S. 9ff.). Teile der Briefe Freuds an Silberstein sind in der rumänischen Zeitschrift *Neue Literatur* (vgl. Stanescu, 1965) veröffentlicht worden. Vgl. auch Freuds Brief an die Braut vom 7. Februar 1884 (Freud, 1960, S. 95f.)]

detaillierte Erzählung müßte ich mit den Goetheschen Worten einleiten »Märchen sagt, es war einmal«. –
Ich bitte Sie, gelegentlich unsern Maskenscherz der hohen Gesellschaft von Freiberg (Hut ab) kundzutun. Lüften Sie den geheimnisvollen Schleier, der über den 8–16 Russen, Türken und Tartaren ruht, und zeigen Sie der Crème von Freiberg unsere bekannten Gesichter. Wenn es Ihnen Vergnügen macht, erfinden Sie noch etwas dazu, erzählen Sie Dinge als geschehen, die uns nie im Traume eingefallen sind – nur geben Sie dem Publikum Stoff, sich von *uns* zu unterhalten.
Meine beiden Freunde[19] sind heute angekommen. Ich habe in meiner Erregung Ihren Brief gleich beantwortet, werde ihn aber 2–3 Tage liegen lassen, um nicht ungelegen zu kommen. Ich achte zwar diese gesellschaftlichen Vorschriften nicht, aber ich bin doch schwach genug, sie zu beachten – wie eben tausend andere. Teilen Sie bitte Rosanes nichts von all dem mit, was ich Ihnen schreibe. Ich bin und war mit ihm nie so vertraut, als es in Freiberg geschienen haben muß; doch halt, ich erinnere mich, Sie haben Beweise unserer Einigkeit gesehen. – Mein Freund Silberstein behauptet, von seiner Großmutter Lilienberg gehört zu haben, daß sie Ihre Eltern sehr gut kannte. Teilen Sie den Namen Ihrer Mutter mit; mich freut es, das dichte Gewebe von verbindenden Fäden zu erkennen, das Zufall und Schicksal um uns alle gesponnen.

Ihr Sigismund Freud.

Meine Grüße an Ihre werte Mutter und Geschwister. Ich weiß, daß für Richard[20] nicht dieselben Entschuldigungsgründe gelten als für Sie. – Ist Alfred[20] schon zu Hause? Ich beantworte mir die Frage selbst.

Lieber Freund! *Wien, 7. Februar 1873*
Sie werden zugeben, daß ich sehr uneigennützig bin, wenn Sie erfahren, daß mich Ihr Schreiben von gestern (Sie sehen zugleich, wie sehr ich mich für Sie und Ottilie[21] interessiere) ungemein gefreut hat. Einige Bemerkungen, die mir bei der Lektüre Ihres Briefes in den Sinn gekommen sind, will ich Ihnen *nicht* ersparen. Sie mögen daraus ersehen, wie ein alter Philister die Sache aufnimmt.
1) Wie weise sind doch unsere Erzieher, daß sie das schönere

[19] [Rosanes und Silberstein. Vgl. S. 107, Anm. 13.]
[20] [Einer der Brüder von Emil Fluß.]
[21] [Ein von Emil Fluß verehrtes junges Mädchen.]

Geschlecht so wenig mit naturwissenschaftlichen Kenntnissen belästigen!! – (Darin stimmen wir ja, wie ich sehe, alle überein, daß die Weiber zu etwas Besserem auf die Welt gekommen sind, als um weise zu werden.) Denn, mein lieber junger Freund, stellen Sie sich nur das Schreckliche vor, Ottilie hätte gewußt, daß Schnee-Essen nichts Schädliches ist, wie hätte *sie* Sie warnen dürfen oder können? Und wenn *sie* es nicht getan hätte, wie lange hätte[n] Ihr Glück und Ihr Brief noch auf sich warten lassen? Also verpflichten wir uns jeder in seinem Kreis, alle uns bekannten oder zugänglichen Damen (das Wort ist eine Konzession an Ihren Stil) in Unwissenheit – besonders der Natur – zu erhalten, um sie liebenswürdig zu machen. Ob wir es auch bei unseren Schwestern so halten sollen, ist eine Frage; der Egoismus verlangt es nicht, aber ich denke, die Rücksicht auf andere soll uns auch bei unseren Schwestern dazu bewegen. *Sie* nehmen den Vorschlag hoffentlich in Bausch und Bogen an.

2) ... Wie bewunderungswürdig ist der feine Instinkt in drgl. Dingen, den uns die Natur in gütiger Fürsorge geschenkt. In Ihrem Briefe steht ein Satz, so anspruchslos, schlicht und harmlos, aber ich halte dafür, er ist der inhaltsreichste, den Sie je geschrieben. »Ich war neulich am Eis, sie auch.«[22] Kann sich ein Historiker objektiver ausdrücken? Aber was steckt da nicht alles dahinter. Erlauben Sie mir, den Vorgang auszumalen. Sie werden plötzlich verdrossen, es duldet Sie nicht mehr zu Hause, eine sonderbare Ahnung überkommt Sie, fast gedankenlos nehmen Sie die Schlittschuhe, fast wie vom Schicksal getrieben eilen Sie auf den verhängnisvollen Platz. Und dort, wunderbare Verkettung der Umstände!, finden *Sie* Ottilie. Wahrhaftig, durch mehrere solche Fügungen ließe selbst ich mich von den unergründlichen Walten einer höheren Vorsehung überzeugen.

3) ... Es ist nicht wahr, daß Ottilie Sie nicht kennt. Das »beinahe«, das Sie zum »gar nicht« hinzufügen, hebt es vollständig auf. Es müßte sonderbar zugehn, wenn die 15jährige Ottilie (ein Alter, in dem man nicht wählerisch ist, weniger auf die Person als auf die Huldigung sieht) Sie gar nicht kennen sollte.

4) ... Übrigens ist die Folgerung (und nun mache ich Neidhans einen Versuch, Ihr Glück zu trüben), die Sie aus der Besorgnis Ottiliens ableiten, nicht ganz sicher. Es könnte ja ebensogut aus allgemeiner christlicher Menschenliebe geschehen sein (womit

[22] [Das Folgende ist natürlich eine Ironisierung der offenbar lakonischen Berichterstattung von Emil Fluß.]

Ihnen nicht gedient wäre) oder aus bloßem Geselligkeitstrieb, weil sie einen Vorwand brauchte, ein Gespräch, und sei es mit wem immer, zu beginnen. Ich bin überzeugt, diese Vermutung ist weniger unwahrscheinlich als Ihnen unangenehm.
Ich will Ihnen eine nun zwei Jahre[23] alte Geschichte erzählen, die mit der Ihrigen viel Ähnlichkeit hat. Sie erinnern sich, daß ich bei meinem ersten Besuch in Freiberg (es lag damals noch nicht bei Ostrawitz[24]) von meinem Freund Silberstein begleitet war. Wir beide waren nur ein an Wichtigkeit und Geist verschwindend kleiner Bruchteil einer großen Gesellschaft, deren Perle »Ichthyosaura«[25] war. Als wir die Weberei besichtigten, streifte mein Freund in Gedanken mit der Hand über eine von Ihren Maschinen.[26] Was tat da Ichthyos.? Riß die Hand weg und stieß besorgt ein »Nicht, das ist gefährlich« aus. Was wollten Sie daraus schließen? Etwas Falsches, denn keine Spur berechtigt zu der Annahme, daß die Besorgnis der Liebe Tochter war (mich poetisch und dem Gegenstand angemessen auszudrücken). Die Erklärung ist einfach: Sie hatte oft genug von den Unglücksfällen bei Maschinen gelesen, als sie die Bewegung meines Freundes sah, fielen ihr die wieder ein, und halb unwillkürlich folgte sie dem Zug ihrer gutmütigen Natur! Sollte bei Ihnen nicht etwas Ähnliches der Fall gewesen sein? *Es liegt natürlich nur an Ihnen, mich eines Bessern zu belehren.*[27]

Lieber Freund! *Wien, 17. März 1873*

Ich habe leider die vorzügliche Entschuldigung nicht, daß ich zu viel arbeite, um zum Schreiben zu kommen; ich bin also genötigt, Ihnen alsogleich zu antworten.
Ihr Glück will ich nicht weiter zu leugnen versuchen; wenn ich, wie Sie so siegesbewußt meinen, neidisch war, so ist doch der Grund weggefallen, es jetzt noch zu sein. Oder ist Ottilie unterdessen wieder in Freiberg erschienen? Dem Erfolg Ihrer kühnen Kombinationen sehe ich mit Spannung entgegen, zugleich mit

[23] [Vermutlich eine Fehldatierung Freuds.]
[24] [Emil Fluß könnte in seinem Brief, auf den Freud antwortet, von »Freiberg bei Ostrawitz« geschrieben haben. Ostrawitz ist ein etwa zwanzig Kilometer von Freiberg entfernt liegender mährischer Ort. Freud, sehr genau und offenbar schon damals »immer sehr empfindlich in kleinen Dingen« (Freud, 1968, S. 82), gibt seinem Freund auf diese Weise zu verstehen, daß ihm der Ausdruck »Freiberg bei Ostrawitz«, angesichts der recht großen Entfernung zwischen beiden Städten, etwas abwegig erscheine.]
[25] [Vgl. S. 109, Anm. 15.]
[26] [Emils Vater war ebenfalls in der Textilindustrie tätig.]
[27] [Das zweite Blatt des Briefs ist verloren.]

der Hoffnung, von Ihnen darüber freundlich unterrichtet zu werden.

Von mir könnte ich Ihnen eine Neuigkeit melden, die wohl die größte meines armseligen Lebens ist. Wenn das letztere je einen Wert haben wird, so wird dieses Ereignis ihm denselben gegeben haben. Aber die Sache ist noch nicht spruchreif; ich wollte nicht gern etwas Unfertiges für eine Tatsache ausgeben, um es dann zurücknehmen zu müssen; ich verschweige jetzt also das Weitere, um Ihnen ein anderes Mal ausführlich davon Nachricht zu geben. Stellen Sie sich nicht allzuviel unter dem Angedeuteten vor, aber ebenso wenig eine leere Tändelei: so werden Sie der Wahrheit zunächst kommen.

Um den Orakelton ein für alle Male zu verlassen, teile ich Ihnen mit, daß wir Purim[28] (der überdies auf den uns allen heiligen 13. März fiel, an dem ja auch Cäsar ermordet wurde) ein kleines Theater im Hause hatten. Eine gelangweilte Dame aus der Nachbarschaft hatte aus meinen Geschwistern und einigen anderen Kindern Schauspieler gedrillt und uns gezwungen, das Purim-Essen (das bekanntlich nicht zu den schlechtesten gehört) mühsam durch einen Kunstgenuß wunderbarster Sorte zu verdienen. Mögen Sie nie in die Lage kommen, Bruder von so ehrgeizigen Schauspielerinnen zu sein!

Bitte lassen Sie mich wissen, ob der Kapellmeister infolge jenes Abenteuers seine Kunden verloren hat und wie man ihn jetzt in Freiberg ansieht. Es liegt mir viel daran, denn ich hoffe, daraus interessante Schlüsse zu ziehen und eine Lieblingsmeinung von mir zu bestätigen.

Wenn Ihnen ein Gefallen damit geschieht, habe ich das arme Mädchen (wenn es anders die ist, die ich in Erinnerung habe) schon damals sehr schwermütig gefunden. Merken Sie wohl auf die Bedingung – ich bin meiner Sache nicht sicher genug.

Ich muß meinen heutigen Brief früher schließen, als ich wollte; Ihr Interesse dabei lasse ich ganz unerörtert. Ich muß manches von griechischen und lateinischen Klassikern für mich lesen, darunter König Ödipus von Sophokles. Sie verlieren viel Erhebendes, wenn Sie all das nicht lesen können, freilich erhalten Sie sich jene Heiterkeit, die mir an Ihren Briefen wohltut.

Ihr Freund, Sig. Freud.

[28] [Jüdisches Fest zur Erinnerung an die Errettung der persischen Juden durch Esther und Mardochai. Es wird durch Fasten und Gottesdienste eingeleitet und geht dann in Gastmähler, Maskeraden und Schenkzeremonien über.]

Lieber Freund! *Wien, 1. Mai 1873*

Wenn Sie nach 20 oder 30 Jahren irgendwo lesen sollten, »Der 1. Mai des Jahres 1873[29] gehörte zu den schönsten Tagen, die unser nördliches Klima gesehen. Das sprichwörtliche Glück seiner Majestät d. K. Franz Joseph I. hatte ihn auch bei dieser feierlichen Gelegenheit nicht verlassen. Im offenen Wagen von den größten Fürsten seiner Zeit begleitet, fuhr die ritterliche Erscheinung durch eine jubelnde selige Menge« usw. im byzantinischen Hofstil, so glauben Sie dem nicht, sondern schenken meiner Versicherung Gehör, daß am 1. Mai 1873 eine halb sibirische Kälte herrschte, ein demokratischer Regen Wege und Auen durchnäßte, daß seine Majestät so wenig ritterlich aussieht als unser (denn er ist auch mein) Bürstenbinder, daß die fremden Prinzen nur aus Schnurrbärten und Ordenssternen zu bestehen scheinen und daß endlich niemand den apostolischen Hoheiten zugejohlt, außer einigen Gassenbuben, die auf den Bäumen saßen, während das brave Volk sich mit den Regenschirmen deckte und kaum die Hüte zog. Daß Ihr redlicher Freund und Schreiber dieses nicht unter den letzteren war, läßt sich leicht denken; so klein er sich auch oft empfindet, so groß erscheint er sich als denkender Mensch und rechtlicher Bürger jenem gekrönten Haufen gegenüber, dessen Dasein der beste Beweis gegen die Zweckmäßigkeitslehre ist, denn sie sind nicht einmal dazu gut, wozu die Drohnen im Bienenstaat; auch brauchen wir sie nicht dazu.

Wenn Sie nach Wien kommen, werden Sie den Prater nicht mehr erkennen.[30] Welche durchgreifende Veränderung! Welch feiner Ton! Wie weltbürgerlich und wie veredelt! Die arme Paula[31] bedaure ich, wenn sie den Wurstel[32] schon einmal gesehen und sich Hoffnung macht, ihn wieder zu genießen. Sie wird ihn nie mehr wiedersehen. Der Wurstel ist nur mehr eine Sage aus grauer Vorzeit, an die Ammen und Säuglinge glauben, aber kein gebildeter Mensch mehr. Ich trat einem Budendiener auf den Fuß, er, der mich für einen Fremden hielt, weil ich eben spanisch[33] sprach, sagte nur: »Entschuldigen Sie, mein Herr.« Das ist so fein, daß ich es fast für Unnatur halte, aber bedenken Sie, wie ich vor einem Jahre von ihm traktiert worden wäre.

[29] [Der Tag des 25jährigen Regierungsjubiläums von Kaiser Franz Joseph.]

[30] [1873 fand in Wien die Weltausstellung statt.]

[31] [Die jüngste von Freuds fünf Schwestern.]

[32] [Der Wurstelprater, ein Teil des Wiener Praters, war für die Weltausstellung vorübergehend abgerissen worden.]

[33] [Vgl. S. 110, Anm. 18.]

Allein, wer einmal Melancholiker ist, saugt Trauer aus jedem Ereignis. Diese exposition universelle (universal exhibition, französisch und englisch sind in den Straßen Wiens gemeiner als anderswo Brombeeren[34]) kommt mir ungelegen. Sie verstärkt meine Faulheit, gibt mir tausend Ausreden an die Hand, mich vor meinem zarten Gewissen zu rechtfertigen, ich fürchte, ich werde aus Schaubegier die Matura und aus Pflichttreue die Weltausstellung verfehlen. Ich habe für die übrigen zwei Monate (bis zum 29.–30. Juni oder 10.–12. Juli) die besten Vorsätze vorrätig und ein so feines Gefühl, daß mir ordentlich vor Ihrem Briefe graut, in dem eine Art von göttlicher Faulheit triumphiert, aus der mich längst ein Engel mit feurigem Schwert vertrieben hat: allerlei Zweifel und Sorgen.

Von welchem »Verhältnis« habe ich nach Ihrer Schätzung so de- und wehmütig gesprochen? Sollte ich es nicht ein »Ereignis«, einen Plan genannt haben? Es ist das letztere und verdient die Bezeichnung »ein Ereignis« in dem Sinne nicht, in dem es Aufsehen und Verwunderung erregen soll. Ich bezeichnete es damals nicht näher, teils der Spannung wegen, die mir sehr geschmeichelt hätte, teils weil ich mir selbst noch nicht glaubte. Heute steht es so fest, wie nur irgendein menschlicher Plan (ein Turmbau von Babel kann ja jeder werden), heute kann ich auch frei mit der Sprache heraus. Wenn ich den Schleier lüfte, werden Sie nicht enttäuscht sein?? Nun versuchen Sie: ich habe festgestellt, Naturforscher zu werden, und gebe Ihnen darum das Versprechen zurück, mich alle Ihre Prozesse führen zu lassen.[35] Ich brauche es nicht mehr. Ich werde Einsicht nehmen in die jahrtausendealten Akten der Natur, vielleicht selbst ihren ewigen Prozeß belauschen und meinen Gewinst mit jedermann teilen, der lernen will. Sie sehen, das Geheimnis ist nicht so furchtbar, es war nur furchtsam, weil es gar zu unbedeutend war.

Sie zu bedauern, daß Ihnen der erste Plan fehlgeschlagen hat, dazu habe ich keine Lust; denn Sie haben ohnedies ein 1/2 Dut-

[34] [Dieser seltsame Vergleich mit den Brombeeren ist ein schönes Beispiel für Freuds Sprachsensorium und Wortgedächtnis; bestimmte, besonders prägnante Wendungen seiner Lektüre hat er sich ein Leben lang merken können und immer wieder zitiert. Vermutlich hat er vor Niederschrift dieses Briefs Shakespeares Stück *Henry IV* gelesen, in dem Falstaff sagt: »If reasons were as plenty als black berries . . «. Rund vierzig Jahre später zitiert Freud den Ausspruch, daß Argumente so gemein wie Brombeeren seien, in der im vorliegenden Band enthaltenen ›Geschichte der psychoanalytischen Bewegung‹, S. 159, noch einmal. Und auch in der ein Jahr später, 1915, verfaßten Schrift ›Zeitgemäßes über Krieg und Tod‹ (Freud, 1915*b*, S. 339) taucht er wieder auf.]

[35] [Bezieht sich offensichtlich auf den früheren Berufswunsch Freuds, Jurist zu werden. Vgl. oben S. 41.]

zend neue vorrätig. Nach einem Ihrer frühern Berichte vom Kriegsschauplatz sollte es scheinen, als hätten Sie gar keinen vonnöten. Es sollte mir lieb sein, wenn ich Ihre eigene Hoffnung erraten habe; ich lese Horazische Oden, Sie erleben sie. – Aber was mich in Erstaunen versetzt, Sie freuen sich über Ottiliens Aufenthalt in Freiberg, als ob Sie selbst dort bleiben würden, erwähnen auch sonst keine Reise, ist nichts daraus geworden? Dann wäre sie ja meiner projektierten Reise nach England[36] aufs Haar ähnlich, und wir könnten uns heuer wieder in Roznau[37] sehen. Denn dort werde ich wahrscheinlich sein. Gestaltet sich Ihr Intrigenspiel so reizend, wie Sie hoffen, so liegt an einem Spaziergang nach Freiberg wenig, auch Hochwald werde ich wiedersehen, ich habe dort eine Dummheit gutzumachen. (Ich nähme Schloß und *Ruine* Hochwald nicht für die Möglichkeit, sie tritt gar zu selten ein.) Wenn Sie wirklich in Freiberg bleiben, warum sollten wir einander nicht alle Wochen begegnen können?

Der armen kleinen Näherin bin ich zu Dank verpflichtet, weil sie mich aus einer kleinen Verlegenheit gerissen durch einen Dienst, den ich nicht einmal anständig erbat, denn ich hielt sie für ein Dienstmädchen Ihrer Mama. Sie werden ihr aber, wie [ich] voraussehe, mehr als ich zu danken haben.

Daß man den Kapellmeister weiter musizieren läßt, ohne ihn an seinen schlechten Streich zu erinnern, ist gewiß sehr verständig, aber was verlautet über den Hergang und wie denkt man darüber? Das war mir an dem Ding interessant.

Ich weiß sehr wohl, daß ich Ihr ›baldigst‹ auf die Spitze gestellt habe, indem ich an demselben 1. Mai antworte, an dem ich Ihr Schreiben erhalten habe. Aber ich tue es einerseits, weil ich gerade in einer »congenial« Stunde bin, und andererseits um Ihnen eine kleine Maxime zu vermitteln. Wenn Sie nämlich ein anderes Mal einen brennenden Wunsch nach dem oder jenem haben, so flehen Sie zu Gott »Erfüll' mir dies oder das« und setzen hinzu »aber nicht zu bald«. – Ich will Sie durch meine Schnelligkeit zu nichts gebunden haben, auch verträgt sich ein so bereites Antworten kaum mit dem Fleiß, den Sie sich für die

[36] [Freuds Vater hatte seinem Sohn zum Abitur eine Reise nach England versprochen, wo sich zwei seiner Halbbrüder aus einer früheren Ehe des Vaters in Manchester niedergelassen hatten. Freud konnte diese Reise aber wegen finanzieller Schwierigkeiten der Familie erst zwei Jahre später antreten.]

[37] [Luftkurort in Mähren, den Freuds Mutter, die eine Zeitlang an Tuberkulose litt, oft besucht hat.]

nächste Zeit alter Sünden wegen gewiß vorgesetzt haben, nur monatelang dürfen Sie nicht mehr aussetzen, Sie machen sonst, daß ich Herrn Emil Fluß in Freiberg als einen für mich verlorenen Posten betrachte.

Ihr Sig. Freud.

Was Weniges als Nachschrift.

Scheint es Ihnen nicht »shocking«, daß Ottilie Kleidermachen lernen soll? Oder haben Sie auch hier schon den poetischen Kern herausgefunden?

Wo ist, war und was treibt Richard?[38] Ich bin geraume Zeit ohne eine Äußerung seiner Lebenstätigkeit. Haben Sie in Freiberg nicht illuminiert oder eine Stiftung für arme Bräute gegründet, als »unsere« (denn sie war unser, wie Goethe sagt) Prinzeß[39] heiratete? Nein? O, in welch illoyaler Stadt bin ich geboren!

An demselben Tage, als »die österreichische Kaisertochter«, wie sie unsere Blätter so romanzenhaft nennen, in München einzog, trug man dort Justus Liebig[40] zu Grabe. Ein ungemein sinnreiches Arrangement des Schicksals. München sollte für den schweren Verlust bei Liebigs Tod entschädigt werden. Meinen Gruß an Ihre Eltern und Alfred.[38]

Lieber Freund *Wien, 16. Juni 1873, nachts*

Wenn ich mich nicht scheute, das nichtswürdigste Witzwort unseres witzelnden Jahrhunderts auszuschreiben, dürfte ich billig sagen: »Die Matura ist tot, es lebe die Matura.« Aber der Witz gefällt mir so wenig, daß ich lieber wollte, die zweite Matura[41] wäre auch schon vorbei. Eine Woche nach der schriftlichen Prüfung habe ich unter heimlichen Gewissensbissen und Herzdrücken verschleudert und befinde mich seit gestern auf dem Wege, den Verlust einzubringen und tausend Lücken von alters her zu verstopfen. Sie wollten freilich nie etwas davon hören, wenn ich mich der Faulheit beschuldigte, ich aber empfinde, es ist etwas daran, und weiß das besser.

Ihre Neugierde, von der Matura zu hören, muß sich mit kalten Speisen bescheiden, weil sie zu spät nach geschehener Mahlzeit kommt; eine pathetische Beschreibung all des Hoffens, Schwankens, der Bestürzung, Erheiterung, der Lichter, die einem plötz-

[38] [Gemeint ist wiederum ein Bruder von Emil Fluß.]
[39] [Die Erzherzogin Gisela, die Tochter des Kaisers Franz Joseph.]
[40] [Den großen Chemiker, der seit 1852 in München gelehrt hatte.]
[41] [Gemeint ist der mündliche Teil der Prüfung.]

lich aufgehen, und der unerklärlichen Glücksfälle, die man sich ›unter Kollegen‹ erzählt, kann ich Ihnen leider nicht mehr liefern; dazu hat die Schriftliche bereits viel zu wenig Interesse für mich. Resultate will ich Ihnen vorenthalten, daß ich bald Glück, bald Unglück hatte, versteht sich; bei so wichtigen Anlässen hat stets die gütige Vorsehung und der boshafte Zufall die Hand im Spiel. Solche Ereignisse scheiden sich vom gewöhnlichen Lauf der Dinge. Kurzum, da ich Sie doch nicht auf etwas so Reizloses gespannt wissen will, in den fünf Arbeiten erhielt ich die Noten *ausgezeichnet, lobenswert, lobenswert, lobenswert, befriedigend.* Ärgerlich war's genug. In Latein bekamen wir eine Stelle aus Virgil, die ich zufällig vor längerer Zeit privat gelesen hatte, das verleitete mich, rasch in der Hälfte der dazu bestimmten Zeit zu arbeiten und mir das Vorzüglich zu verscherzen. Ein anderer hat also hier vorzüglich, ich selbst die zweite Arbeit mit lobenswert. Die deutsch-lateinische Übersetzung schien sehr leicht, in dieser Leichtigkeit lag ihre Schwierigkeit, wir verwandten nur den dritten Teil der Zeit darauf, infolgedessen mißglückte sie schmählich, also: befriedigend. Zwei andere brachten es auf lobenswert. Die griechische Arbeit, für die eine dreiunddreißig Verse lange Stelle aus dem König Ödipus vorlag, gelang besser, lobenswert, das einzige; ich hatte die Stelle ebenfalls für mich gelesen und kein Geheimnis daraus gemacht. Die mathematische Arbeit, an die wir mit Zittern und Beben gegangen waren, glückte vollständig, ich schreib lobenswert hin, weil ich die genaue Note noch nicht kenne. Mit ausgezeichnet endlich stempelte man mir die deutsche Arbeit. Es war ein hoch sittliches Thema ›Über die Rücksichten bei der Wahl des Berufes‹, und ich schrieb ungefähr dasselbe hin, das ich vor zwei Wochen[42] an Sie geschrieben hatte, ohne daß Sie mir dafür ein Ausgezeichnet bestätigt hätten. Mein Professor sagte mir zugleich – und er ist der erste Mensch, der sich untersteht, mir das zu sagen –, daß ich hätte, was Herder so schön einen *idiotischen* Stil nennt, das ist einen Stil, der zugleich korrekt und charakteristisch ist. Ich habe mich über die unglaubliche Tatsache gebührlich verwundert und versäume es nicht, das glückliche Ereignis, das erste in seiner Art, so weit als möglich zu verschicken. An Sie, zum Beispiel, der Sie bis jetzt wohl auch nicht gemerkt haben, daß Sie mit einem deutschen Stilisten Briefe tauschen. Nun aber rate ich Ihnen, als Freund, nicht als Interes-

[42] [Diese Datierung läßt vermuten, daß der Brief, auf den Freud hier anspielt, verlorenging.]

sent — bewahren Sie auf — binden Sie zusammen — hüten Sie wohl — man kann nicht wissen.

Dies, lieber Freund, war meine schriftliche Matura. Wünschen Sie mir größere Ziele und reinere Erfolge und stärkere Nebenbuhler und ernsteren Eifer; was sich mir nicht alles wünschen ließe, ohne daß es eine Haarbreit besser würde. Ob die Matura leicht oder schwer war, kann ich im allgemeinen nicht entscheiden; nehmen Sie an, sie war gemütlich.

In der Ausstellung[43] war ich bereits zweimal. Schön, aber mich hat es nicht betäubt und entzückt. Vieles, das anderen gefallen muß, findet in meinen Augen keine Gnade, weil ich weder dies noch jenes, überhaupt nichts gründlich bin. Es fesselten mich also bloß Kunstgegenstände und allgemeine Effekte. Ein großes zusammenhängendes Bild des menschlichen Treibens, wie's die Blätter sehen wollen, finde ich nicht, ebensowenig wie ich aus einem Herbarium die Züge einer Landschaft herausfinden kann. Es ist im ganzen ein Schaustück für die geistreiche, schönselige und gedankenlose Welt, die sie auch zumeist besucht. Nach meiner ›Marter‹ (so richten wir unter uns den Namen Matura zu) gedenke ich Tag für Tag hinzugehen. Es ist unterhaltend und zerstreuend. Man kann dort auch prächtig allein sein in all dem Getümmel.

Ich schreibe Ihnen das natürlich in rein boshafter Absicht, um Sie zu erinnern, wie wenig es feststeht, wann Sie diese Herrlichkeiten zu sehen bekommen, und wie schmerzlich Ihnen der Abschied sein muß, wenn es doch bald dazu kommt. Kann ich mich doch in Ihre Stimmung hineindenken. Die schöne Heimat zu verlassen, teure Angehörige — die schönste Umgebung — Ruinen in der nächsten Nähe — ich will abbrechen, sonst werde ich ebenso traurig als Sie —, Sie wissen doch am besten, was Sie verlassen müssen! Ich wette, Sie hätten nichts dagegen, wenn es Ihrem künftigen Chef erst in einem Monat einfallen sollte, Sie Ihren heimatlichen Freuden zu entreißen. Ach, warum sind Sie ein prosaischer Jude, Emil? Handwerksburschen von christlich germanischer Innigkeit haben in ähnlichen Lagen die schönsten Lieder gedichtet.

Meine ›Besorgnisse für die Zukunft‹ nehmen Sie zu leicht. Wer sich nur vor Mittelmäßigkeit fürchtet, ist schon geborgen, trösten Sie mich. Wovor geborgen, muß ich fragen; doch nicht geborgen und versichert, daß er's nicht ist? Was verschlägt's,

[43] [Die Weltausstellung in Wien.]

ob Sie etwas fürchten oder nicht? Ist nicht die Hauptsache, ob es so wahr ist, wie wir's fürchten? Wohl wahr, daß auch stärkere Geister vom Zweifel an sich selbst ergriffen werden; ist darum jeder, der sein Verdienst in Zweifel zieht, ein starker Geist? Er kann ein Schwächling an Geist sein, nur ein ehrlicher Mann dabei, aus Erziehung, Gewohnheit oder gar aus Selbstqual. Ich will Sie nicht auffordern, wenn Sie in irgendwelche zweifelnde Lage kommen, Ihre Empfindungen unbarmherzig zu zergliedern, aber wenn Sie es tun, werden Sie sehen, wie wenig Sie sicher an sich haben. Die Großartigkeit der Welt beruht ja auf dieser Mannigfaltigkeit der Möglichkeiten, nur ist's leider kein fester Grund für unsere Selbsterkenntnis.
Wenn Sie mich nicht verstehen sollten (denn ich denke mit einer gewissen schlaftrunkenen Philosophie), so lassen Sie meine Gedanken nur laufen. Ich konnte leider tagsüber nicht schreiben, nach dreiundzwanzig Tagen kommt jener Tag, der Tage längster, an dem und so weiter. Da ich in der kurzen Zeit die Gelehrsamkeit mit dem großen Löffel schöpfen soll, bleibt mir keine Möglichkeit, gemeinverständliche Briefe zu schreiben. Ich tröste mich, daß ich sie doch keinem gemeinen Verstand schreibe, und verbleibe in allen möglichen Erwartungen

Ihr Sigmund Freud

Herr Bretholz, sein großes Töchterlein und sein Neffe, ein Weiser aus Czernowitz, sind seit einigen Tagen unsere täglichen Besucher. Kennen Sie den letzteren? Er ist in der Tat ein Weiser, ich habe viel Freude an ihm gehabt. Sig. Freud

Lieber Freund *Wien, 6. März 1874*

Ich muß Sie ernstlich um Entschuldigung bitten wegen einer Nachlässigkeit, als welche ich mir zu Schulden kommen ließ, indem ich Sie einlud, mich Freitag nachmittag zu besuchen, dabei vergaß, daß ich nicht durchaus Herr meiner Zeit sein würde. Ich bin dafür — feierlich zu sprechen — zu jeder Satisfaktion bereit, und um Ihnen meinen guten Willen so stark als möglich zu zeigen, ersuche ich Sie, auch Samstag sich durch mich nicht inkommodieren zu lassen, da Sie mich höchstwahrscheinlich ebensowenig als heute antreffen würden. Sie müssen erwarten, daß bei so seltenem Zimmerhüten mein Übel eben nicht unmäßig sein kann, und in der Tat ist es nicht anders. Es war eine letzte schwächliche Eruption eines vormals mächtigen Kraters, ein letztes Zucken aus einer Gegend meines Leibes, die seit langer Zeit in offenem Aufruhr gegen die Ruhe und Ordnung in meinem Organismus steht, – ich meine mein Gebiß. Ich bin in dieser Hinsicht in einem peinlich traurigen Dilemma; lebt der Mensch, um zu essen, so lebe ich, um mir die Zähne zu verderben, d. i. an Zahnschmerz zu leiden – ein trauriger Lebenszweck. Und ißt der Mensch, um zu leben, so leide ich an Zahnschmerz, um zu leben, mein Leben ist dann mit Notwendigkeit an den Zahnschmerz geknüpft, den ich folglich bei Lebzeiten nicht mehr loswerde – ein ebenso trauriges Schicksal und Ihres Mitleids ebenso würdig.

Trotzdem hoffe ich, Sie, gesund und heil, Sonntag bei Brühl[44] zu sehen, über den Sie mir ein schriftliches Bekenntnis nicht übelnehmen können. Ich habe Sie veranlaßt – vielleicht sagen Sie später einmal als friedlicher Staatsbürger – verführt, seine Vorlesungen mitanzuhören, weil ich den Mann nur nach dem beurteilen konnte, was er vorgetragen hatte, und nicht, was er vortragen würde. Im Vorjahr habe ich ihn manches brave Wort sprechen und manchen geistreichen Gedanken vorbringen hören. Heuer meine ich entschieden, daß wir unrecht hatten, ihm sein Lieblingsthema zu bewilligen, denn darin wird er zusehends wässerig. Ist es aber nicht der Grund, der seine Vorlesungen wertloser macht, so muß es offenbar der andere sein, daß der Mann alt wird und bei zunehmendem Alter die gallige nihilistische Anlage in ihm über die Gebühr zur Ausbildung kommt. Sie werden den Kontrast, den ich andeute, gewiß nicht bemerkt haben, weil Ihnen jede frühere Kenntnis des Mannes fehlte; mich aber hat es gründlich geärgert, und ich war wohl gefaßt darauf, daß Sie mich gelegentlich fragen, weshalb ich Prof. Brühl gerühmt habe. Ich würde ihn jetzt ganz anders beurteilen, er verbittert sich offenbar, wahrscheinlich sind seine Leistungen geringer geblieben, als er in früheren Zeiten erwartet und sich vorgesetzt. Er spricht jetzt z. B. über D. Strauß[45] abfällig, den er vor 12 Monaten »einen tausendmal weisern Menschen als ich« genannt, er sagt vom Darwinismus, den er voriges Jahr [in] eine[r] Reihe von Vorlesungen verfochten, daß er den Naturforscher im Verständnis der Natur nicht fördere (!), was kaum ein erbitterter Gegner je von demselben gesagt. Sie dürfen auch nicht Ernst Haeckel in Jena für den Schwätzer halten,

[44] [Carl Brühl, Professor der Naturwissenschaften an der Universität Wien.]

[45] [Ernst Freud zufolge ist der Philosoph und Theologe David Friedrich Strauß gemeint, der in seinem berühmten Buch *Das Leben Jesu* zwar nicht die historische Figur Jesu leugnete, jedoch die Evangelienberichte als Mythenbildungen innerhalb der urchristlichen Gemeinden analysierte.]

als den er ihn oft hinstellen möchte. Haeckel[46] ist wesentlich als ein jüngerer, glücklicher und enthusiastischer Forscher ihm, dem älteren, ziemlich unberühmt gebliebenen und skeptischen Lehrer zuwider. Endlich wird noch sein vertraulicher Vortrag bei ihm zur Manier.
Ich würde ihn also nicht mehr besuchen (wenigstens bin ich jetzt so gewillt), wenn ich nicht seinen Sonntagsvortrag als Rendezvous mit Ihnen für dieses Mal benützen wollte. Ich hoffe also, Sie lassen sich durch meine Kritik nicht abhalten, übermorgen, *etwas früher als Sie sonst pflegen,* dort zu erscheinen, wo ich [Sie] zuversichtlich (natürlich nur wenn Gott will) erwarte.

Ihr Sig. Freud

NB. Sonntag wollte ich ins Theater gehn. Wir haben die Wahl zwischen der Zauberflöte in der Oper, den Räubern in der Burg und dem Rossi[47] im Theater an der Wien. Wenn Sie zu den Räubern gehn, haben Sie an Silberstein einen Partner, ich gehe wahrscheinlich zur Zauberflöte.

Wien, 16. April 1874[48]

Heute 16 beginnen die Inskriptionen, Montag 20ten die Arbeiten im Laboratorium, Dienstag ist die erste Vorlesung von 12—1.

Ihr Sig. Fr.

Lieber Freund, *Wien, 19. April 1874*[48]

Schneider wird nicht im mindesten mit einer schriftlichen Bestätigung zögern, wenn er dadurch einen Hörer fürs Kollegium und Arbeiter im Laboratorium gewinnen kann. (11 fl 55 xx[49].) Nebenbei erfahren Sie, daß Schneider auf unsere Initiative Dienstag ein Plebiszit anstellen wird, um zwischen den Stunden von 12—1 und 8—9 zu entscheiden.
Da ich annehme, daß Ihnen wie mir 8—9 bequemer ist, ersuche ich Sie gleich jetzt, bei der Entscheidung möglichst viel Lärm zu machen, um der Stunde von 8—9 zum Sieg zu verhelfen. Wir werden nicht zurückbleiben.

Ihr Sig. Freud

[46] [Der Zoologe Ernst Haeckel war einer der ersten leidenschaftlichen Verfechter der Darwinschen Abstammungslehre in Deutschland.]
[47] [Ernesto Rossi war ein damals berühmter italienischer Schauspieler, der in vielen Weltstädten als Darsteller tragischer Helden gastierte.]
[48] [Briefkarte.] [49] [11 Gulden und 55 Kreuzer.]

Curriculum vitae
(1960 [1885])

Editorische Hinweise

Der folgende Lebenslauf ist bisher lediglich in der Dokumentensammlung der Studie von Josef und Renée Gicklhorn über Freuds akademische Laufbahn (1960, S. 64f.) abgedruckt worden. Mit ihm – ein Vorlesungsplan sowie neun Publikationen waren beigefügt – bewarb sich Freud Anfang 1885 um eine Dozentur für Neuropathologie an der Universität Wien. Als ein kleines Stück Biographie[1] aus den frühen Arbeitsjahren Freuds gehört er zur Vorgeschichte der Psychoanalyse.
Freud war sich zum Zeitpunkt der Niederschrift schon darüber im klaren, daß er wegen seiner bedrängten finanziellen Verhältnisse und seines Wunsches, bald eine Familie zu gründen, seine Universitätskarriere aufgeben und in Wien eine Privatpraxis eröffnen würde. Seine Tätigkeit am Allgemeinen Krankenhaus, die im Lebenslauf erwähnt ist, sollte ihm die erforderliche praktische Erfahrung vermitteln. Wenn er sich dennoch um die Privatdozentur bemühte, so liegt darin nur auf den ersten Blick ein Widerspruch: es ging ihm nicht so sehr um die Anerkennung seiner akademischen Leistungen als um das mit dem Dozententitel verbundene Prestige, von dem er sich für den Praxisaufbau Vorteile versprach.
Voraussetzungen und Rechte der Dozentur sowie die Umstände, die schließlich im September 1885 zur Ernennung führten, beschreibt Jones detailliert im ersten Band seiner Freud-Biographie (1960, S. 95ff.). Die in diesem Zusammenhang wichtigen biographischen Forschungen, auf die sich Jones stützt, hat Siegfried Bernfeld betrieben (1951). Besonders anschauliche Schilderungen finden sich in den Brautbriefen.[2] Wer mehr über die Lebensphase wissen möchte, die das ›Curriculum‹ umfaßt, sei auf die Kapitel 4 und 5 des ersten Bandes der Jonesschen Biographie und als inoffizielle Ergänzung wiederum auf die Freud-Briefe dieser Periode hingewiesen.[3]
Ernst L. Freud ist für die Abdrucksgenehmigung zu danken.

[1] In einem bislang unveröffentlichten Brief an seine Braut vom 17. Januar 1885 bezeichnet Freud den Lebenslauf scherzhaft selbst als »eine Vorarbeit für meine Biographie«.
[2] Freud, 1960, insbesondere im Brief vom 16. Januar 1885, S. 129ff.
[3] Zu Freuds akademischer Laufbahn vgl. auch Josef und Renée Gicklhorn (1960) sowie die kritische Entgegnung auf die Gicklhornsche Arbeit von Kurt Eissler (1966).

Ich bin am 6. Mai 1856 zu Freiberg in Mähren geboren. Als ich 3 Jahre alt war, übersiedelten meine Eltern nach Leipzig und dann nach Wien, in welcher Stadt sie bleibenden Aufenthalt bis heute genommen haben. – Den ersten Unterricht empfing ich im väterlichen Hause, besuchte sodann eine Privatvolksschule und trat im Herbst 1865 in das Leopoldstädter Real- und Obergymnasium ein. Die Maturitätsprüfung legte ich im Juli 1873 ab; im darauffolgenden Herbst inskribierte ich mich als ordentlicher Hörer an der Wiener medizinischen Fakultät, von welcher ich am 31. März 1881 zum Doktor der gesamten Heilkunde promoviert wurde.

In den ersten Jahren meiner Universitätszeit hörte ich vorwiegend physikalische und naturhistorische Kollegien[4], arbeitete auch ein Jahr lang im Laboratorium des Herrn Prof. C. Claus[5] und wurde zweimal zur Ferialzeit in die Triester zoologische Station[6] geschickt. Im dritten Universitätsjahre wurde ich Zögling des physiologischen Instituts, woselbst ich mich unter der Leitung des Herrn Prof. v. Brücke[7] und der Herren Assistenten Prof. Sigm. Exner und E. v. Fleischl mit histologischen Arbeiten, insbesondere mit der Histologie des Nervensystems beschäftigt habe. Ein Semester lang hatte ich Gelegenheit, im Laboratorium für experimentelle Pathologie des Herrn Prof. Stricker[8] Tierversuche zu üben.

Nach erlangtem Doktorgrad versah ich durch drei Semester die Stelle eines Demonstrators am physiologischen Institute und genoß gleichzeitig den Unterricht des Herrn Prof. E. Ludwig[9] in chemischen, besonders gasanalytischen Arbeiten.

Im Juli 1882 trat ich ins Allgemeine Krankenhaus ein und diente zunächst ein halbes Jahr als Aspirant an der medizinischen

[4] [Bernfeld (1949) hat festgestellt, daß Freud als Siebzehnjähriger entschlossen gewesen sei, ›Naturgeschichte‹, also Biologie, zu studieren. Im ersten Band seiner Freud-Biographie (1960, S. 57f.) gibt Jones, gestützt auf die Bernfeldschen Forschungen, einen Überblick über die von Freud besuchten Vorlesungen und Übungen.]

[5] [Freud hatte schon in seinem ersten Semester an einem Seminar des Zoologen Carl Claus über ›Biologie und Darwinismus‹ teilgenommen und auch danach dessen Vorlesungen gehört. Seit Sommer 1875 brachte er zehn Wochenstunden im Clausschen Laboratorium zu.]

[6] [Claus, der sich besonders für Meerestiere interessierte, hatte diese Station eingerichtet. Nach einer Auskunft von Ernst L. Freud erhielt Freud zum erstenmal für Weihnachten 1875 und zum zweitenmal für Ostern 1876 ein Reisestipendium für einen Studienaufenthalt.]

[7] [Vgl. S. 130, Anm. 7, und S. 41f.]

[8] [Jones (1960, S. 77) gibt für diese Tierexperimente das Datum 1884 an.]

[9] [Freud hat sich in der *Traumdeutung* (1900*a*, S. 479) sehr negativ über diese »unfruchtbare und eigentlich beschämende Episode« im Chemischen Institut geäußert.]

Klinik des Herrn Prof. H. Nothnagel.[10] Am 1. Mai 1883 wurde ich zum Sekundararzt an der psychiatrischen Klinik des Herrn Prof. Th. Meynert[11] ernannt, woselbst ich fünf Monate verblieb. Nach kürzerer Dienstzeit an einer Abteilung für Syphilis wurde ich auf die 4te medizinische Abteilung des Hauses versetzt, auf welcher seit jeher den Nervenkrankheiten besondere Aufmerksamkeit geschenkt worden ist. An der 4ten medizinischen Abteilung hatte ich durch sechs Wochen die Ehre, den Primarius Herrn Dr. Scholz als Abteilungsleiter zu vertreten und durch fünf Monate supplierend als Sekundararzt I. Klasse zu wirken.

Ich diene gegenwärtig an derselben Abteilung als Sekundarius II. Klasse, beschäftige mich mit der Beobachtung der daselbst behandelten Nervenkranken und mit Arbeiten über Hirnanatomie im Laboratorium des Herrn Prof. Th. Meynert.

Wien, 21. Januar 1885 Dr. Sigm. Freud

[10] [Hermann Nothnagel war damals der Inhaber des Lehrstuhls für Innere Medizin.]

[11] [Vgl. S. 42, Anm. 10 sowie S. 130, Anm. 6.]

Bericht über meine mit Universitäts-Jubiläums-Reisestipendium unternommene Studienreise nach Paris und Berlin
(1960 [1886])

Editorische Hinweise

Siegfried Bernfeld hat vor Jahren im Zusammenhang mit biographischen Studien über Freuds wissenschaftliche Anfänge Josef Gicklhorn zu Recherchen in den Archiven der Wiener Universität angeregt. Dabei wurde der folgende Bericht gefunden. Er fehlt in den *Gesammelten Werken,* weil deren letzter Textband damals bereits erschienen war. Später hat Gicklhorn den Inhalt der zwölf handgeschriebenen Seiten, die im Besitz des Wiener Universitätsarchivs geblieben sind, im Anhang seines Buches *Sigmund Freuds akademische Laufbahn* (1960, S. 82ff.) veröffentlicht. 1966 ist der Bericht, von Angela Richards ediert, auch im *Almanach des S. Fischer Verlags (Das achtzigste Jahr)* abgedruckt worden. In *The Standard Edition of the Complete Psychological Works of Sigmund Freud* leitet er, von James Strachey ins Englische übersetzt, den ersten Band ein.
Trotz seiner Kürze und seiner auf den ersten Blick förmlichen Darstellungsweise ist dieser bisher wenig bekannte Text für die Geschichte der Psychoanalyse, das Thema des vorliegenden Bandes, von großer Bedeutung: der damals neunundzwanzigjährige Freud beschreibt hier die durch die Begegnung mit Charcot ausgelöste fundamentale Umorientierung seiner wissenschaftlichen Interessen von der Anatomie des Nervensystems zur Psychopathologie. Erst die durch den Pariser Studienaufenthalt vermittelte Beobachtung der »so wunderbaren und wenig geglaubten«, jedoch »grob sinnfälligen, in keiner Weise anzuzweifelnden« Phänomene der Hysterie und des Hypnotismus hat ihn nach seiner Rückkehr die große Bedeutung der Breuerschen Entdekkungen erkennen lassen und damit die Entwicklung der psychoanalytischen Theorie und Technik möglich gemacht. Für die in diesem Band gleichfalls enthaltenen großen Schriften ›Zur Geschichte der psychoanalytischen Bewegung‹ und *»Selbstdarstellung«* ist der ›Bericht‹, wie in der Einleitung zum vorliegenden Band erwähnt, deshalb eine Ergänzung, weil es sich um einen *gleichzeitigen* Selbstkommentar Freuds und nicht um eine gleichsam von den Höhen der bereits vollentwickelten Psychoanalyse gegebene Retrospektive handelt. Die betont ausführliche Schilderung der Charcotschen Neuroseforschungen und die Klarheit, mit welcher die Abwehrhaltung der damaligen

Schulmedizin gegenüber solchen Krankheitsbildern als vorurteilsbedingt erkannt wird, zeigen, daß Freud sich der Bedeutung seiner Pariser Erfahrungen als eines Wendepunkts schon kurz nach seiner Rückkehr bewußt war, ja, daß er auch eine Vorahnung von den Diskriminierungen hatte, die ihn bei der Fortführung seiner durch Charcot angeregten Untersuchungen erwarten würden. Diese Vorahnung bestätigte sich bereits bei seinen ersten Wiener Vorträgen über Hysterie und Hypnotismus; wenig später hat er sich ganz vom offiziellen akademischen Leben in jene »splendid isolation« zurückgezogen, in der die Psychoanalyse entstand.

Das Professorenkollegium, das Freud für das Stipendium nominiert hatte – es handelte sich dabei um jeweils sechsmonatige, mit 600 Gulden dotierte Studienreisen, für die dem akademischen Senat der Universität turnusmäßig von den einzelnen Fakultäten Kandidaten vorgeschlagen werden konnten –, war laut Stiftungsurkunde berechtigt, vom Stipendiaten nach der Rückkehr einen formellen Bericht zu verlangen. Unmittelbar nach seiner Ankunft in Wien hat Freud in zehn Tagen das Manuskript niedergeschrieben und es am 22. April 1886 abgegeben.

Erwähnenswert ist jedoch auch die Vorgeschichte: über die äußeren Umstände, z. B. wie Freud gegen manche Widerstände das Stipendium erhalten hat, berichtet Jones im ersten Band seiner Biographie (1960, S. 98ff.).[1] Auch in den Brautbriefen (Freud, 1960) finden sich viele Einzelheiten. Liest man heute die vom März 1885 bis zur Abreise geschriebenen Briefe, so fällt auf, daß in den Monaten vor der Entscheidung das Reisestipendium in Freuds Vorstellung einen immer größeren Raum einnimmt; es wird ihm »ungeheuer wichtig«, und er träumt allnächtlich davon. Obwohl er damals das Allgemeine Krankenhaus verlassen und eine eigene Praxis in Wien aufbauen wollte, hatte er sich doch noch um die Position eines ersten Sekundararztes beworben. Wider Erwarten eröffnete sich plötzlich eine Chance für ihn, diese Stelle zu bekommen. Dennoch hat er seine Bewerbung nicht erneuert, als hätte er von der Bedeutung der Paris-Reise für seine wissenschaftliche Entwicklung einen Begriff gehabt. In einem Brief vom 31. März 1885 schrieb er an seine Braut: ». . . verzichte ich auf die Reise und gehe den Spitalsweg weiter, so reißt mir wohl bald die Geduld. Nun habe ich ja das Stipendium noch nicht, viele Leute würden sagen, es ist eine Dummheit, daß ich das ablehne, um was ich mich vor vier Wochen beworben habe. Aber des Menschen Dämon ist das Beste an ihm, ist er selber.«[2] Diese risikowillige Selbstgewißheit, die sich damals allerdings noch ganz auf zukünftige hirnanatomische Leistungen konzentrierte, steigerte sich noch durch die Gewährung

[1] Vgl. aber auch die von Jones abweichende Darstellung von Gicklhorn (1960, S. 8ff. und den Dokumentenanhang, S. 73ff., der beispielsweise auch das Gesuch um die Verleihung des Stipendiums enthält).

[2] Freud, 1960, S. 134.

des Stipendiums. »Wenn die Kraft, die ich in mir spüre, mir treu bleibt«, versicherte er am 26. Juni 1885, »lassen wir noch Spuren von unserer komplizierten Existenz zurück.«[3]
Wie diese »Kraft« in Paris und durch die Begegnung mit Charcot in die Richtung der Psychopathologie, schließlich der Psychoanalyse gelenkt wurde, hat Freud mehrmals selbst beschrieben.[4] James Strachey meint, daß man den großen Wendepunkt genau datieren könne: Anfang Dezember 1885 hat Freud seine Mikroskoparbeiten an Kinderhirnen im Pathologischen Laboratorium der Charcotschen Klinik aufgegeben, die ursprünglich der Zweck seiner Reise gewesen waren. Als Grund gab er unzureichende Arbeitsbedingungen an; er wolle seine Studien in Wien zu Ende bringen. Dies war freilich nur *ein* Motiv. Das andere, wichtigere, lag zweifellos in der zunehmenden Faszination, die Charcot mit seinen Hysterie-Forschungen auf ihn ausübte.

Oktober 1885–Ende März 1886

Hochlöbliches Professoren-Kollegium
der medizinischen Fakultät in Wien.
In meinem Gesuche um Verleihung des Universitäts-Jubiläums-Reisestipendiums für das Jahr 1885/86 habe ich die Absicht ausgesprochen, mich nach Paris in das Hospiz der Salpêtrière zu begeben und daselbst meine neuropathologischen Studien fortzusetzen. Für diese Wahl hatten mehrere Momente zusammengewirkt:
Zunächst die Gewißheit, an der Salpêtrière ein großes Material von Kranken gesammelt zu finden, welches in Wien nur zerstreut und daher schwer zugänglich ist; sodann der große Name J. M. Charcots[5], welcher in jenem Krankenhause nun seit 17 Jahren arbeitet und lehrt; endlich aber mußte ich mir sagen,

[3] AaO, S. 153.
[4] Vgl. im vorliegenden Band z. B. S. 44ff.; in seinem Charcot-Nachruf (1893*f*) und im Vorwort zu seiner Übersetzung von Charcots *Neuen Vorlesungen* (1886); sehr anschaulich und unterhaltsam wiederum in den Briefen, die er zwischen Oktober 1885 und Februar 1886 an Martha und Minna Bernays, seine spätere Frau und deren Schwester, geschickt hat. Vgl. auch Jones, 1960, S. 219–228, S. 248–253. – Paul Vogel hat in einer überzeugenden Rekonstruktion (1956) die einzelnen Phasen nachgezeichnet, in deren Aufeinanderfolge Freud sich konsequent vom Kritiker der Lokalisationslehre, der damals allgemein anerkannten Theorie vom Aufbau des Gehirns, zugunsten einer funktionellen Auffassung der Hirnleistungen zunächst zum Vertreter einer physiologischen Psychologie in der Nachfolge Charcots und schließlich zum dynamischen Psychologen entwickelte, dessen Interesse an physiologischer Fundierung seiner Beobachtungen und Hypothesen allmählich verblaßte.
[5] [S. S. 43, Anm. 12.]

daß ich nicht erwarten durfte, an einer deutschen Hochschule wesentlich Neues zu lernen, nachdem ich in Wien die mittelbare und unmittelbare Unterweisung der Herren Prof. Th. Meynert und H. Nothnagel[6] genossen hatte. Die französische Schule der Neuropathologie schien mir dagegen sowohl in ihrer Arbeitsweise Fremdes und Eigentümliches zu bieten, als auch neue Gebiete der Neuropathologie in Angriff genommen zu haben, auf welche sich in Deutschland und Österreich die wissenschaftliche Arbeit nicht in ähnlicher Weise erstreckt hat. Infolge des wenig lebhaften persönlichen Verkehrs zwischen französischen und deutschen Ärzten hatten die teils höchst merkwürdigen (Hypnotismus), teils praktisch wichtigen Funde (Hysterie) der französischen Schule mehr Anzweifelung als Anerkennung und Glauben in unserem Lande gefunden und mußten sich die französischen Forscher, Charcot voran, oft den Vorwurf der Kritiklosigkeit oder mindestens der Hinneigung zum Studium des Seltsamen und zu dessen effektvoller Verarbeitung gefallen lassen. Nachdem mich das löbliche Professoren-Kollegium durch die Verleihung des Reisestipendiums ausgezeichnet hatte, ergriff ich daher bereitwillig die gebotene Gelegenheit, ein auf eigene Erfahrung gegründetes Urteil über die erwähnten Reihen von Tatsachen zu gewinnen, und freute mich, gleichzeitig der Anregung meines verehrten Lehrers, des Herrn Prof. von Brücke[7] entsprechen zu können.

Während eines Ferienaufenthaltes in Hamburg[8] machte das freundliche Entgegenkommen des Herrn Dr. Eisenlohr, des bekannten Vertreters der Neuropathologie in dieser Stadt, es mir möglich, eine größere Reihe von Nervenkranken im großen Krankenhause und im Heinespitale zu untersuchen, und verschaffte mir auch Zugang in die Irrenanstalt Klein-Friedrichsberg. Die Studienreise, über welche ich hier berichte, nahm aber ihren Anfang erst mit meinem Eintreffen in Paris in der ersten Hälfte des Monats Oktober, zum Beginne des Schuljahres.

Die Salpêtrière, welche ich zunächst aufsuchte, ist ein ausgedehntes Bauwerk, das durch seine einstöckigen, im Viereck stehenden Häuser, wie durch seine Höfe und Gartenanlagen lebhaft

[6] [Theodor Meynert war Hirnanatom und Psychiater, Hermann Nothnagel hatte den Lehrstuhl für Innere Medizin inne.]

[7] [Ernst Wilhelm von Brücke war der Direktor des Physiologischen Instituts der Wiener Universität, an dem Freud 1876 bis 1882 gearbeitet hatte. Vgl. S. 41f. und Anm. 9.]

[8] [Bei seiner Verlobten Martha Bernays.]

an das Wiener Allgemeine Krankenhaus erinnert. Es hat seine Bestimmungen, auf deren erste der Name hindeutet (wie bei unserer ›Gewehrfabrik‹[9]), im Laufe der Zeiten mehrmals gewechselt und ist endlich zu einem Versorgungshaus für alte Frauen (vieillesse femmes), das über 5000 Personen beherbergt, geworden. Es lag in der Natur der Verhältnisse, daß die chronischen Nervenkrankheiten eine besonders reichliche Vertretung unter diesem Krankenmateriale finden mußten, und frühere Primarärzte des Versorgungshauses, z. B. Briquet, hatten auch die wissenschaftliche Verwertung der Kranken in Angriff genommen, doch stand einer systematisch fortgeführten Arbeit die Gepflogenheit der französischen Primarärzte im Wege, das Spital, in dem sie wirken, und damit die Spezialität, welche sie studieren, häufig zu wechseln, bis sie in ihrer Karriere in das große klinische Spital Hotel-Dieu gelangt sind. J. M. Charcot aber, welcher im Jahre 1856 *Interne* (Sekundararzt) an der Salpêtrière war, erkannte die Notwendigkeit, die chronischen Nervenkrankheiten zum Gegenstand eines unausgesetzten und ausschließlichen Studiums zu machen, und nahm sich vor, als Primararzt in die Salpêtrière zurückzukehren und dieselbe nicht mehr zu verlassen. Diesen Vorsatz durchgeführt zu haben, erklärt der bescheidene Mann nun für sein einziges Verdienst. Durch die günstigen Bedingungen seines Materials auf die chronischen Nervenkrankheiten und deren pathologisch-anatomische Begründung hingewiesen, hielt er durch etwa 12 Jahre klinische Vorlesungen als freier Arbeiter ohne Lehrauftrag[10], bis im Jahre 1881 endlich ein Lehrstuhl für Neuropathologie in der Salpêtrière errichtet und ihm übertragen wurde.

Mit dieser Institution waren eingreifende Veränderungen in den Arbeitsbedingungen Charcots und seiner unterdessen zahlreich gewordenen Schüler verbunden. Als notwendige Ergänzung zu dem stationären Materiale des Versorgungshauses wurde eine klinische Abteilung in der Salpêtrière geschaffen, auf welcher auch nervenkranke Männer Aufnahme finden und die sich aus einer einmal wöchentlich abgehaltenen Poliklinik *(Consultation externe)* rekrutiert. Außerdem wurde[n] dem Professor der Neuropathologie ein Laboratorium für anatomische

[9] [Ursprünglich diente die Salpêtrière als Lager für Salpeter, während das Gebäude, in dem Brückes Laboratorium untergebracht war, früher eine Gewehrfabrik beherbergte.]

[10] [Er hatte damals einen Lehrstuhl für Pathologische Anatomie am Collège de France inne.]

und physiologische Arbeiten, ein pathologisches Museum, ein Atelier für Photographie und Gipsabgüsse, ein ophthalmologisches Zimmer, ein elektrisches und hydrotherapeutisches Institut in den Räumlichkeiten des großen Spitals zur Verfügung gestellt und ihm damit die Möglichkeit gegeben, sich der dauernden Mitarbeiterschaft einiger seiner Schüler, denen die Leitung dieser Anstalten übertragen ist, zu versichern. Der Mann, welcher über all diese Hilfsmittel und Hilfskräfte gebietet, ist gegenwärtig 60 Jahre alt, von einer Lebhaftigkeit, Heiterkeit und Formvollendung der Rede, die wir gewöhnlich dem Nationalcharakter der Franzosen zuzuschreiben pflegen, und von einer Geduld und Arbeitsfreudigkeit, wie wir sie in der Regel für die eigene Nation in Anspruch nehmen.

Von dieser Persönlichkeit angezogen, habe ich mich bald darauf beschränkt, das *eine* Spital zu besuchen und dem Unterricht des *einen* Mannes zu folgen. Gelegentliche Versuche, andere Vorlesungen zu hören, gab ich auf, nachdem ich mich überzeugt hatte, daß man sich zumeist mit wohlgefügten rhetorischen Leistungen zufriedengeben müßte. Nur die gerichtlichen Sektionen und Vorträge von Prof. Brouardel in der Morgue pflegte ich selten zu versäumen.

In der Salpêtrière selbst gestaltete sich meine Arbeit anders, als ich mir ursprünglich vorgesetzt hatte. Ich war in der Absicht gekommen, eine einzelne Frage zum Gegenstande einer eingehenden Untersuchung zu machen, und hatte mir, da mich in Wien vorzugsweise anatomische Probleme beschäftigt hatten, das Studium der sekundären Atrophien und Degenerationen nach infantilen Gehirnaffektionen erwählt. Man stellte mir ein äußerst wertvolles pathologisches Material zur Verfügung; ich fand aber, daß die Verhältnisse der Ausnützung desselben sehr ungünstig waren. Das Laboratorium war in keiner Weise darauf eingerichtet, einen fremden Arbeiter aufzunehmen, und was etwa an Raum und Hilfsmitteln vorhanden war, wurde durch den Mangel einer jeglichen Organisation unzugänglich. Ich sah mich also genötigt, die anatomische Arbeit aufzugeben, und begnügte mich mit einem auf das Verhalten der Hinterstrangskerne im verlängerten Mark bezüglichen Funde. Doch fand sich später Gelegenheit, derartige Untersuchungen in Gemeinschaft mit Herrn Dr. von Darkschewitsch aus Moskau aufzunehmen, und unser Verkehr führte zu einer Publikation im *Neurologischen Centralblatt*, No. 6, 1886[11], welche den Titel trägt: ›Über

[11] [Bd. 5.]

die Beziehung des Strickkörpers zum Hinterstrang und Hinterstrangskern nebst Bemerkungen über zwei Felder der Oblongata‹.

Im Gegensatz zur Unzulänglichkeit des Laboratoriums bot die Klinik in der Salpêtrière eine solche Fülle von Neuem und Interessantem, daß es alle meine Kräfte in Anspruch nahm, die günstige Gelegenheit als Lernender auszunützen. Die Einteilung der Woche war die folgende: Montag fand die öffentliche Vorlesung Charcots statt, welche durch ihre Formvollendung entzückte, während ihr Inhalt aus den Arbeiten der vorhergehenden Woche bekannt war. Diese Vorlesungen waren nicht so sehr Elementarunterricht in der Neuropathologie, als vielmehr Mitteilungen der neuesten Forschungen des Professors und wirkten vor allem durch ihre beständige Beziehung auf den vorgestellten Kranken. Dienstag hielt Charcot die *Consultation externe* ab, bei welcher ihm aus einer großen Menge von ambulatorischen Patienten die typischen oder die rätselhaften Fälle von den Assistenten zur Untersuchung vorgeführt wurden. Wirkte es da manchmal entmutigend, wenn der Meister einen Teil dieser Fälle nach seinem eigenen Ausdruck »in das Chaos der noch unenthüllten Nosographie« zurücksinken ließ, so boten ihm andere Fälle Gelegenheit, die lehrreichsten Bemerkungen über die verschiedenartigsten Themata der Neuropathologie an sie zu knüpfen.[12] Mittwoch war zum Teil den ophthalmologischen Untersuchungen gewidmet, welche Dr. Parinaud in Charcots Gegenwart vornahm, und an den übrigen Tagen machte Charcot die Visite auf den klinischen Zimmern oder setzte die Untersuchungen, mit denen er eben beschäftigt war, an Kranken im Konferenzzimmer fort.

Ich hatte so Gelegenheit, eine große Reihe von Kranken zu sehen, selbst zu untersuchen und Charcots Urteil über dieselben zu hören. Von höherem Werte aber als dieser positive Gewinn an Erfahrung scheint mir die Anregung zu sein, welche ich während der fünf in Paris verbrachten Monate aus dem beständigen wissenschaftlichen und persönlichen Verkehr mit Prof. Charcot geschöpft habe. Was den ersteren betrifft, so war ich kaum vor anderen Fremden bevorzugt. Die Klinik war eben jedem Arzte, der sich vorgestellt hatte, zugänglich, und die Arbeit des Pro-

[12] [Hier sammelte Charcot das Material für seine berühmten improvisierten *Leçons du Mardi*. Einen der Bände hat Freud später ins Deutsche übersetzt und mit einem Vorwort und Anmerkungen versehen (Charcot, 1892–93).]

fessors ging öffentlich vor sich, inmitten aller jungen bei ihm dienenden und der fremden Ärzte. Er schien gleichsam mit uns zu arbeiten, laut zu überlegen und auf Einwürfe von seiten der Schüler zu warten. Wer sich getraute, mochte sein Wort in die Diskussion einwerfen, und keine Bemerkung blieb von dem Meister unberücksichtigt. Die Ungezwungenheit der Verkehrsformen und die den Fremden als fremdartig anmutende höfliche Gleichstellung aller Personen machte es auch den Schüchternen leicht, den lebhaftesten Anteil an den Untersuchungen, die Charcot anstellte, zu nehmen. Man sah ihn so zuerst unschlüssig vor neuen, schwer zu deutenden Erscheinungen stehen, konnte die Wege verfolgen, auf denen er zu deren Verständnis durchzudringen suchte, die Art, wie er Schwierigkeiten konstatierte und überwand, studieren, und merkte mit Überraschung, daß er nie müde wurde, das nämliche Phänomen anzuschauen, bis ihm durch die so oft wiederholte, vorurteilslose Arbeit seiner Sinne die richtige Auffassung gewonnen war.[13] Nimmt man dazu die volle Aufrichtigkeit, mit der sich der Professor während dieser Arbeitsstunden gab, so wird man verstehen, daß der Schreiber dieses Berichts, wie alle anderen Fremden im gleichen Falle, die Klinik der Salpêtrière als rückhaltsloser Bewunderer Charcots verließ.

Charcot pflegte zu sagen, die Anatomie habe im großen und ganzen ihr Werk vollendet und die Lehre von den organischen Erkrankungen des Nervensystems sei sozusagen fertig; es kommt nun die Reihe an die Neurosen. Man darf diesen Ausspruch wohl nur als Ausdruck der Wandlung gelten lassen, die in seiner eigenen Tätigkeit eingetreten ist. Seine Arbeit gilt seit Jahren fast ausschließlich den Neurosen und vorzugsweise der Hysterie, die er seit Eröffnung der Ambulanz und der Klinik auch bei Männern zu studieren Gelegenheit findet.
Ich werde mir gestatten, die Leistungen Charcots für die Klinik der Hysterie mit einigen Worten darzulegen. Hysterie ist derzeit kaum ein Name von einigermaßen umgrenzter Bedeutung; der Krankheitszustand, für welchen dieser Name gebraucht wird,

[13] [Diese Schilderung geht auf Charcots eigene Darstellung seiner besonderen Arbeitsweise zurück, die Freud ausführlich in seinem Charcot-Nachruf (1893*f*, S. 22) erwähnt: »Er war kein Grübler, kein Denker, sondern eine künstlerisch begabte Natur, wie er es selbst nannte, ein *visuel*, ein Seher. Von seiner Arbeitsweise erzählte er uns selbst folgendes: Er pflegte sich die Dinge, die er nicht kannte, immer von neuem anzusehen, Tag für Tag den Eindruck zu verstärken, bis ihm dann plötzlich das Verständnis derselben aufging. Vor seinem geistigen Auge ordnete sich dann das Chaos.«]

ist wissenschaftlich nur durch negative Merkmale gekennzeichnet, wenig und ungern studiert und mit dem Odium einiger sehr allgemein verbreiteter Vorurteile behaftet. Solche sind die angebliche Abhängigkeit der hysterischen Erkrankung von Genitalreizungen, die Meinung, daß für die Hysterie eine bestimmte Symptomatologie nicht anzugeben sei, weil eben jede beliebige Kombination von Symptomen bei ihr vorkommen könne, und endlich die übergroße Bedeutung, welche man der Simulation in dem Krankheitsbilde der Hysterie eingeräumt hat. Eine Hysterische war in unseren Jahrzehnten fast ebenso sicher, als Simulantin behandelt zu werden, wie sie in früheren Jahrhunderten als Hexe oder als Besessene beurteilt und verurteilt wurde. In anderer Hinsicht war eher ein Rückschritt in der Kenntnis der Hysterie eingetreten. Das Mittelalter kannte genau die ›Stigmata‹, die somatischen Kennzeichen der Hysterie, welche es in seiner Weise deutete und verwertete. Auf den Berliner Polikliniken sah ich aber, daß diese somatischen Kennzeichen der Hysterie so gut wie unbekannt waren und daß mit der Diagnose »Hysterie« überhaupt die Neigung, sich weiter mit der Kranken zu beschäftigen, unterdrückt schien.
Charcot ist bei dem Studium der Hysterie von den ausgebildetsten Fällen, die er als vollkommene Typen der Erkrankung auffaßte, ausgegangen und hat zunächst die Beziehung der Neurose zum Genitalsystem auf ihr richtiges Maß zurückgeführt, indem er die männliche und insbesondere die traumatische Hysterie in bisher nicht geahntem Umfange kennen lehrte. An solchen typischen Fällen fand er dann eine Reihe von somatischen Kennzeichen (Charakter des Anfalls, Anästhesie, Störungen des Sehsinnes, hysterogene Punkte u. a.) auf, welche nun gestatten, die Diagnose auf Hysterie auf Grund positiver Merkmale mit Sicherheit zu stellen. Durch das wissenschaftliche Studium des Hypnotismus – ein Gebiet der Neuropathologie, das einerseits dem Unglauben, andererseits dem Betruge abgerungen werden mußte – gelangte er selbst zu einer Art von Theorie der hysterischen Symptomatologie, welche er den Mut hatte, als eine zumeist reelle anzuerkennen, ohne die Vorsicht, welche die Unaufrichtigkeit der Kranken erfordert, dabei zu vernachlässigen. Eine rasch sich mehrende Erfahrung an dem vorzüglichsten Material erlaubte ihm bald, auch die Abweichungen vom typischen Bilde in Betracht zu ziehen, und als ich die Klinik verlassen mußte, war er eben beschäftigt, nach den hysterischen Lähmungen und Arthralgien die hysterischen Atrophien zu studieren,

von deren Existenz er sich erst in den letzten Tagen meines Aufenthaltes überzeugen konnte.
Die ungeheuere praktische Wichtigkeit der zumeist verkannten männlichen und besonders der nach Traumen entstandenen Hysterie erläuterte er an einem Kranken, welcher durch beinahe 3 Monate den Mittelpunkt aller Arbeiten Charcots bildete. So wurde durch seine Bemühungen die Hysterie aus dem Chaos der Neurosen herausgehoben, gegen andere Zustände ähnlicher Erscheinung abgegrenzt und mit einer Symptomatologie ausgestattet, welche, obwohl mannigfaltig genug, doch das Walten von Gesetz und Ordnung nicht mehr verkennen läßt. Über die Gesichtspunkte, welche sich bei seinen Untersuchungen ergaben, hatte ich mündlich und schriftlich einen lebhaften Gedankenaustausch mit Herrn Prof. Charcot gepflogen, aus dem eine zur Aufnahme in die *Archives de Neurologie* bestimmte Arbeit hervorging, welche als ›Vergleichung der hysterischen mit der organischen Symptomatologie‹ bezeichnet ist.[14]
Ich muß hier anführen, daß die Auffassung der durch Trauma entstandenen Neurosen *(railway-spine)* als Hysterie lebhaften Widerspruch bei deutschen Autoren, besonders bei den Herren Thomsen und Oppenheim[15], Assistenten an der Charité in Berlin, gefunden hat. Ich lernte später beide Herren in Berlin kennen und wollte die Gelegenheit benützen, mich über die Berechtigung dieses Widerspruchs zu orientieren. Leider waren die betreffenden Kranken nicht mehr in der Charité. Ich gewann nun den Eindruck, daß die Frage noch nicht spruchreif sei, daß aber Charcot recht tue, zunächst die typischen und einfacheren Fälle zu berücksichtigen, während die deutschen Gegner mit dem Studium der verschwommenen und komplizierteren Formen begonnen hatten. Die Behauptung, daß so schwere Formen von Hysterie, wie sie Charcot zu seinen Arbeiten gedient hatten, in Deutschland nicht vorkommen, wurde in Paris in Abrede gestellt und mit Berufung auf die historischen Berichte von derartigen Epidemien die Identität der Hysterie zu allen Zeiten und an allen Orten vertreten.
Ich versäumte auch nicht, mir eigene Erfahrungen über die so wunderbaren und wenig geglaubten Phänomene des Hypnotis-

[14] [Es handelt sich um den Aufsatz ›Quelques considérations pour une étude comparative des paralysies motrices organiques et hysteriques‹ (1893c).]
[15] [Hermann Oppenheim wurde später als Professor der Neurologie in Berlin zu einem Gegner der Psychoanalyse. Vgl. den Briefwechsel zwischen Freud und Abraham (1965).]

mus, besonders des von Charcot beschriebenen *›grand hypnotisme‹* zu erwerben. Zu meinem Erstaunen fand ich, daß es sich hierbei um grob sinnfällige, in keiner Weise anzuzweifelnde Dinge handelt, die allerdings wunderbar genug sind, um nicht ohne eigene sinnliche Wahrnehmung geglaubt zu werden. Ich konnte dagegen nicht finden, daß Charcot dem Seltsamen eine besondere Vorliebe entgegenbrachte oder es zugunsten mystischer Tendenzen zu verwerten suchte. Vielmehr war ihm der Hypnotismus ein Erscheinungsgebiet, auf das er die naturwissenschaftliche Beschreibung anwandte, genauso, wie vor Jahren die multiple Herdsklerose oder die progressive Muskelatrophie. Er schien mir überhaupt nicht zu denen zu gehören, welche sich eher über das Seltene als über das Gewöhnliche wundern, und nach seiner ganzen Geistesrichtung muß ich vermuten, daß es ihm zwar keine Ruhe läßt, bis er ein Phänomen, das ihn beschäftigt, richtig beschrieben und eingeordnet hat[16], daß er aber dann sehr wohl eine Nacht schlafen kann, ohne die physiologische Erklärung der betreffenden Erscheinung gegeben zu haben.

Ich habe in diesem Bericht den Bemerkungen über Hysterie und Hypnotismus einen größeren Raum gewährt, weil ich hiermit das durchwegs Neue und den Gegenstand von Charcots eigener Arbeit zu behandeln hatte. Wenn ich auf die organischen Erkrankungen des Nervensystems weniger Worte verwende, so möchte ich doch nicht den Eindruck erwecken, daß ich von denselben nichts oder nur wenig zu Gesichte bekommen. Ich führe als besonders interessant aus dem reichen Materiale merkwürdiger Fälle nur an: die von Dr. Marie[17] kürzlich beschriebenen Formen der hereditären Muskelatrophie, die, obwohl nicht mehr zu den Erkrankungen des Nervensystems gezählt, doch noch von den Neuropathologen geführt werden, Fälle von Menièrescher Krankheit, multipler Sklerose, von Tabes mit allen ihren Komplikationen, besonders mit der von Charcot beschriebenen Gelenkserkrankung, von partieller Epilepsie und anderen Formen, welche den Bestand einer Nervenklinik und Poliklinik bilden. Von den funktionellen Erkrankungen (außer Hysterie) wurden Chorea und die verschiedenen Arten von ›Tic‹ (z. B. Maladie de Gilles de la Tourette) zur Zeit meiner Anwesenheit besonders berücksichtigt.

16 [Vgl. S. 45, Anm. 17.]
17 [Dem späteren Nachfolger Charcots an der Salpêtrière.]

Als ich hörte, daß Charcot die Herausgabe einer neuen Sammlung seiner Vorlesungen beabsichtige, erbot ich mich zu einer deutschen Übersetzung derselben, und diesem Unternehmen hatte ich einerseits einen näheren persönlichen Verkehr mit Prof. Charcot, andererseits die Möglichkeit zu danken, meinen Aufenthalt in Paris über die Zeit hinaus zu verlängern, für welche das mir verliehene Reisestipendium reichte. Diese Übersetzung wird im Monat Mai dieses Jahres bei Toeplitz und Deuticke in Wien erscheinen.[18]
Ich habe endlich noch zu erwähnen, daß Herr Prof. Ranvier am Collège de France die Güte hatte, mir seine schönen Präparate über Nervenzellen und Neuroglia zu zeigen.

Mein Aufenthalt in Berlin, der vom 1. März bis Ende März dauerte, fiel in die Zeit der dortigen Semesterferien. Doch hatte ich reichlich Gelegenheit, an den Polikliniken der Herren Prof. Mendel, Eulenburg und des Dr. A. Baginsky nervenkranke Kinder zu untersuchen, und fand überall die entgegenkommendste Aufnahme. Wiederholte Besuche bei Prof. Munk und im landwirtschaftlichen Laboratorium des Herrn Prof. Zuntz, wo ich Herrn Dr. Loeb aus Straßburg traf, ließen mich ein eigenes Urteil über die zwischen Goltz und Munk strittige Frage der Lokalisation des Sehsinnes an der Gehirnoberfläche gewinnen. Herr Dr. B. Baginsky im Munkschen Laboratorium war so freundlich, mir seine Präparate über den Verlauf des Hörnerven zu demonstrieren und mein Urteil über dieselben zu verlangen.

Ich halte es für meine Pflicht, dem Professoren-Kollegium der medizinischen Fakultät in Wien für die Bevorzugung bei der Verleihung des Reisestipendiums aufs wärmste zu danken. Die Herren, unter denen sich alle meine verehrten Lehrer befinden, haben mir dadurch die Möglichkeit zur Erwerbung von wichtigen Kenntnissen gegeben, die ich als Dozent[19] für Nervenkrankheiten wie in meiner ärztlichen Tätigkeit zu verwerten hoffe.

Wien, zu Ostern 1886.

Dr. Sigm. Freud
Dozent für Neuropathologie
an der Universität Wien

[18] [Charcot, 1886.]
[19] [Freud war im Herbst 1885 Privatdozent für Neuropathologie an der Universität Wien geworden; für Freuds akademische Laufbahn vgl. S. 124 und Anm. 3.]

Autobiographische Notiz
(1901 [1899])

Editorische Hinweise

Diese kurze autobiographische Notiz erschien 1901 in J. L. Pagels *Biographisches Lexikon hervorragender Ärzte des neunzehnten Jahrhunderts*, Berlin und Wien, Spalte 545. Sie wird im vorliegenden Band zum erstenmal nachgedruckt. Die zahlreichen Abkürzungen des Erstdrucks sind aufgelöst worden.

Da die *Traumdeutung*, wie Freud in einem Brief an Fließ (1962, S. 259) schreibt, im November 1899 erschien, obgleich das Titelblatt der Erstausgabe die Jahreszahl 1900 trägt, kann man aus dem letzten Satz der folgenden Notiz schließen, daß der kurze Text etwas früher, jedenfalls auch im Jahre 1899, geschrieben sein muß. Obwohl er seine histologischen, hirnphysiologischen und neuropathologischen Arbeiten, die ihm wohl zu einem Platz in Pagels Lexikon verholfen haben, schon deutlich als etwas der Vergangenheit Angehörendes einstuft und die Hinwendung zu den Psychoneurosen hervorhebt, ist es doch bemerkenswert, daß Freud seine *Traumdeutung* schlicht als »ein Buch« apostrophiert – sein vielleicht revolutionärstes Werk, die Veröffentlichung, mit welcher die Psychoanalyse »als etwas Neues vor die Welt tritt« (s. unten S. 203). Daß solche Einsichten dem Sterblichen nur einmal im Leben zuteil würden, stellt er viel später, 1931, im Vorwort zur revidierten dritten englischen Auflage fest.[1] Aber schon in einem Brief an Fließ vom 28. Mai 1899 hat er den Inhalt des Buches »den schönsten, den wahrscheinlich einzig überlebenden Fund, den ich gemacht habe«, genannt.[2]

[1] Dieser englische Text des 1932 erschienenen Vorworts ist in Bd. 2 der zehnbändigen Freud-Studienausgabe erstmals in einer deutschen Ausgabe der *Traumdeutung* zugänglich; offenbar ist der deutsche Wortlaut verloren.

[2] 1962, S. 241; für die in der Zeit der Niederschrift dieser einfachen Notiz sich abspielenden dramatischen Vorgänge in Freuds persönlicher Entwicklung und wissenschaftlicher Arbeit, die selbstverständlich nicht erwähnt sind, vgl. die Einleitung zum vorliegenden Band.

Freud, Sigmund, Wien, geboren 6. Mai 1856, Freiberg, Mähren, studierte in Wien, Schüler des Physiologen Brücke[3], Promotion 1881, 1885/86 Schüler von Charcot in Paris[4], habilitiert für Neuropathologie 1885 in Wien[5], wirkt als Arzt und Dozent an der Wiener Universität seit 1886, zum Professor extraordinarius vorgeschlagen 1897.[6] Freud verfaßte früher histologische und hirnanatomische Arbeiten, dann neuropathologische Kasuistik, übersetzte nach Charcot und Bernheim. 1884 ›Über Coca‹, welche Abhandlung das Cocain in die Medizin einführte[7], 1891 *Zur Auffassung der Aphasien*[8], 1891 und 1893 Monographien über die cerebrale Kinderlähmung, die 1897 in dem Buch über *Infantile Cerebrallähmung* in Nothnagels Handbuch[9] gipfeln, 1895 *Studien über Hysterie* (mit Dr. Josef Breuer)[10]. Seither wandte sich Freud dem Studium der Psychoneurosen, insbesondere [der] Hysterie zu und betonte in einer Reihe von kleineren Arbeiten die ätiologische Bedeutung des Sexuallebens für die Neurosen, auch arbeitete er eine neue Psychotherapie der Hysterie aus, von der erst das Wenigste publiziert ist. Ein Buch, *Die Traumdeutung*, ist unter der Presse.

[3] [Vgl. oben S. 41f. und Anm. 9.]

[4] [Vgl. den im vorliegenden Band enthaltenen ›Bericht‹ über diesen Studienaufenthalt.]

[5] [Vgl. das ›Curriculum vitae‹ für die Bewerbung um die Dozentur, ebenfalls im vorliegenden Band.]

[6] [Für Freuds akademische Laufbahn vgl. S. 124 und Anm. 3.]

[7] [1884*e*. Für das autobiographisch interessante Studium des Kokains vgl. Jones, 1960, S. 102ff. Wiederum sind für weitere Einzelheiten die Briefe aus dem Zeitraum zwischen 1884 und 1887 (Freud, 1960) heranzuziehen.]

[8] [1891*b*.] [9] [1897*a*; vgl. S. 43, Anm. 11a.] [10] [Freud, 1895*d*.]

Zur Geschichte der psychoanalytischen Bewegung (1914)

Editorische Hinweise

Das folgende Werk hat Freud im Januar und Februar 1914 niedergeschrieben und im darauffolgenden Juni im *Jahrbuch der Psychoanalyse* veröffentlicht. 1918 wurde es in den vierten Band von Freuds insgesamt fünfbändiger *Sammlung kleiner Schriften zur Neurosenlehre* (Wien, 1906–1922) aufgenommen; 1924 erschien es im vierten Band der *Gesammelten Schriften* sowie in einer ebenfalls vom Internationalen Psychoanalytischen Verlag, Wien, veranstalteten Einzelausgabe, 1946 schließlich im zehnten Band der *Gesammelten Werke*. Die wenigen Ergänzungen und die längere Fußnote (auf S. 169 unten), die Freud 1923/24 hinzugefügt hat, sind in der vorliegenden Ausgabe enthalten und als solche kenntlich gemacht. Zum Vergleich wurde auch die handschriftliche Satzvorlage herangezogen, die an einigen Stellen deutlich von dem Text abweicht, den Freud am Ende zum Druck freigegeben hat. Die Motive dieser Abweichungen – soweit es sich nicht um bloße stilistische Verbesserungen handelt, sind sie in der vorliegenden Ausgabe in Fußnoten wiedergegeben – lassen sich zum Teil aus den bereits veröffentlichten Korrespondenzen Freuds rekonstruieren. Freud hat seine Darstellung offensichtlich einigen seiner Mitarbeiter gezeigt und deren Änderungsvorschläge eingeholt. Auch darauf wird in einigen editorischen Anmerkungen hingewiesen.
Seine Mitarbeiter hat Freud deshalb um Rat gefragt, weil es sich bei seiner Schrift ›Zur Geschichte der psychoanalytischen Bewegung‹ im Unterschied zur *»Selbstdarstellung«* nicht um einen distanzierten historischen Bericht von der Entwicklung der Psychoanalyse handelt. Der Leser hat vielmehr eine der wenigen offen polemischen Freudschen Arbeiten vor sich, der in der inneren Auseinandersetzung zwischen den einzelnen psychoanalytischen Gruppen von Anfang an eine ganz bestimmte Funktion zugedacht war. In Briefen an Karl Abraham hat Freud sie »die Bombe«[1] genannt. Wer sich im einzelnen über die Umstände informieren möchte, die Freud zu dieser Darstellung veranlaßt haben, sei auf das 5. Kapitel sowie auf S. 426–28 des zweiten Bandes der Freud-Biographie von Jones (1962*a*) hingewiesen.[2] Um hier nur die wichtigsten Daten der beiden großen Sezessionen zu nennen: 1911 hatten die Differenzen mit Alfred Adler, die bereits seit einiger Zeit schwelten, zum Bruch geführt; seit 1912 trieben die wis-

[1] Freud, 1965, S. 175. [2] Vgl. auch Vincent Brome, 1969.

senschaftlichen und persönlichen Meinungsverschiedenheiten mit C. G. Jung, offenbar unaufhaltsam, ihrem Höhepunkt zu.

Nach jahrelangen Diffamierungen von außen durch die Schulmedizin und eine aufgescheuchte Öffentlichkeit, denen er ungerührt widerstanden hatte, sah sich Freud nun einer Welle innerer Anfechtungen ausgesetzt, die er für weitaus gefährlicher hielt. »Natürlich hat alles, was von unseren Wahrheiten wegstrebt«, schrieb er am 8. Mai 1913 an Sándor Ferenczi, »den öffentlichen Beifall für sich. Es ist ganz gut möglich, daß man uns diesmal wirklich begräbt, nachdem man uns so oft vergeblich das Grablied gesungen hat.«[3] Obgleich Jung längst Grunderkenntnisse der Freudschen Psychoanalyse, z. B. die Tatsachen der infantilen Sexualität, preisgegeben hatte und zu einer überwunden geglaubten Behandlungstechnik zurückgekehrt war, fungierte er noch immer als Präsident der Internationalen Psychoanalytischen Vereinigung und nannte seine Theorie unverändert Psychoanalyse. Hingegen hatte sich Adler bereits von allen offiziellen Aufgaben zurückgezogen und eine Gegengruppe, einen »Verein für freie psychoanalytische Forschung« gegründet; schon vor Niederschrift der ›Geschichte‹ hatte er sein System durch die Bezeichnung »Individualpsychologie« von Freuds Lehre abgehoben. Offenbar war Jung das unmittelbare Angriffsziel der vorliegenden Schrift.[4]

Freud befürchtete, daß die Vereinigung divergierender, im Grundsätzlichen unvereinbarer Vorstellungen unter dem von ihm geprägten Namen »Psychoanalyse« den Nichtpsychoanalytikern unter seinen Gegnern Argumente liefern könnte, die Sache selbst als etwas Willkürliches und Unwissenschaftliches abzutun, über das sich nicht einmal die Psychoanalytiker selbst verständigen könnten. Deshalb entschloß er sich schließlich – widerwillig, weil er wissenschaftliches Gezänk verabscheute –, die Geschichte der Psychoanalyse zu rekonstruieren, aus der imponierenden Logik ihrer historischen Entwicklung noch einmal die Grundbegriffe seiner Lehre herauszuarbeiten und zu beweisen, daß die Systeme Adlers und Jungs, die er danebenstellt, in ihrem Kern der Psychoanalyse widersprechen und deshalb nicht so heißen dürfen. Er erhoffte sich von dieser Streitschrift, die auch die Frage einer Organisierung der psychoanalytischen Bewegung behandelt, sie werde »allen Halbheiten ein Ende bereiten und ersehnte Trennungen durchsetzen«[5]. Daß er dabei riskieren würde, seinen Feinden das Spektakel einer Selbstzerfleischung der Psychoanalytiker zu bieten, hat er für die Verteidigung seines Lebenswerks in Kauf genommen.

Die weitere Entwicklung hat Freud recht gegeben. Jung legte noch vor

[3] Jones, 1962*a*, S. 182.

[4] Ludwig Binswanger (1956, S. 70) zitiert in den von ihm herausgegebenen und kommentierten Auszügen aus den Briefen Freuds an ihn einen Hinweis vom 8. März 1914 auf die Darlegungen ›Zur Geschichte der psychoanalytischen Bewegung‹, »die in das Verhältnis zu Jung hoffentlich Klarheit bringen werden«.

[5] Freud, 1966, S. 18.

erbittern[11], so habe ich für mich den Schluß gezogen, ich müßte doch von allem, was sie auszeichnet, der richtige Urheber sein. Mit Befriedigung füge ich hinzu, daß keine der Bemühungen, meinen Anteil an der vielgeschmähten Analyse zu schmälern, je von Breuer selbst ausgegangen ist oder sich seiner Unterstützung rühmen konnte.

Der Inhalt der Breuerschen Entdeckung ist so häufig dargestellt worden[12], daß deren ausführliche Diskussion hier entfallen darf: die Grundtatsache, daß die Symptome der Hysterischen von eindrucksvollen, aber vergessenen Szenen ihres Lebens (Traumen) abhängen, die darauf gegründete Therapie, sie diese Erlebnisse in der Hypnose erinnern und reproduzieren zu lassen (Katharsis), und das daraus folgende Stückchen Theorie, daß diese Symptome einer abnormen Verwendung von nicht erledigten Erregungsgrößen entsprechen (Konversion). Breuer hat jedesmal, wo er in seinem theoretischen Beitrag zu den *Studien über Hysterie*[13] der Konversion gedenken muß, meinen Namen in Klammern hinzugesetzt[14], als ob dieser erste Versuch einer theoretischen Rechenschaft mein geistiges Eigentum wäre. Ich glaube, daß sich diese Zuteilung nur auf die Namengebung bezieht, während sich die Auffassung uns gleichzeitig und gemeinsam ergeben hat.

Es ist auch bekannt, daß Breuer die kathartische Behandlung nach seiner ersten Erfahrung durch eine Reihe von Jahren ruhen ließ und sie erst wieder aufnahm, nachdem ich, von Charcot[15] zurückgekehrt, ihn dazu veranlaßt hatte. Er war Internist und durch eine ausgedehnte ärztliche Praxis in Anspruch genommen; ich war nur ungern Arzt geworden, hatte aber damals ein starkes Motiv bekommen, den nervösen Kranken helfen oder wenigstens etwas von ihren Zuständen verstehen zu wollen. Ich hatte mich der physikalischen Therapie anvertraut und fand mich ratlos angesichts der Enttäuschungen, welche mich die an Ratschlägen und Indikationen so reiche *Elektrotherapie* von W.

[11] [Vgl. die in diesem Band abgedruckte Schrift ›Die Widerstände gegen die Psychoanalyse‹.]

[12] [Vgl. z. B. die »*Selbstdarstellung*« im vorliegenden Band.]

[13] [Freud, 1895*d*; s. die Ausgabe von 1970.]

[14] [James Strachey hat darauf aufmerksam gemacht, daß dies offenbar ein Irrtum ist. In seinem Beitrag ›Theoretisches‹ verwendet Breuer den Begriff zwar häufig, fügt Freuds Namen aber nur beim ersten Mal in Klammern hinzu. Strachey vermutet, daß Freud eine frühere Fassung des Breuerschen Manuskripts gesehen und davon abgeraten hat, seinen Namen mehr als einmal zu nennen.]

[15] [Vgl. im vorliegenden Band den ›Bericht‹ über diese Studienreise und die »*Selbstdarstellung*« sowie die Briefe an die Braut (Freud, 1960).]

Erb[16] erleben ließ. Wenn ich mich damals nicht selbständig zu dem später von Möbius durchgesetzten Urteil durcharbeitete, daß die Erfolge der elektrischen Behandlung bei nervösen Störungen Suggestionserfolge seien, so trug gewiß nichts anderes als das Ausbleiben dieser versprochenen Erfolge die Schuld daran. Einen ausreichenden Ersatz für die verlorene elektrische Therapie schien damals die Behandlung mit Suggestionen in tiefer Hypnose zu bieten, die ich durch die äußerst eindrucksvollen Demonstrationen von Liébeault und Bernheim[17] kennenlernte. Aber die Erforschung in der Hypnose, von der ich durch Breuer Kenntnis hatte, mußte durch ihre automatische Wirkungsweise und die gleichzeitige Befriedigung der Wißbegierde ungleich anziehender wirken als das monotone, gewalttätige, von jeder Forschung ablenkende suggestive Verbot.
Wir haben kürzlich als eine der jüngsten Erwerbungen der Psychoanalyse die Mahnung vernommen, den aktuellen Konflikt und die Krankheitsveranlassung in den Vordergrund der Analyse zu rücken. Nun das ist genau das, was Breuer und ich zu Beginn unserer Arbeiten mit der kathartischen Methode getan haben. Wir lenkten die Aufmerksamkeit des Kranken direkt auf die traumatische Szene, in welcher das Symptom entstanden war, suchten in dieser den psychischen Konflikt zu erraten und den unterdrückten Affekt frei zu machen. Dabei entdeckten wir den für die psychischen Prozesse bei den Neurosen charakteristischen Vorgang, den ich später *Regression* genannt habe. Die Assoziation des Kranken ging von der Szene, die man aufklären wollte, auf frühere Erlebnisse zurück und nötigte die Analyse, welche die Gegenwart korrigieren sollte, sich mit der Vergangenheit zu beschäftigen. Diese Regression führte immer weiter nach rückwärts, zuerst schien es, regelmäßig bis in die Zeit der Pubertät, dann lockten Mißerfolge wie Lücken des Verständnisses die analytische Arbeit in die dahinterliegenden Jahre der Kindheit, die bisher für jede Art von Erforschung unzugänglich gewesen waren. Diese regrediente Richtung wurde zu einem wichtigen Charakter der Analyse. Es zeigte sich, daß die Psychoanalyse nichts Aktuelles aufklären könne außer durch Zurückführung auf etwas Vergangenes, ja daß jedes pathogene Erlebnis ein früheres voraussetzt, welches, selbst nicht pathogen,

[16] [Erb, 1882.]
[17] [Freud war im Sommer 1889 nach Nancy gereist, wo er bei Ambroise Auguste Liébeault und Hippolyte Bernheim hospitierte, um seine Hypnosetechnik zu vervollkommnen. Vgl. S. 49.]

doch dem späteren Ereignis seine pathogene Eigenschaft verleiht. Die Versuchung, bei dem bekannten aktuellen Anlaß zu verbleiben, war aber so groß, daß ich ihr noch bei späten Analysen nachgegeben habe. In der 1900[18] durchgeführten Behandlung der ›Dora‹[19] genannten Patientin war mir die Szene bebekannt, welche den Ausbruch der aktuellen Erkrankung veranlaßt hatte. Ich bemühte mich ungezählte Male, dieses Erlebnis zur Analyse zu bringen, ohne auf meine direkte Aufforderung jemals etwas anderes zu erhalten als die nämliche kärgliche und lückenhafte Beschreibung. Erst nach einem langen Umweg, der über die früheste Kindheit der Patientin führte, stellte sich ein Traum ein, zu dessen Analyse die bis dahin vergessenen Einzelheiten der Szene erinnert wurden, womit das Verständnis und die Lösung des aktuellen Konfliktes ermöglicht waren.

Man kann aus diesem einen Beispiel ersehen, wie irreführend die vorhin erwähnte Mahnung ist und welcher Betrag wissenschaftlicher Regression in der so angeratenen Vernachlässigung der Regression in der analytischen Technik zum Ausdruck kommt.

Die erste Differenz zwischen Breuer und mir trat in einer Frage des intimeren psychischen Mechanismus der Hysterie zutage. Er bevorzugte eine sozusagen noch physiologische Theorie, wollte die seelische Spaltung der Hysterischen durch das Nichtkommunizieren verschiedener seelischer Zustände (oder wie wir damals sagten: Bewußtseinszustände) erklären und schuf so die Theorie der »hypnoiden Zustände«, deren Ergebnisse wie unassimilierte Fremdkörper in das »Wachbewußtsein« hineinragen sollten. Ich hatte mir die Sache weniger wissenschaftlich zurechtgelegt, witterte überall Tendenzen und Neigungen analog denen des täglichen Lebens und faßte die psychische Spaltung selbst als Ergebnis eines Abstoßungsvorgangs auf, den ich damals »Abwehr«, später »Verdrängung« benannte. Ich machte einen kurzlebigen Versuch, die beiden Mechanismen nebeneinander bestehen zu lassen, aber da mir die Erfahrung stets das nämliche und nur eines zeigte, stand bald seiner Hypnoidtheorie meine Abwehrlehre gegenüber.

[18] [In sämtlichen bisher erschienenen deutschen Ausgaben findet sich an dieser Stelle – statt 1900 – die falsche Jahreszahl 1899. Im Manuskript hingegen steht richtig 1900. In einem späteren Abschnitt der vorliegenden Arbeit (s. unten S. 158) lautet das Datum aber auch im Manuskript 1899. Vielleicht hat Freud die Diskrepanz bei der Fahnenlektüre bemerkt und die zunächst richtige erste Zahl der irrtümlichen zweiten angeglichen.]

[19] [›Bruchstück einer Hysterie-Analyse‹ (1905e).]

Ich bin indes ganz sicher, daß dieser Gegensatz nichts mit unserer bald darauf eintretenden Trennung zu tun hatte. Dieselbe war tiefer motiviert, aber sie kam so, daß ich sie anfangs nicht verstand und erst später nach allerlei guten Indizien deuten lernte. Man erinnert sich, daß Breuer von seiner berühmten ersten Patientin ausgesagt hatte, das sexuale Element sei bei ihr erstaunlich unentwickelt gewesen und habe niemals einen Beitrag zu ihrem reichen Krankheitsbilde geliefert. Ich habe mich immer verwundert, daß die Kritiker diese Versicherung Breuers meiner Behauptung von der sexuellen Ätiologie der Neurosen nicht öfter entgegengestellt haben, und weiß noch heute nicht, ob ich in dieser Unterlassung einen Beweis für ihre Diskretion oder für ihre Unachtsamkeit sehen soll. Wer die Breuersche Krankengeschichte im Lichte der in den letzten zwanzig Jahren gewonnenen Erfahrung von neuem durchliest, wird die Symbolik der Schlangen, des Starrwerdens, der Armlähmung nicht mißverstehen und durch Einrechnung der Situation am Krankenbette des Vaters die wirkliche Deutung jener Symptombildung leicht erraten. Sein Urteil über die Rolle der Sexualität im Seelenleben jenes Mädchens wird sich dann von dem ihres Arztes weit entfernen. Breuer stand zur Herstellung der Kranken der intensivste suggestive Rapport zu Gebote, der uns gerade als Vorbild dessen, was wir »Übertragung« heißen, dienen kann. Ich habe nun starke Gründe zu vermuten, daß Breuer nach der Beseitigung aller Symptome die sexuelle Motivierung dieser Übertragung an neuen Anzeichen entdecken mußte, daß ihm aber die allgemeine Natur dieses unerwarteten Phänomens entging, so daß er hier, wie von einem *»untoward event«*[20] betroffen, die Forschung abbrach. Er hat mir hievon keine direkte Mitteilung gemacht, aber zu verschiedenen Zeiten Anhaltspunkte genug gegeben, um diese Kombination zu rechtfertigen. Als ich dann immer entschiedener für die Bedeutung der Sexualität in der Verursachung der Neurose eintrat, war er der erste, der mir jene Reaktionen der unwilligen Ablehnung zeigte, die mir später so vertraut werden sollten, die ich damals aber noch nicht als mein unabwendbares Schicksal erkannt hatte.[21]

[20] [Vgl. S. 57. – Für eine ausführliche Schilderung dieser nach Freuds Ansicht von Breuer zum Schluß als widerwärtig empfundenen Behandlung, die vom Dezember 1880 bis Juni 1882 dauerte, vgl. neben den *Studien über Hysterie* (1895*d*/1970) auch Jones (1960, S. 266ff.).]

[21] [Eine Darstellung der Beziehung zwischen Freud und Breuer findet sich im 11. Kapitel von Jones, 1960; Hinweise geben auch die Briefe an Fließ (Freud, 1962).]

Die Tatsache der grob sexuell betonten, zärtlichen oder feindseligen Übertragung, die sich bei jeder Neurosenbehandlung einstellt, obwohl sie von keinem Teil gewünscht oder herbeigeführt wird, ist mir immer als der unerschütterlichste Beweis für die Herkunft der Triebkräfte der Neurose aus dem Sexualleben erschienen. Dies Argument ist noch lange nicht ernsthaft genug gewürdigt worden, denn geschähe dies, so bliebe der Forschung eigentlich keine Wahl. Für meine Überzeugung ist es entscheidend geblieben, neben und über den speziellen Ergebnissen der Analysenarbeit.

Ein Trost für die schlechte Aufnahme, welche meine Aufstellung der sexuellen Ätiologie der Neurosen auch im engeren Freundeskreis fand — es bildete sich bald ein negativer Raum um meine Person —, lag doch in der Überlegung, daß ich für eine neue und originelle Idee den Kampf aufgenommen hatte. Allein eines Tages setzten sich bei mir einige Erinnerungen zusammen, welche diese Befriedigung störten und mir dafür einen schönen Einblick in den Hergang unseres Schaffens und die Natur unseres Wissens gestatteten. Die Idee, für die ich verantwortlich gemacht wurde, war keineswegs in mir entstanden. Sie war mir von drei Personen zugetragen worden, deren Meinung auf meinen tiefsten Respekt rechnen durfte, von Breuer selbst, von Charcot und von dem Gynäkologen unserer Universität, Chrobak, dem vielleicht hervorragendsten unserer Wiener Ärzte. Alle drei Männer hatten mir eine Einsicht überliefert, die sie, strenggenommen, selbst nicht besaßen. Zwei von ihnen verleugneten ihre Mitteilung, als ich sie später daran mahnte, der dritte (Meister Charcot) hätte es wahrscheinlich ebenso getan, wenn es mir vergönnt gewesen wäre, ihn wiederzusehen. In mir aber hatten diese ohne Verständnis aufgenommenen identischen Mitteilungen durch Jahre geschlummert, bis sie eines Tages als eine scheinbar originelle Erkenntnis erwachten.

Als ich eines Tages als junger Spitalsarzt Breuer auf einem Spaziergange durch die Stadt begleitete, trat ein Mann an ihn heran, der ihn dringend sprechen wollte. Ich blieb zurück, und als Breuer frei geworden war, teilte er mir in seiner freundlich belehrenden Weise mit, es sei der Mann einer Patientin gewesen, der eine Nachricht über sie gebracht hätte. Die Frau, fügte er hinzu, benehme sich in Gesellschaften in so auffälliger Art, daß man sie ihm als Nervöse zur Behandlung übergeben habe. Das sind immer *Geheimnisse des Alkovens,* schloß er dann. Ich fragte erstaunt, was er meine, und er erklärte mir das Wort (»des Ehebettes«), weil er nicht verstand, daß mir die Sache so unerhört erschienen war.

Einige Jahre später befand ich mich an einem der Empfangsabende Charcots in der Nähe des verehrten Lehrers, der gerade Brouardel[22] eine, wie es schien, sehr interessante Geschichte aus der Praxis des Tages erzählte. Ich hörte den Anfang ungenau, allmählich fesselte die Erzählung meine Aufmerksamkeit. Ein junges Ehepaar von weit her aus dem Orient, die Frau schwer leidend, der Mann impotent oder recht ungeschickt. *Tâchez donc,* hörte ich Charcot wiederholen, *je vous assure, vous y arriverez.* Brouardel, der weniger laut sprach, muß dann seiner Verwunderung Ausdruck gegeben haben, daß unter solchen Umständen Symptome wie die der Frau zustande kämen. Denn Charcot brach plötzlich mit großer Lebhaftigkeit in die Worte aus: *Mais dans des cas pareils c'est toujours la chose génitale, toujours ... toujours ... toujours.* Und dabei kreuzte er die Hände vor dem Schoß und hüpfte mit der ihm eigenen Lebhaftigkeit mehrmals auf und nieder. Ich weiß, daß ich für einen Augenblick in ein fast lähmendes Erstaunen verfiel und mir sagte: Ja, wenn er das weiß, warum sagt er das nie? Aber der Eindruck war bald vergessen; die Gehirnanatomie und die experimentelle Erzeugung hysterischer Lähmungen hatten alles Interesse absorbiert.

Ein Jahr später hatte ich als Privatdozent für Nervenkrankheiten meine ärztliche Tätigkeit in Wien begonnen und war in allem, was [die] Ätiologie der Neurosen betraf, so unschuldig und so unwissend geblieben, wie man es nur von einem hoffnungsvollen Akademiker fordern darf. Da traf mich eines Tages ein freundlicher Ruf Chrobaks, eine Patientin von ihm zu übernehmen, welcher er in seiner neuen Stellung als Universitätslehrer nicht genug Zeit widmen könne. Ich kam früher als er zur Kranken und erfuhr, daß sie an sinnlosen Angstanfällen leide, die nur durch die sorgfältigste Information, wo sich zu jeder Zeit des Tages ihr Arzt befinde, beschwichtigt werden könnten. Als Chrobak erschien, nahm er mich beiseite und eröffnete mir, die Angst der Patientin rühre daher, daß sie trotz achtzehnjähriger Ehe *virgo intacta* sei. Der Mann sei absolut impotent. Dem Arzt bleibe in solchen Fällen nichts übrig, als das häusliche Mißgeschick mit seiner Reputation zu decken und

[22] [Seit 1879 Professor für Gerichtsmedizin in Paris. Vgl. S. 132 des vorliegenden Bandes.]

es sich gefallen zu lassen, wenn man achselzuckend über ihn sage: Der kann auch nichts, wenn er sie in soviel Jahren nicht hergestellt hat. Das einzige Rezept für solche Leiden, fügte er hinzu, ist uns wohlbekannt, aber wir können es nicht verordnen. Es lautet:

Rp. Penis normalis
dosim
Repetatur!

Ich hatte von solchem Rezept nichts gehört und hätte gern den Kopf geschüttelt über den Zynismus meines Gönners.

Ich habe die erlauchte Abkunft der verruchten Idee gewiß nicht darum aufgedeckt, weil ich die Verantwortung für sie auf andere abwälzen möchte. Ich weiß schon, daß es etwas anderes ist, eine Idee ein oder mehrere Male in Form eines flüchtigen Aperçus auszusprechen – als: ernst mit ihr zu machen, sie wörtlich zu nehmen, durch alle widerstrebenden Details hindurchzuführen und ihr ihre Stellung unter den anerkannten Wahrheiten zu erobern. Es ist der Unterschied zwischen einem leichten Flirt und einer rechtschaffenen Ehe mit all ihren Pflichten und Schwierigkeiten. *Epouser les idées de* ... ist eine wenigstens im Französischen gebräuchliche Redewendung.

Von den anderen Momenten, die durch meine Arbeit zum kathartischen Verfahren hinzukamen und es zur Psychoanalyse umgestalteten, hebe ich hervor: Die Lehre von der Verdrängung und vom Widerstand, die Einsetzung der infantilen Sexualität und die Deutung und Verwertung der Träume zur Erkenntnis des Unbewußten.

In der Lehre von der Verdrängung war ich sicherlich selbständig, ich weiß von keiner Beeinflussung, die mich in ihre Nähe gebracht hätte, und ich hielt diese Idee auch lange Zeit für eine originelle, bis uns O. Rank die Stelle in Schopenhauers *Welt als Wille und Vorstellung*[23] zeigte, in welcher sich der Philosoph um eine Erklärung des Wahnsinnes bemüht. Was dort über das Sträuben gegen die Annahme eines peinlichen Stückes der Wirklichkeit gesagt ist, deckt sich so vollkommen mit dem Inhalt meines Verdrängungsbegriffes, daß ich wieder einmal meiner Unbelesenheit für die Ermöglichung einer Entdeckung verpflichtet sein durfte. Indes haben andere diese Stelle gelesen und

[23] [Rank, 1911. Rank zitiert hier das 32. Kapitel (›Über den Wahnsinn‹) des III. Buches. Vgl. *Die Welt als Wille und Vorstellung,* ›II‹, Wissenschaftliche Buchgesellschaft, Darmstadt 1961, S. 515–18.]

über sie hinweggelesen, ohne diese Entdeckung zu machen, und vielleicht wäre es mir ähnlich ergangen, wenn ich in früheren Jahren mehr Geschmack an der Lektüre philosophischer Autoren gefunden hätte. Den hohen Genuß der Werke Nietzsches habe ich mir dann in späterer Zeit mit der bewußten Motivierung versagt, daß ich in der Verarbeitung der psychoanalytischen Eindrücke durch keinerlei Erwartungsvorstellung behindert sein wolle. Dafür mußte ich bereit sein — und ich bin es gerne —, auf alle Prioritätsansprüche in jenen häufigen Fällen zu verzichten, in denen die mühselige psychoanalytische Forschung die intuitiv gewonnenen Einsichten des Philosophen nur bestätigen kann.

Die Verdrängungslehre ist nun der Grundpfeiler, auf dem das Gebäude der Psychoanalyse ruht, so recht das wesentlichste Stück derselben und selbst nichts anderes als der theoretische Ausdruck einer Erfahrung, die sich beliebig oft wiederholen läßt, wenn man ohne Zuhilfenahme der Hypnose an die Analyse eines Neurotikers geht. Man bekommt dann einen Widerstand zu spüren, welcher sich der analytischen Arbeit widersetzt und einen Erinnerungsausfall vorschiebt, um sie zu vereiteln. Diesen Widerstand muß die Anwendung der Hypnose verdecken; darum setzt die Geschichte der eigentlichen Psychoanalyse erst mit der technischen Neuerung des Verzichts auf die Hypnose ein. Die theoretische Würdigung des Umstandes, daß dieser Widerstand mit einer Amnesie zusammentrifft, führt dann unvermeidlich zu jener Auffassung der unbewußten Seelentätigkeit, welche der Psychoanalyse eigentümlich ist und sich von den philosophischen Spekulationen über das Unbewußte immerhin merklich unterscheidet. Man darf daher sagen, die psychoanalytische Theorie ist ein Versuch, zwei Erfahrungen verständlich zu machen, die sich in auffälliger und unerwarteter Weise bei dem Versuche ergeben, die Leidenssymptome eines Neurotikers auf ihre Quellen in seiner Lebensgeschichte zurückzuführen: die Tatsache der Übertragung und die des Widerstandes. Jede Forschungsrichtung, welche diese beiden Tatsachen anerkennt und sie zum Ausgangspunkt ihrer Arbeit nimmt, darf sich Psychoanalyse heißen, auch wenn sie zu anderen Ergebnissen als den meinigen gelangt. Wer aber andere Seiten des Problems in Angriff nimmt und von diesen beiden Voraussetzungen abweicht, der wird dem Vorwurf der Besitzstörung durch versuchte Mimikry kaum entgehen, wenn er darauf beharrt, sich einen Psychoanalytiker zu nennen.

Ich würde mich sehr energisch dagegen sträuben, wenn jemand

die Lehre von der Verdrängung und vom Widerstand zu den Voraussetzungen anstatt zu den Ergebnissen der Psychoanalyse rechnen wollte. Es gibt solche Voraussetzungen allgemein psychologischer und biologischer Natur, und es wäre zweckmäßig, an anderer Stelle von ihnen zu handeln, aber die Lehre von der Verdrängung ist ein Erwerb der psychoanalytischen Arbeit, auf legitime Weise als theoretischer Extrakt aus unbestimmt vielen Erfahrungen gewonnen.

Ein ebensolcher Erwerb, nur aus viel späterer Zeit, ist die Aufstellung der infantilen Sexualität, von welcher in den ersten Jahren tastender Forschung durch die Analyse noch nicht die Rede war. Man merkte zuerst nur, daß man die Wirkung aktueller Eindrücke auf Vergangenes zurückführen müßte. Allein, »der Sucher fand oft mehr, als er zu finden wünschte«. Man wurde immer weiter zurück in diese Vergangenheit gelockt, und endlich hoffte man in der Pubertätszeit verweilen zu dürfen, in der Epoche des traditionellen Erwachens der Sexualregungen. Vergeblich, die Spuren wiesen noch weiter nach rückwärts, in die Kindheit und in frühe Jahre derselben. Auf dem Wege dahin galt es, einen Irrtum zu überwinden, der für die junge Forschung fast verhängnisvoll geworden wäre. Unter dem Einfluß der an Charcot anknüpfenden traumatischen Theorie der Hysterie war man leicht geneigt, Berichte der Kranken für real und ätiologisch bedeutsam zu halten, welche ihre Symptome auf passive sexuelle Erlebnisse in den ersten Kinderjahren, also grob ausgedrückt: auf Verführung zurückleiteten. Als diese Ätiologie an ihrer eigenen Unwahrscheinlichkeit und an dem Widerspruche gegen sicher festzustellende Verhältnisse zusammenbrach, war ein Stadium völliger Ratlosigkeit das nächste Ergebnis.[24] Die Analyse hatte auf korrektem Wege bis zu solchen infantilen Sexualtraumen geführt, und doch waren diese unwahr. Man hatte also den Boden der Realität verloren. Damals hätte ich gerne die ganze Arbeit im Stiche gelassen, ähnlich wie mein verehrter Vorgänger Breuer bei seiner unerwünschten Entdeckung.[25] Vielleicht harrte ich nur aus, weil ich keine Wahl mehr hatte, etwas anderes zu beginnen. Endlich kam die Besinnung, daß man ja kein Recht zum Verzagen habe, wenn man nur in seinen Erwartungen getäuscht worden sei, sondern diese Erwartungen revidieren müsse. Wenn die Hysteriker ihre

[24] [Vgl. S. 63f. und Anm. 42.] [25] [Vgl. S. 148 oben und Anm. 20.]

Symptome auf erfundene Traumen zurückführen, so ist eben die neue Tatsache die, daß sie solche Szenen phantasieren, und die psychische Realität verlangt neben der praktischen Realität gewürdigt zu werden. Es folgte bald die Einsicht, daß diese Phantasien dazu bestimmt seien, die autoerotische Betätigung der ersten Kinderjahre zu verdecken, zu beschönigen und auf eine höhere Stufe zu heben, und nun kam hinter diesen Phantasien das Sexualleben des Kindes in seinem ganzen Umfange zum Vorschein.

In dieser Sexualtätigkeit der ersten Kinderjahre konnte endlich auch die mitgebrachte Konstitution zu ihrem Rechte kommen. Anlage und Erleben verknüpften sich hier zu einer unlösbaren ätiologischen Einheit, indem die Anlage Eindrücke zu anregenden und fixierenden Traumen erhob, welche sonst durchaus banal, wirkungslos geblieben wären, und indem die Erlebnisse Faktoren aus der Disposition wachriefen, welche ohne sie lange geschlummert hätten und vielleicht unentwickelt geblieben wären. Das letzte Wort in der Frage der traumatischen Ätiologie sprach dann später Abraham (1907) aus, als er darauf hinwies, wie gerade die Eigenart der sexuellen Konstitution des Kindes sexuelle Erlebnisse von besonderer Art, also Traumen, zu provozieren versteht.

Meine Aufstellungen über die Sexualität des Kindes waren anfangs fast ausschließlich auf die Ergebnisse der in die Vergangenheit rückschreitenden Analyse von Erwachsenen begründet. Zu direkten Beobachtungen am Kinde fehlte mir die Gelegenheit. Es war also ein außerordentlicher Triumph, als es Jahre später gelang, den größten Teil des Erschlossenen durch direkte Beobachtung und Analyse von Kindern in sehr frühen Jahren zu bestätigen, ein Triumph, der allmählich durch die Überlegung verringert wurde, die Entdeckung sei von solcher Art, daß man sich eigentlich schämen müsse, sie gemacht zu haben. Je weiter man sich in die Beobachtung des Kindes einließ, desto selbstverständlicher wurde die Tatsache, desto sonderbarer aber auch der Umstand, daß man sich solche Mühe gegeben hatte, sie zu übersehen.

Eine so sichere Überzeugung von der Existenz und Bedeutung der Kindersexualität kann man allerdings nur gewinnen, wenn man den Weg der Analyse geht, von den Symptomen und Eigentümlichkeiten der Neurotiker rückschreitet bis zu den letzten Quellen, deren Aufdeckung erklärt, was an ihnen erklärbar ist, und zu modifizieren gestattet, was sich etwa abändern läßt.

Ich verstehe es, daß man zu anderen Resultaten kommt, wenn man, wie kürzlich C. G. Jung, sich zunächst eine theoretische Vorstellung von der Natur des Sexualtriebes bildet und von dieser aus das Leben des Kindes begreifen will. Eine solche Vorstellung kann nicht anders als willkürlich oder mit Rücksicht auf abseits liegende Erwägungen gewählt sein und läuft Gefahr, dem Gebiet inadäquat zu werden, auf welches man sie anwenden will. Gewiß führt auch der analytische Weg zu gewissen letzten Schwierigkeiten und Dunkelheiten in betreff der Sexualität und ihres Verhältnisses zum Gesamtleben des Individuums, aber diese können nicht durch Spekulationen beseitigt werden, sondern müssen bleiben, bis sie Lösung durch andere Beobachtungen oder Beobachtungen auf anderen Gebieten finden.

Über die Traumdeutung kann ich mich kurz fassen. Sie fiel mir zu als Erstlingsfrucht[26] der technischen Neuerung, nachdem ich mich, einer dunklen Ahnung folgend, entschlossen hatte, die Hypnose mit der freien Assoziation zu vertauschen. Meine Wißbegierde war nicht von vornherein auf das Verständnis der Träume gerichtet gewesen. Einflüsse, die mein Interesse gelenkt oder mir eine hilfreiche Erwartung geschenkt hätten, sind mir nicht bekannt. Ich hatte vor dem Aufhören meines Verkehrs mit Breuer kaum noch Zeit, ihm einmal in einem Satze mitzuteilen, daß ich jetzt Träume zu übersetzen verstünde. Infolge dieser Entdeckungsgeschichte war die Symbolik der Traumsprache so ziemlich das letzte, was mir am Traum zugänglich wurde, denn für die Kenntnis der Symbole leisten die Assoziationen des Träumers nur wenig. Da ich die Gewohnheit festgehalten habe, immer zuerst an den Dingen zu studieren, ehe ich in den Büchern nachsah, konnte ich mir die Symbolik des Traumes sicherstellen, ehe ich durch die Schrift von Scherner[27] auf sie hingewiesen wurde. Im vollen Umfange habe ich dieses Ausdrucksmittel des Traumes erst später gewürdigt, zum Teil unter dem Einflusse der Arbeiten des zu Anfang so sehr verdienstvollen, später völlig verwahrlosten W. Stekel.[28] Der enge Anschluß der psychoanalytischen Traumdeutung an die einst so hochgehaltene Traumdeutekunst der Antike wurde mir erst viele Jahre nachher klar. Das eigenartigste und bedeutsamste Stück meiner Traumtheorie, die Zurückführung der Traumentstellung auf

[26] [Vgl. die ›Editorischen Hinweise‹ zur ›Autobiographischen Notiz‹, S. 139.]
[27] [1861.] [28] [Vgl. Freud, 1900*a*, S. 355, ferner Wittels, 1924, S. 197ff.]

einen inneren Konflikt, eine Art von innerer Unaufrichtigkeit, fand ich dann bei einem Autor wieder, dem zwar die Medizin, aber nicht die Philosophie fremd geblieben war, dem berühmten Ingenieur J. Popper, der unter dem Namen Lynkeus 1899 die *Phantasien eines Realisten*[29] veröffentlicht hatte.
Die Traumdeutung wurde mir zum Trost und Anhalt in jenen schweren ersten Jahren der Analyse, als ich gleichzeitig Technik, Klinik und Therapie der Neurosen zu bewältigen hatte, gänzlich vereinsamt war und in dem Gewirre von Problemen und bei der Häufung der Schwierigkeiten oft Orientierung und Zuversicht einzubüßen fürchtete. Die Probe auf meine Voraussetzung, daß eine Neurose durch Analyse verständlich werden müsse, ließ oft bei dem Kranken verwirrend lange auf sich warten; an den Träumen, die man als Analoga der Symptome auffassen konnte, fand diese Voraussetzung eine fast regelmäßige Bestätigung.
Nur durch diese Erfolge wurde ich in den Stand gesetzt auszuharren. Ich habe mich darum gewöhnt, das Verständnis eines psychologischen Arbeiters an seiner Stellung zu den Problemen der Traumdeutung zu messen, und mit Genugtuung beobachtet, daß die meisten Gegner der Psychoanalyse es überhaupt vermieden, diesen Boden zu betreten, oder sich höchst ungeschickt benahmen, wenn sie es doch versuchten. Meine Selbstanalyse, deren Notwendigkeit mir bald einleuchtete, habe ich mit Hilfe einer Serie von eigenen Träumen durchgeführt, die mich durch alle Begebenheiten meiner Kinderjahre führten, und ich bin noch heute der Meinung, daß bei einem guten Träumer und nicht allzu abnormen Menschen diese Art der Analyse genügen kann.[30]

Durch die Aufrollung dieser Entstehungsgeschichte glaube ich besser als durch eine systematische Darstellung gezeigt zu haben, was die Psychoanalyse ist. Die besondere Natur meiner Funde erkannte ich zunächst nicht. Ich opferte unbedenklich meine beginnende Beliebtheit als Arzt und den Zulauf der Nervösen in meine Sprechstunde, indem ich konsequent nach der sexuellen Verursachung ihrer Neurosen forschte, wobei ich eine

[29] [Vgl. dazu Freud 1923*f* und 1932*c*.]
[30] [Für Kommentare zu seiner Selbstanalyse vgl. neben Jones, 1960, S. 373ff., auch Freud, 1962, insbesondere die Briefe an Fließ auf den Seiten 189–194. In einem Brief vom 14. November 1897, S. 202, äußert sich Freud allerdings skeptischer über die Möglichkeiten der Selbstanalyse als oben. Später hat diese Skepsis seine Einstellung zu Selbstanalysen bestimmt. – Zur Selbstanalyse Freuds s. auch die Einleitung zum vorliegenden Band.]

Anzahl von Erfahrungen machte, die meine Überzeugung von der praktischen Bedeutung des sexuellen Moments endgültig festlegten. Ich trat ahnungslos in der Wiener Fachvereinigung, damals unter dem Vorsitze von v. Krafft-Ebing, als Redner auf[31], der erwartete, durch Interesse und Anerkennung seiner Kollegen für seine freiwillige materielle Schädigung entschädigt zu werden. Ich behandelte meine Entdeckungen wie indifferente Beiträge zur Wissenschaft und hoffte dasselbe von den anderen. Erst die Stille, die sich nach meinen Vorträgen erhob, die Leere, die sich um meine Person bildete, die Andeutungen, die mir zugetragen wurden, ließen mich allmählich begreifen, daß Behauptungen über die Rolle der Sexualität in der Ätiologie der Neurosen nicht darauf rechnen könnten, so behandelt zu werden wie andere Mitteilungen. Ich verstand, daß ich von jetzt ab zu denen gehörte, die »am Schlaf der Welt gerührt haben«, nach Hebbels Ausdruck, und daß ich auf Objektivität und Nachsicht nicht zählen durfte. Da aber meine Überzeugung von der durchschnittlichen Richtigkeit meiner Beobachtungen und Schlußfolgerungen immer mehr wuchs und mein Zutrauen zu meinem eigenen Urteile sowie mein moralischer Mut nicht eben gering waren, konnte der Ausgang dieser Situation nicht zweifelhaft sein. Ich entschloß mich zu glauben, daß mir das Glück zugefallen war, besonders bedeutungsvolle Zusammenhänge aufzudekken, und fand mich bereit, das Schicksal auf mich zu nehmen, das mitunter an solches Finden geknüpft ist.

Dies Schicksal stellte ich mir in folgender Weise vor: Es würde mir wahrscheinlich gelingen, mich durch die therapeutischen Erfolge des neuen Verfahrens zu erhalten, die Wissenschaft aber würde zu meinen Lebzeiten keine Notiz von mir nehmen. Einige Dezennien später würde ein anderer unfehlbar auf dieselben, jetzt nicht zeitgemäßen Dinge stoßen, ihre Anerkennung durchsetzen und mich so als notwendigerweise verunglückten Vorläufer zu Ehren bringen. Unterdes richtete ich's mir als Robinson auf meiner einsamen Insel möglichst behaglich ein. Wenn ich aus den Verwirrungen und Bedrängnissen der Gegenwart auf jene einsamen Jahre zurückblicke, will es mir scheinen, es war eine schöne heroische Zeit; die *splendid isolation* entbehrte nicht ihrer Vorzüge und Reize. Ich hatte keine Literatur zu

[31] [Am 2. Mai 1896 mit dem Thema ›Zur Ätiologie der Hysterie‹ (Freud, 1896c); der Kommentar des Psychiaters Krafft-Ebing, des Nachfolgers von Freuds Lehrer Meynert, soll sich auf den einzigen Satz: »Es klingt wie ein wissenschaftliches Märchen« beschränkt haben (Jones, 1960, S. 310).]

lesen, keinen schlecht unterrichteten Gegner anzuhören, ich war keinem Einfluß unterworfen, durch nichts gedrängt. Ich erlernte es, spekulative Neigungen zu bändigen und nach dem unvergessenen Rat meines Meisters Charcot, dieselben Dinge so oft von neuem anzuschauen, bis sie von selbst begannen, etwas auszusagen.[32] Meine Veröffentlichungen, für die ich mit einiger Mühe auch Unterkunft fand, konnten immer weit hinter meinem Wissen zurückbleiben, durften beliebig aufgeschoben werden, da keine zweifelhafte »Priorität« zu verteidigen war. Die *Traumdeutung* z. B. war in allem Wesentlichen anfangs 1896 fertig, sie wurde aber erst im Sommer 1899 niedergeschrieben. Die Behandlung der ›Dora‹ schloß zu Ende 1900[33] ab, ihre Krankengeschichte war in den nächsten zwei Wochen fixiert, wurde aber erst 1905 veröffentlicht. Unterdes wurden meine Schriften in der Fachliteratur nicht referiert oder, wenn dies ausnahmsweise geschah, mit höhnischer oder mitleidiger Überlegenheit zurückgewiesen. Gelegentlich wandte mir auch ein Fachgenosse in einer seiner Publikationen eine Bemerkung zu, die sehr kurz und nicht sehr schmeichelhaft war, etwa: verbohrt, extrem, sehr sonderbar. Einmal traf es sich, daß ein Assistent der Klinik in Wien, an der ich meine Semestralvorlesung abhielt, sich von mir die Erlaubnis nahm, diesen Vorlesungen anzuwohnen. Er hörte sehr andächtig zu, sagte nichts, bot sich aber nach der letzten Vorlesung zu einer Begleitung an. Während dieses Spazierganges eröffnete er mir, er habe mit Wissen seines Chefs ein Buch gegen meine Lehre geschrieben, bedauere aber sehr, dieselbe erst durch meine Vorlesungen besser kennengelernt zu haben. Er hätte sonst vieles anders geschrieben. Allerdings habe er sich auf der Klinik erkundigt, ob er nicht vorher die *Traumdeutung* lesen solle, aber man habe ihm abgeraten, es sei nicht der Mühe wert. Er verglich dann selbst mein Lehrgebäude, wie er es jetzt verstanden habe, nach der Festigkeit seines inneren Gefüges mit der katholischen Kirche. Im Interesse seines Seelenheils will ich annehmen, daß in dieser Äußerung ein Stück Anerkennung enthalten war. Er schloß dann aber, es sei zu spät, an seinem Buche etwas abzuändern, es sei bereits gedruckt. Der betreffende Kollege hatte es auch nicht für nötig erachtet, der Mitwelt späterhin etwas von der Änderung seiner Meinungen über meine Psychoanalyse be-

[32] [Vgl. S. 134, Anm. 13.]
[33] [Freud, 1905*e*. – In den bisherigen Editionen wie auch im Manuskript steht hier irrtümlich 1899.]

kanntzugeben, sondern es vorgezogen, die Entwicklung derselben als ständiger Referent einer medizinischen Zeitschrift mit spaßhaften Glossen zu begleiten.[34]
Was ich an persönlicher Empfindlichkeit besaß, wurde in jenen Jahren zu meinem Vorteile abgestumpft. Vor der Verbitterung wurde ich aber durch einen Umstand bewahrt, der nicht allen vereinsamten Entdeckern zu Hilfe kommt. Ein solcher quält sich ja sonst ab zu ergründen, woher die Teilnahmslosigkeit oder Ablehnung seiner Zeitgenossen rührt, und empfindet sie als einen peinigenden Widerspruch gegen die Sicherheit seiner eigenen Überzeugung. Das brauchte ich nicht, denn die psychoanalytische Lehre gestattete mir, dies Verhalten der Umwelt als notwendige Folge aus den analytischen Grundannahmen zu verstehen.[35] Wenn es richtig war, daß die von mir aufgedeckten Zusammenhänge dem Bewußtsein der Kranken durch innere affektive Widerstände ferngehalten werden, so mußten sich diese Widerstände auch bei den Gesunden einstellen, sobald man ihnen das Verdrängte durch Mitteilung von außen zuführte. Daß diese letzteren die affektiv gebotene Ablehnung durch intellektuelle Begründung zu motivieren verstanden, war nicht verwunderlich. Es ereignete sich bei den Kranken ebenso häufig, und die ins Feld geführten Argumente – Argumente sind so gemein wie Brombeeren, mit Falstaff zu reden[36] – waren die nämlichen und nicht gerade scharfsinnig. Der Unterschied war nur, daß man bei den Kranken über Pressionsmittel verfügte, um sie ihre Widerstände einsehen und überwinden zu lassen, bei den angeblich Gesunden solcher Hilfen aber entbehrte. Auf welche Weise man diese Gesunden zu einer kühlen, wissenschaftlich objektiven Überprüfung drängen könne, war ein ungelöstes Problem, dessen Erledigung am besten der Zeit vorbehalten blieb. Man hatte in der Geschichte der Wissenschaften oft feststellen können, daß dieselbe Behauptung, die anfangs nur Widerspruch hervorgerufen hatte, eine Weile später zur Anerkennung kam, ohne daß neue Beweise für sie erbracht worden wären.
Daß sich aber in diesen Jahren, als ich allein die Psychoanalyse vertrat, ein besonderer Respekt vor dem Urteil der Welt oder ein Hang zur intellektuellen Nachgiebigkeit bei mir entwickelt habe, wird wohl niemand erwarten dürfen.

[34] [Vgl. S. 76 und Anm. 50.]
[35] [Vgl. die im vorliegenden Band abgedruckte Schrift ›Die Widerstände gegen die Psychoanalyse‹.]
[36] [S. im vorliegenden Band S. 116, Anm. 34.]

II

Vom Jahre 1902 an scharte sich eine Anzahl jüngerer Ärzte[37] um mich in der ausgesprochenen Absicht, die Psychoanalyse zu erlernen, auszuüben und zu verbreiten. Ein Kollege, welcher die gute Wirkung der analytischen Therapie an sich selbst erfahren hatte, gab die Anregung dazu. Man kam an bestimmten Abenden in meiner Wohnung zusammen, diskutierte nach gewissen Regeln, suchte sich in dem befremdlich neuen Forschungsgebiete zu orientieren und das Interesse anderer dafür zu gewinnen.[38] Eines Tages führte sich ein absolvierter Gewerbeschüler durch ein Manuskript bei uns ein, welches außerordentliches Verständnis verriet. Wir bewogen ihn, die Gymnasialstudien nachzuholen, die Universität zu besuchen und sich den nichtärztlichen Anwendungen der Psychoanalyse zu widmen. Der kleine Verein erwarb so einen eifrigen und verläßlichen Sekretär, ich gewann an Otto Rank[39] den treuesten Helfer und Mitarbeiter.

Der kleine Kreis dehnte sich bald aus, wechselte im Laufe der nächsten Jahre vielfach in seiner Zusammensetzung. Im ganzen durfte ich mir sagen, in dem Reichtum und der Mannigfaltigkeit der Begabungen, die er umschloß, stand er kaum hinter dem Stab eines beliebigen klinischen Lehrers zurück. Von Anfang an waren jene Männer darunter, die in der Geschichte der psychoanalytischen Bewegung später so bedeutungsvolle, wenn auch nicht immer erfreuliche Rollen spielen sollten. Aber diese Entwicklung konnte man damals noch nicht ahnen. Ich durfte zufrieden sein, und ich meine, ich tat alles, um den anderen zugänglich zu machen, was ich wußte und erfahren hatte. Von übler Vorbedeutung waren nur zwei Dinge, die mich endlich dem Kreise innerlich entfremdeten. Es gelang mir nicht, unter den Mitgliedern jenes freundschaftliche Einvernehmen herzustellen, das unter Männern, welche dieselbe schwere Arbeit leisten, herrschen soll, und ebensowenig die Prioritätsstreitigkeiten zu ersticken, zu denen unter den Bedingungen der gemeinsamen Arbeit reichlicher Anlaß gegeben war. Die Schwierigkeiten der

[37] [Unter ihnen Wilhelm Stekel, auf den sich auch der folgende Satz bezieht, und Alfred Adler.]

[38] [Über die Ergebnisse der Sitzungen berichtete Stekel regelmäßig im *Neuen Wiener Tageblatt*; für die Protokolle der Wiener Mittwochsgesellschaft vgl. Nunberg und Federn, 1962 und 1967.]

[39] [Anm. zur Ausgabe von 1924:] Gegenwärtig Leiter des Intern. Psychoanalyt. Verlages und Redakteur der *Intern. Zeitschr. f. Psychoanalyse* und der *Imago* von beider Beginnen an.

Unterweisung in der Ausübung der Psychoanalyse, die ganz besonders groß sind und an vielen der heutigen Zerwürfnisse die Schuld tragen, machten sich bereits in der privaten Wiener psychoanalytischen Vereinigung geltend. Ich selbst wagte es nicht, eine noch unfertige Technik und eine im steten Fluß begriffene Theorie mit jener Autorität vorzutragen, die den anderen wahrscheinlich manche Irrwege und endliche Entgleisungen erspart hätte. Die Selbständigkeit der geistigen Arbeiter, ihre frühe Unabhängigkeit vom Lehrer, ist psychologisch immer befriedigend; ein Gewinn in wissenschaftlicher Hinsicht ergibt sich aus ihr nur, wenn bei diesen Arbeitern gewisse, nicht allzu häufig vorkommende persönliche Bedingungen erfüllt sind. Gerade die Psychoanalyse hätte eine lange und strenge Zucht und Erziehung zur Selbstzucht gefordert. Der Tapferkeit wegen, die sich in der Hingabe an eine so verpönte und aussichtslose Sache erwies, war ich geneigt, den Mitgliedern der Vereinigung mancherlei angehen zu lassen, woran ich sonst Anstoß genommen hätte. Der Kreis umfaßte übrigens nicht nur Ärzte, sondern auch andere Gebildete, welche in der Psychoanalyse etwas Bedeutsames erkannt hatten, Schriftsteller, Künstler usw. Die *Traumdeutung*, das Buch über den *Witz* u. a. hatten von vornherein gezeigt, daß die Lehren der Psychoanalyse nicht auf das ärztliche Gebiet beschränkt bleiben können, sondern der Anwendung auf verschiedenartige andere Geisteswissenschaften fähig sind.[40]

Von 1907 an änderte sich die Situation gegen alle Erwartungen und wie mit einem Schlage. Man erfuhr, daß die Psychoanalyse in aller Stille Interesse erweckt und Freunde gefunden habe, ja, daß es wissenschaftliche Arbeiter gebe, welche bereit seien, sich zu ihr zu bekennen. Eine Zuschrift von Bleuler hatte mich schon früher wissen lassen, daß meine Arbeiten im Burghölzli[41] studiert und verwertet würden. Im Januar 1907 kam der erste Angehörige der Züricher Klinik, Dr. Eitingon[42], nach Wien, es folgten bald andere Besuche, die einen lebhaften Gedankenaustausch anbahnten; endlich kam es über Einladung von C. G. Jung, damals noch Adjunkt am Burghölzli, zu einer ersten Zusammenkunft in Salzburg im Frühjahre 1908, welche die Freunde der Psychoanalyse von Wien, Zürich und anderen Orten

[40] [Vgl. z. B. ›Das Interesse an der Psychoanalyse‹ (Freud, 1913*j*).]

[41] [Der Züricher Heilanstalt, deren Direktor Eugen Bleuler damals war.]

[42] [Anm. zur Ausgabe von 1924:] Der spätere Gründer der ›Psychoanalytischen Poliklinik‹ in Berlin.

her vereinigte. Eine Frucht dieses ersten psychoanalytischen Kongresses war die Gründung einer Zeitschrift, welche als *Jahrbuch für psychoanalytische und psychopathologische Forschungen*[43], herausgegeben von Bleuler und Freud, redigiert von Jung, im Jahre 1909 zu erscheinen begann. Eine innige Arbeitsgemeinschaft zwischen Wien und Zürich fand in dieser Publikation ihren Ausdruck.

Ich habe die großen Verdienste der Züricher psychiatrischen Schule um die Ausbreitung der Psychoanalyse, des besonderen die von Bleuler und Jung, wiederholt dankend anerkannt und stehe nicht an, dies heute, unter so veränderten Verhältnissen, von neuem zu tun. Gewiß war es nicht erst die Parteinahme der Züricher Schule, welche damals die Aufmerksamkeit der wissenschaftlichen Welt auf die Psychoanalyse richtete. Die Latenzzeit war eben abgelaufen, und an allen Orten wurde die Psychoanalyse Gegenstand eines sich steigernden Interesses. Aber an allen anderen Orten ergab diese Zuwendung von Interesse zunächst nichts anderes als eine meist leidenschaftlich akzentuierte Ablehnung, in Zürich hingegen wurde die prinzipielle Übereinstimmung der Grundton des Verhältnisses. An keiner anderen Stelle fand sich auch ein so kompaktes Häuflein von Anhängern beisammen, konnte eine öffentliche Klinik in den Dienst der psychoanalytischen Forschung gestellt werden oder war ein klinischer Lehrer zu sehen, der die psychoanalytische Lehre als integrierenden Bestandteil in den psychiatrischen Unterricht aufnahm. Die Züricher wurden so die Kerntruppe der kleinen, für die Würdigung der Analyse kämpfenden Schar. Bei ihnen allein war Gelegenheit, die neue Kunst zu erlernen und Arbeiten in ihr auszuführen. Die meisten meiner heutigen Anhänger und Mitarbeiter sind über Zürich zu mir gekommen, selbst solche, die es geographisch weit näher nach Wien hatten als nach der Schweiz. Wien liegt exzentrisch für den Westen Europas, der die großen Zentren unserer Kultur beherbergt; sein Ansehen wird seit vielen Jahren durch schwerwiegende Vorurteile beeinträchtigt. In der geistig so rührigen Schweiz strömen Vertreter der bedeutsamsten Nationen zusammen; ein Infektionsherd an dieser Stelle mußte für die Ausbreitung der psychischen Epidemie, wie Hoche[44] in Freiburg sie genannt hatte, besonders wichtig werden.

[43] [S. S. 144, Anm. 8, und S. 182.]

[44] [Alfred Hoche, Professor der Psychiatrie in Freiburg, der im Mai 1910 auf einem Kongreß in Baden-Baden einen Vortrag über ›Eine psychische Epidemie

Nach dem Zeugnis eines Kollegen, der die Entwicklung im Burghölzli mitgemacht, kann man feststellen, daß die Psychoanalyse dort schon sehr frühzeitig Interesse erweckte. In Jungs 1902 veröffentlichter Schrift über okkulte Phänomene[45] findet sich bereits ein erster Hinweis auf die Traumdeutung. Von 1903 oder 1904 an, berichtet mein Gewährsmann, stand die Psychoanalyse im Vordergrunde. Nach der Anknüpfung persönlicher Beziehungen zwischen Wien und Zürich bildete sich, Mitte des Jahres 1907, auch im Burghölzli ein zwangloser Verein, der in regelmäßigen Zusammenkünften die Probleme der Psychoanalyse diskutierte. Bei der Union, die sich zwischen der Wiener und der Züricher Schule vollzog, waren die Schweizer keineswegs der bloß empfangende Teil. Sie hatten selbst bereits respektable wissenschaftliche Arbeit geleistet, deren Ergebnisse der Psychoanalyse zugute kamen. Das von der Wundtschen Schule angegebene Assoziationsexperiment war von ihnen im Sinne der Psychoanalyse gedeutet worden und hatte ihnen unerwartete Verwertungen gestattet. Es war so möglich geworden, rasche experimentelle Bestätigungen von psychoanalytischen Tatbeständen zu erbringen und einzelne Verhältnisse dem Lernenden zu demonstrieren, von denen der Analytiker nur hätte erzählen können. Es war die erste Brücke geschlagen worden, die von der Experimentalpsychologie zur Psychoanalyse führte.

Das Assoziationsexperiment ermöglicht in der psychoanalytischen Behandlung eine vorläufige qualitative Analyse des Falles, leistet aber keinen wesentlichen Beitrag zur Technik und ist bei der Ausführung von Analysen eigentlich entbehrlich. Bedeutsamer noch war eine andere Leistung der Züricher Schule oder ihrer beiden Führer Bleuler und Jung. Der erstere wies nach, daß bei einer ganzen Anzahl von rein psychiatrischen Fällen die Erklärung durch solche Vorgänge in Betracht käme, wie sie mit Hilfe der Psychoanalyse für den Traum und die Neurosen erkannt worden waren (»Freudsche Mechanismen«). Jung wendete das analytische Deutungsverfahren mit Erfolg auf die sonderbarsten und dunkelsten Phänomene der Dementia praecox an, deren Herkunft aus der Lebensgeschichte und den Lebensinteressen der Kranken dann klar zutage trat. Von da

unter Ärzten‹ gehalten und darin die These vertreten hatte, die Psychoanalyse sei eine mystischen Traditionen verhaftete Methode und gefährde das Ansehen des ärztlichen Standes, ihre Vertreter seien reif für das Irrenhaus.]

[45] [Jung, 1902.]

an war es den Psychiatern unmöglich gemacht, die Psychoanalyse noch länger zu ignorieren. Das große Werk von Bleuler über die Schizophrenie (1911), in welchem die psychoanalytische Betrachtungsweise gleichberechtigt neben die klinisch-systematische hingestellt wurde, brachte diesen Erfolg zur Vollendung.
Ich will es nicht unterlassen, auf einen Unterschied hinzuweisen, der schon damals in der Arbeitsrichtung der beiden Schulen deutlich war. Ich hatte bereits im Jahre 1897[46] die Analyse eines Falles von Schizophrenie veröffentlicht, der aber paranoides Gepräge trug, so daß seine Auflösung den Eindruck der Jungschen Analysen nicht vorwegnehmen konnte. Mir war aber nicht die Deutbarkeit der Symptome, sondern der psychische Mechanismus der Erkrankung das Wichtige gewesen, vor allem die Übereinstimmung dieses Mechanismus mit dem bereits erkannten der Hysterie. Auf die Differenzen zwischen den beiden fiel damals noch kein Licht. Ich zielte nämlich bereits zu jener Zeit auf eine Libidotheorie der Neurosen hin, welche alle neurotischen wie psychotischen Erscheinungen aus abnormen Schicksalen der Libido, also aus Ablenkungen derselben von ihrer normalen Verwendung, erklären sollte. Dieser Gesichtspunkt ging den Schweizer Forschern ab. Bleuler hält meines Wissens auch heute an einer organischen Verursachung der Formen von Dementia praecox fest, und Jung, dessen Buch über diese Erkrankung 1907 erschienen war, vertrat 1908 auf dem Salzburger Kongresse die toxische Theorie derselben, die sich, allerdings ohne sie auszuschließen, über die Libidotheorie hinaussetzt.[47] An dem nämlichen Punkte ist er dann später (1912) gescheitert, indem er nun zuviel von dem Stoffe nahm, dessen er sich vorher nicht bedienen wollte.
Einen dritten Beitrag der Schweizer Schule, der vielleicht ganz auf die Rechnung Jungs zu setzen ist, kann ich nicht so hoch

[46] [James Strachey hat darauf aufmerksam gemacht, daß dieses Datum, das auch im Manuskript nicht anders steht, falsch ist. Freud hat diese Krankengeschichte schon im Mai 1896 in ›Weitere Bemerkungen über die Abwehr-Neuropsychosen‹ (1896*b*) veröffentlicht.]

[47] [Im Manuskript lautet das dann folgende Ende des Absatzes anders: »Als er endlich seinerseits den Versuch wagte, die Schizophrenie der Libidotheorie zu unterwerfen, wich er nach der entgegengesetzten Richtung ab und veränderte den Begriff der Libido so sehr, daß seine Libidotheorie nichts anderes als den Namen mit der bis dahin entwickelten gemein hat. Den Namen aber selbst mit Unrecht, denn es lag keine Nötigung vor, das Prinzip, durch welches er die Schizophrenie dynamisch aufklären wollte, Libido zu heißen. Diese Namensaneignung war, so geringfügig sie als Anzeichen erscheinen mochte, ein Ausfluß jenes Charakterzuges von Jung, der ein Aufrechterhalten der Arbeitsgemeinschaft mit ihm unmöglich machte, seine Neigung zum rücksichtslosen Beiseitedrängen eines unbequemen anderen.«]

einschätzen, wie es von Fernerstehenden geschieht. Ich meine die Lehre von den *Komplexen*, die aus den *Diagnostischen Assoziationsstudien* (1906 bis 1910[*a*]) erwuchs. Sie hat weder selbst eine psychologische Theorie ergeben noch eine zwanglose Einfügung in den Zusammenhang der psychoanalytischen Lehren gestattet. Hingegen hat sich das Wort »Komplex« als bequemer, oft unentbehrlicher Terminus zur deskriptiven Zusammenfassung psychologischer Tatbestände Bürgerrecht in der Psychoanalyse erworben. Kein anderer der von dem psychoanalytischen Bedürfnis neugeschaffenen Namen und Bezeichnungen hat eine ähnlich weitgehende Popularität erreicht und so viel mißbräuchliche Verwendung zum Schaden schärferer Begriffsbildungen gefunden. Man begann in der Umgangssprache der Psychoanalytiker von »Komplexrückkehr« zu reden, wo man die »Rückkehr des Verdrängten« meinte, oder man gewöhnte sich zu sagen: Ich habe einen Komplex gegen ihn, wo es korrekter nur lauten konnte: einen Widerstand.

In den Jahren von 1907 an, die auf den Zusammenschluß der Schulen von Wien und Zürich folgten, nahm die Psychoanalyse jenen außerordentlichen Aufschwung, in dessen Zeichen sie sich heute noch befindet und der ebenso sicher bezeugt ist durch die Verbreitung der ihr dienenden Schriften und die Zunahme der Ärzte, welche sie ausüben oder erlernen wollen, wie durch die Häufung der Angriffe gegen sie auf Kongressen und in gelehrten Gesellschaften. Sie wanderte in die fernsten Länder, schreckte überall nicht nur die Psychiater auf, sondern machte auch die gebildeten Laien und die Arbeiter auf anderen Wissensgebieten aufhorchen. Havelock Ellis, der ihrer Entwicklung mit Sympathie gefolgt war, ohne sich jemals ihren Anhänger zu nennen, schrieb 1911 in einem Bericht an den Australasiatischen medizinischen Kongreß: »Freud's psychoanalysis is now championed and carried out not only in Austria and in Switzerland, but in the United States, in England, in India, in Canada, and, I doubt not, in Australasia.«[48] Ein (wahrscheinlich deutscher) Arzt aus Chile trat auf dem internationalen Kongreß in Buenos Aires 1910 für die Existenz der infantilen Sexualität ein und lobte die Erfolge der psychoanalytischen Therapie bei Zwangssymptomen[49]; ein englischer Nervenarzt in Zentralindien (Ber-

[48] Havelock Ellis, *The Doctrines of the Freud School* [deutsch: Ellis, 1912].
[49] G. Greve, ›Sobre Psicologia y Psicoterapia de ciertos Estados angustiosos‹, *Zentralbl. f. Psychoanalyse*, Bd. 1, S. 594.

keley-Hill[50]) ließ mir durch einen distinguierten Kollegen, der nach Europa reiste, mitteilen, daß die mohammedanischen Hindus, an denen er die Analyse ausübe, keine andere Ätiologie ihrer Neurosen erkennen ließen als unsere europäischen Patienten.

Die Einführung der Psychoanalyse in Nordamerika ging unter besonders ehrenvollen Anzeichen vor sich. Im Herbst 1909 wurden Jung und ich von Stanley Hall, dem Präsidenten der Clark University in Worcester (bei Boston), eingeladen, uns an der zwanzigjährigen Gründungsfeier des Institutes durch Abhaltung von Vorträgen in deutscher Sprache zu beteiligen. Wir fanden zu unserer großen Überraschung, daß die vorurteilslosen Männer jener kleinen, aber angesehenen pädagogisch-philosophischen Universität alle psychoanalytischen Arbeiten kannten und in den Vorträgen für ihre Schüler gewürdigt hatten. In dem so prüden Amerika konnte man wenigstens in akademischen Kreisen alles, was im Leben als anstößig galt, frei besprechen und wissenschaftlich behandeln. Die fünf Vorträge, die ich in Worcester improvisiert habe, erschienen dann im *American Journ. of Psychology* in englischer Übersetzung, bald darauf deutsch unter dem Titel *Über Psychoanalyse*[51]; Jung las über diagnostische Assoziationsstudien und über ›Konflikte der kindlichen Seele‹[52]. Wir wurden dafür mit dem Ehrentitel von LL. D. (Doktoren beider Rechte) belohnt. Die Psychoanalyse war während jener Festwoche in Worcester durch fünf Personen vertreten, außer Jung und mir waren es Ferenczi, der sich mir als Reisebegleiter angeschlossen hatte, Ernest Jones, damals an der Universität in Toronto (Kanada), jetzt in London, und A. Brill, der bereits in New York analytische Praxis ausübte.[53]

Die bedeutsamste persönliche Beziehung, die sich in Worcester noch ergab, war die zu James J. Putnam, dem Lehrer der Neuropathologie an der Harvard University, der vor Jahren ein abfälliges Urteil über die Psychoanalyse ausgesprochen hatte, sich jetzt aber rasch mit ihr befreundete und sie in zahlreichen inhaltreichen wie formschönen Vorträgen seinen Landsleuten und Fachgenossen empfahl. Der Respekt, den sein Charakter ob sei-

[50] [Den Namen Owen Berkeley-Hills hat Freud erst in die Ausgabe von 1924 eingefügt.]

[51] [1910*a*; vgl. auch S. 144, Anm. 10.]

[52] [Jung, 1910*a* und 1910*b*.]

[53] [An dieser Stelle folgt im Manuskript der Satz: »Alle dazu hatten die Psychoanalyse in Zürich kennengelernt«, den Freud jedoch nicht in den Druck übernommen hat.]

ner hohen Sittlichkeit und kühnen Wahrheitsliebe in Amerika genoß, kam der Psychoanalyse zugute und deckte sie gegen die Denunziationen, denen sie sonst wahrscheinlich zeitig erlegen wäre. Putnam hat dann später dem großen ethischen und philosophischen Bedürfnis seiner Natur allzusehr nachgegeben und an die Psychoanalyse die, wie ich meine, unerfüllbare Forderung gestellt, daß sie sich in den Dienst einer bestimmten sittlich-philosophischen Weltanschauung finden solle; er ist aber die Hauptstütze der psychoanalytischen Bewegung in seinem Heimatlande geblieben.[54]

Um die Ausbreitung dieser Bewegung erwarben sich dann Brill und Jones die größten Verdienste, indem sie in ihren Arbeiten in selbstverleugnender Emsigkeit die leicht zu beobachtenden Grundtatsachen des Alltagslebens, des Traumes und der Neurose immer wieder von neuem ihren Landsleuten vor Augen führten. Brill hat diese Einwirkung durch seine ärztliche Tätigkeit und durch die Übersetzung meiner Schriften, Jones durch lehrreiche Vorträge und schlagfertige Diskussionen auf den amerikanischen Kongressen verstärkt.[55]

Der Mangel einer eingewurzelten wissenschaftlichen Tradition und die geringere Strammheit der offiziellen Autorität sind der von Stanley Hall für Amerika gegebenen Anregung entschieden vorteilhaft gewesen. Es war dort auch von allem Anfang an charakteristisch, daß sich Professoren und Leiter von Irrenanstalten in gleichem Maße wie selbständige Praktiker an der Analyse beteiligt zeigten. Aber gerade darum ist es klar, daß der Kampf um die Analyse dort seine Entscheidung finden muß, wo sich die größere Resistenz ergeben hat, auf dem Boden der alten Kulturzentren.

Von den europäischen Ländern hat bisher Frankreich sich am unempfänglichsten für die Psychoanalyse erwiesen, obwohl verdienstvolle Arbeiten des Züricher A. Maeder dem französischen Leser einen bequemen Zugang zu deren Lehren eröffnet hatten. Die ersten Regungen von Teilnahme kamen aus der französischen Provinz. Morichau-Beauchant (Poitiers) war der erste Franzose, der sich öffentlich zur Psychoanalyse bekannte. Régis

[54] [Anm. zur Ausgabe von 1924:] S. J. J. Putnam, *Addresses on Psycho-Analysis*, Internat. Psycho-Analytical Library, Nr. 1, 1921. – Putnam starb 1918.

[55] Die Publikationen beider Autoren sind gesammelt erschienen: Brill, *Psychoanalysis, Its Theories and Practical Applications*, [Philadelphia] 1912, und E. Jones, *Papers on Psychoanalysis*, [New York] 1913. Vom ersten Buch ist 1914, vom anderen 1918 eine sehr verstärkte Second Edition (1938 Fourth) erschienen. [Der letzte Satz ist in späteren Ausgaben hinzugefügt worden.]

und Hesnard (Bordeaux) haben erst kürzlich (1914[55a]) in einer ausführlichen, nicht immer verständnisvollen Darstellung[56], die an der Symbolik besonderen Anstoß nimmt[57], die Vorurteile ihrer Landsleute gegen die neue Lehre zu zerstreuen gesucht. In Paris selbst scheint noch die Überzeugung zu herrschen, der auf dem Londoner Kongreß 1913 Janet so beredten Ausdruck gab, daß alles, was gut an der Psychoanalyse sei, mit geringen Abänderungen die Janetschen Ansichten wiederhole, alles darüber hinaus aber sei von Übel. Janet mußte sich noch auf diesem Kongreß selbst eine Reihe von Zurechtweisungen von E. Jones gefallen lassen, der ihm seine geringe Sachkenntnis vorhalten konnte. Seine Verdienste um die Psychologie der Neurosen können wir trotzdem nicht vergessen, auch wenn wir seine Ansprüche zurückweisen.

In Italien blieb nach einigen vielversprechenden Anfängen die weitere Beteiligung aus. In Holland fand die Analyse durch persönliche Beziehungen frühzeitig Eingang; van Emden, van Ophuijsen, van Renterghem *(Freud en zijn School*[58]*)* und die beiden Stärcke sind dort theoretisch und praktisch mit Erfolg tätig.[59] Das Interesse der wissenschaftlichen Kreise Englands für die Analyse hat sich sehr langsam entwickelt, aber alle Anzeichen sprechen dafür, daß ihr gerade dort, begünstigt von dem Sinn der Engländer für Tatsächliches und ihrer leidenschaftlichen Parteinahme für Gerechtigkeit, eine hohe Blüte bevorsteht.

In Schweden hat P. Bjerre, der Nachfolger in der ärztlichen Tätigkeit Wetterstrands, die hypnotische Suggestion für die analytische Behandlung, wenigstens zeitweilig, aufgegeben. R. Vogt (Kristiania) hat bereits 1907 die Psychoanalyse in seinem *Psykiatriens grundtraek* gewürdigt, so daß das erste Lehrbuch der Psychiatrie, welches von der Psychoanalyse Kenntnis nahm, ein in norwegischer Sprache geschriebenes war. In Rußland ist die Psychoanalyse sehr allgemein bekannt und verbreitet worden; fast alle meine Schriften sowie die anderer Anhänger der

55a [In den bisherigen Editionen stand hier die irrtümliche Jahreszahl 1913.]
56 [Régis und Hesnard, 1914.]
57 [Im Manuskript und in den Ausgaben von 1914 und 1918 lautet dieser Satzteil: ». . . in einer ausführlichen und verständnisvollen Darstellung, die nur an der Symbolik noch Anstoß nimmt . . .«.]
58 [Renterghem, 1913.]
59 Die erste *offizielle* Anerkennung, welcher Traumdeutung und Psychoanalyse in Europa teilhaftig wurden, spendete ihnen der Psychiater Jelgersma als Rektor der Universität Leiden in seiner Rektoratsrede vom 9. Februar 1914. (›Unbewußtes Geistesleben‹, Beihefte der *Intern. Zeitschrift für Psychoanalyse*, Nr. 1.)

Analyse sind ins Russische übersetzt. Ein tieferes Verständnis der analytischen Lehren hat sich aber in Rußland noch nicht ergeben. Die Beiträge russischer Ärzte sind derzeit unbeträchtlich zu nennen. Nur Odessa besitzt in der Person von M. Wulff einen geschulten Analytiker. Die Einführung der Psychoanalyse in die polnische Wissenschaft und Literatur ist hauptsächlich das Verdienst von L. Jekels. Das Österreich geographisch so nahe verbundene, ihm wissenschaftlich so entfremdete Ungarn hat der Psychoanalyse bisher nur einen Mitarbeiter geschenkt, S. Ferenczi, aber einen solchen, der wohl einen Verein aufwiegt.[60]
Den Stand der Psychoanalyse in Deutschland kann man nicht anders beschreiben, als indem man konstatiert, sie stehe im Mittelpunkte der wissenschaftlichen Diskussion und rufe bei Ärzten wie bei Laien Äußerungen entschiedenster Ablehnung hervor, welche aber bisher kein Ende gefunden haben, sondern sich immer wieder von neuem erheben und zeitweise verstärken. Keine offizielle Lehranstalt hat bisher die Psychoanalyse zugelassen, erfolgreiche Praktiker, die sie ausüben, sind nur in geringer Anzahl vorhanden; nur wenige Anstalten, wie die von Binswanger in Kreuzlingen (auf Schweizer Boden), Marcinowski in Holstein, haben sich ihr eröffnet. Auf dem kritischen Boden von Berlin behauptet sich einer der hervorragendsten Vertreter der Analyse, K. Abraham, ein früherer Assistent von Bleuler. Man könnte sich verwundern, daß dieser Stand der Dinge sich nun schon seit einer Reihe von Jahren unverändert erhalten hat, wenn man nicht wüßte, daß die obige Schilderung nur den äußeren Anschein wiedergibt. Man darf die Ablehnung der

[60] [Zusatz 1923:] Es kann nicht meine Absicht sein, diese 1914 entworfene Schilderung *up to date* zu führen. Nur einzelne Bemerkungen sollen andeuten, wie sich in der Zwischenzeit, die den Weltkrieg einschließt, das Bild geändert hat. In Deutschland setzt sich eine langsame, nicht immer zugestandene Infiltration der analytischen Lehren in die klinische Psychiatrie durch; die in den letzten Jahren erschienenen französischen Übersetzungen meiner Schriften haben endlich auch in Frankreich ein starkes Interesse an der Psychoanalyse erweckt, das derzeit in literarischen Kreisen wirksamer ist als in wissenschaftlichen. In Italien sind M. Levi Bianchini (Nocera sup.) und Edoardo Weiss (Trieste) als Übersetzer und Vorkämpfer der Psychoanalyse aufgetreten (*Biblioteca Psicoanalitica Italiana*). Der lebhaften Anteilnahme in den spanischredenden Ländern (Prof. H. Delgado in Lima) trägt eine in Madrid erscheinende Gesamtausgabe meiner Werke Rechnung (übersetzt von Lopez-Ballesteros). Für England scheint sich die oben ausgesprochene Vorhersage stetig zu erfüllen, in Britisch-Indien (Kalkutta) hat sich eine besondere Pflegestätte der Analyse gebildet. Die Vertiefung der Analyse in Nordamerika hält noch immer nicht Schritt mit ihrer Popularität. In Rußland hat die psychoanalytische Arbeit nach dem Umsturz an mehreren Zentren neu begonnen. In polnischer Sprache erscheint jetzt die *Polska Bibljoteka Psychoanalityczna*. In Ungarn ist unter der Leitung von Ferenczi eine glänzende analytische Schule aufgeblüht. (Vgl. *Festschrift zum 50. Geburtstag von Dr. S. Ferenczi*.) Am abweisendsten verhalten sich derzeit noch die skandinavischen Länder.

offiziellen Vertreter der Wissenschaft und der Anstaltsleiter sowie des von ihnen abhängigen Nachwuchses in ihrer Bedeutung nicht überschätzen. Es ist begreiflich, daß die Gegner laut die Stimme erheben, während die Anhänger eingeschüchtert Ruhe halten. Manche der letzteren, deren erste Beiträge zur Analyse gute Erwartungen erwecken mußten, haben sich denn auch unter dem Drucke der Verhältnisse von der Bewegung zurückgezogen. Aber diese selbst schreitet im stillen unaufhaltsam fort, wirbt immer neue Anhänger unter den Psychiatern wie den Laien, führt der psychoanalytischen Literatur eine stetig sich steigernde Anzahl von Lesern zu und nötigt eben darum die Gegner zu immer heftigeren Abwehrversuchen. Ich habe etwa ein Dutzend Male im Laufe dieser Jahre in Berichten über die Verhandlungen bestimmter Kongresse und wissenschaftlicher Vereinssitzungen oder in Referaten nach gewissen Publikationen zu lesen bekommen: nun sei die Psychoanalyse tot, endgültig überwunden und erledigt! Die Antwort hätte ähnlich lauten müssen wie das Telegramm Mark Twains an die Zeitung, welche fälschlich seinen Tod gemeldet hatte: *Nachricht von meinem Ableben stark übertrieben.* Nach jeder dieser Totsagungen hat die Psychoanalyse neue Anhänger und Mitarbeiter gewonnen oder sich neue Organe geschaffen. Totgesagt war doch ein Fortschritt gegen Totgeschwiegen!

Gleichzeitig mit der geschilderten räumlichen Expansion der Psychoanalyse vollzog sich deren inhaltliche Ausdehnung durch Übergreifen auf andere Wissensgebiete von der Neurosenlehre und Psychiatrie her.[61] Ich werde dieses Stück der Entwicklungsgeschichte unserer Disziplin nicht eingehend behandeln, weil eine vortreffliche Arbeit von Rank und Sachs[62] (in den Loewenfeldschen *Grenzfragen*) vorliegt, welche gerade diese Leistungen der Analysenarbeit ausführlich darstellt. Es ist hier übrigens alles im ersten Beginn, wenig ausgearbeitet, meist nur Ansätze und mitunter auch nichts anderes als Vorsätze. Wer billig denkt, wird darin keinen Grund zum Vorwurf finden. Den ungeheuren Mengen der Aufgaben steht eine kleine Zahl von Arbeitern gegenüber, von denen die meisten ihre Hauptbeschäftigung anderswo haben und die Fachprobleme der fremden Wissenschaft mit dilettantischer Vorbereitung angreifen müssen. Diese von der Psychoanalyse herkommenden Arbeiter machen aus ihrem Dilettantentum kein Hehl, sie wollen nur Wegweiser und

[61] [Vgl. auch S. 89ff. sowie Freud, 1913*j*.] [62] [Rank und Sachs, 1913.]

Platzhalter für die Fachmänner sein und ihnen die analytischen Techniken und Voraussetzungen empfohlen haben, wenn sie selbst an die Arbeit gehen werden. Wenn die erzielten Aufschlüsse doch schon jetzt nicht unbeträchtlich sind, so ist dies Resultat einerseits der Fruchtbarkeit der analytischen Methodik, andererseits dem Umstande zu danken, daß es auch jetzt schon einige Forscher gibt, die, ohne Ärzte zu sein, die Anwendung der Psychoanalyse auf die Geisteswissenschaften zu ihrer Lebensaufgabe gemacht haben.

Die meisten dieser Anwendungen gehen, wie begreiflich, auf eine Anregung aus meinen ersten analytischen Arbeiten zurück. Die analytische Untersuchung der Nervösen und der neurotischen Symptome Normaler nötigte zur Annahme psychologischer Verhältnisse, welche unmöglich nur für das Gebiet gelten konnten, auf dem sie kenntlich geworden waren. So schenkte uns die Analyse nicht nur die Aufklärung pathologischer Vorkommnisse, sondern zeigte auch deren Zusammenhang mit dem normalen Seelenleben auf und enthüllte ungeahnte Beziehungen zwischen der Psychiatrie und den verschiedensten anderen Wissenschaften, deren Inhalt eine Seelentätigkeit war. Von gewissen typischen Träumen aus ergab sich z. B. das Verständnis mancher Mythen und Märchen. Riklin und Abraham folgten diesem Winke und leiteten jene Forschungen über die Mythen ein, die dann in den allen fachmännischen Ansprüchen gerechten Arbeiten Ranks zur Mythologie[63] ihre Vollendung fanden. Die Verfolgung der Traumsymbolik führte mitten in die Probleme der Mythologie, des Folklore (Jones, Storfer) und der religiösen Abstraktionen. Auf einem der psychoanalytischen Kongresse machte es allen Zuhörern einen tiefen Eindruck, als ein Schüler Jungs[64] die Übereinstimmung der schizophrenen Phantasiebildungen mit den Kosmogonien primitiver Zeiten und Völker nachwies. Eine nicht mehr einwandfreie, doch sehr interessante Verarbeitung fand später das Material der Mythologien in den Arbeiten Jungs, welche zwischen der Neurotik, den religiösen und den mythologischen Phantasien vermitteln wollten.

Ein anderer Weg leitete von der Traumforschung zur Analyse der dichterischen Schöpfungen und endlich der Dichter und

[63] [Z. B. Rank, 1909.]

[64] [James Strachey hat darauf hingewiesen, daß Freud hier einen Vortrag meint, den Jan Nelken 1911 auf dem Psychoanalytischen Kongreß in Weimar gehalten hat. Eine erweiterte Fassung sei später von Nelken veröffentlicht worden (Nelken, 1912).]

Künstler selbst. Auf seiner ersten Station ergab sich, daß von Dichtern erfundene Träume sich oft der Analyse gegenüber wie genuine verhalten (*Gradiva*[65]). Die Auffassung der unbewußten seelischen Tätigkeit gestattete eine erste Vorstellung vom Wesen der dichterischen Schöpfungsarbeit; die Würdigung der Triebregungen, zu der man in der Neurotik genötigt war, ließ die Quellen des künstlerischen Schaffens erkennen und stellte die Probleme auf, wie der Künstler auf diese Anregungen reagiere und mit welchen Mitteln er seine Reaktionen verkleide.[66] Die meisten Analytiker mit allgemeinen Interessen haben in ihren Arbeiten Beiträge zur Behandlung dieser Probleme geliefert, der reizvollsten, die sich unter den Anwendungen der Psychoanalyse ergeben. Natürlich blieb auch hier der Widerspruch von Seite der nicht mit der Analyse Vertrauten nicht aus und äußerte sich in den nämlichen Mißverständnissen und leidenschaftlichen Ablehnungen wie auf dem Mutterboden der Psychoanalyse. Es stand ja von vornherein zu erwarten, daß überall, wohin die Psychoanalyse dringe, sie den nämlichen Kampf mit den Ansässigen zu bestehen haben werde. Nur, daß die Invasionsversuche noch nicht auf allen Gebieten die Aufmerksamkeit geweckt haben, die ihnen in der Zukunft bevorsteht. Unter den strenge literarwissenschaftlichen Anwendungen der Analyse steht das gründliche Werk von Rank über das Inzestmotiv[67] obenan, dessen Inhalt der größten Unliebsamkeit sicher ist. Sprachwissenschaftliche und historische Arbeiten auf Basis der Psychoanalyse sind erst wenige vorhanden. Die erste Antastung der religions-psychologischen Probleme habe ich 1907[68] selbst gewagt, indem ich das religiöse Zeremoniell in Vergleich mit dem neurotischen zog. Der Pfarrer Dr. Pfister in Zürich hat in seiner Arbeit über die Frömmigkeit des Grafen von Zinzendorf[69] (sowie in anderen Beiträgen) die Zurückführung religiöser Schwärmerei auf perverse Erotik durchgeführt; in den letzten Arbeiten der Züricher Schule kommt eher eine Durchdringung der Analyse mit religiösen Vorstellungen als das beabsichtigte Gegenteil zustande.

[65] [Freud, 1907*a*.]

[66] [Vgl.] Rank, *Der Künstler* [1907]; Dichteranalysen von Sadger [z. B. 1909], Reik [z. B. 1912] u. a., meine kleine Schrift über eine Kindheitserinnerung des Leonardo da Vinci [1910c], Abrahams Analyse von Segantini [1911].

[67] [Rank, 1912.]

[68] [›Zwangshandlungen und Religionsübungen‹, 1907*b*. – Im Manuskript sowie in allen bisher erschienenen deutschen Ausgaben steht an dieser Stelle die irrtümliche Jahreszahl »1910«.]

[69] [Pfister, 1910.]

mit der Hilfeleistung dieses Verteidigers wohl zufrieden sein könnten. Als Richtschnur dieser Verurteilungen Bleulers dienen aber nicht neue Argumente oder bessere Beobachtungen, sondern einzig die Berufung auf den Stand der eigenen Erkenntnis, deren Unzulänglichkeit der Autor nicht mehr wie in früheren Arbeiten selbst bekennt. Hier schien der Psychoanalyse also ein schwer zu verschmerzender Verlust zu drohen. Allein in seiner letzten Äußerung (›Die Kritiken der Schizophrenie[n]‹, 1914) rafft sich Bleuler, angesichts der Angriffe, welche ihm die Einführung der Psychoanalyse in sein Buch über die Schizophrenie eingetragen hat, zu dem auf, was er selbst eine »Überhebung« heißt. »Jetzt aber will ich die Überhebung begehen: Ich meine, daß die verschiedenen bisherigen Psychologien zur Erklärung der Zusammenhänge psychogenetischer Symptome und Krankheiten arg wenig geleistet haben, daß aber die Tiefenpsychologie ein Stück derjenigen erst noch zu schaffenden Psychologie gibt, welcher der Arzt bedarf, um seine Kranken zu verstehen und rationell zu heilen, und ich meine sogar, daß ich in meiner Schizophrenie einen ganz kleinen Schritt zu diesem Verständnis getan habe. Die ersten beiden Behauptungen sind sicher richtig, die letztere mag ein Irrtum sein.«
Da mit der »Tiefenpsychologie« nichts anderes gemeint ist als die Psychoanalyse, können wir mit solchem Bekenntnis vorderhand zufrieden sein.

III

Mach es kurz!
Am Jüngsten Tag ist's nur ein Furz.[81]
Goethe

Zwei Jahre nach dem ersten fand der zweite Privatkongreß der Psychoanalytiker, diesmal in Nürnberg, statt (März 1910). In der Zwischenzeit hatte sich bei mir, unter dem Eindruck der Aufnahme in Amerika, der steigenden Anfeindung in den deutschen Ländern und der ungeahnten Verstärkung durch den Zuzug der Züricher, eine Absicht gebildet, die ich mit Beihilfe meines Freundes S. Ferenczi auf jenem zweiten Kongreß zur

[81] [Für eine gescheite Interpretation dieses Mottos, das Freud Goethes ›Zahmen Xenien‹ entnommen hat und das er schon sehr früh in einem Brief an Wilhelm Fließ (Freud, 1962, S. 150) als Motto für eine dann nicht zustande gekommene Arbeit über den Widerstand erwähnt, vgl. Walter Schönau, 1968, S. 82ff.]

Ausführung brachte. Ich gedachte, die psychoanalytische Bewegung zu organisieren, ihren Mittelpunkt nach Zürich zu verlegen und ihr ein Oberhaupt zu geben, welches ihre Zukunft in acht nehmen sollte. Da diese meine Gründung viel Widerspruch unter den Anhängern der Analyse gefunden hat, will ich meine Motive ausführlicher darlegen. Ich hoffe dann gerechtfertigt zu sein, auch wenn sich herausstellen sollte, daß ich wirklich nichts Kluges getan habe.

Ich urteilte, daß der Zusammenhang mit Wien keine Empfehlung, sondern ein Hemmnis für die junge Bewegung wäre. Ein Ort wie Zürich, im Herzen von Europa, an welchem der akademische Lehrer sein Institut der Psychoanalyse geöffnet hatte, erschien mir weit aussichtsvoller. Ich nahm ferner an, ein zweites Hindernis sei meine Person, deren Schätzung allzusehr durch der Parteien Gunst und Haß verwirrt wurde; man verglich mich entweder mit Kolumbus, Darwin und Kepler oder schimpfte mich einen Paralytiker.[82] Ich wollte also mich ebenso in den Hintergrund rücken wie die Stadt, von der die Psychoanalyse ausgegangen war. Auch war ich nicht mehr jugendlich, sah einen langen Weg vor mir und empfand es als drückend, daß mir in so späten Jahren die Verpflichtung, Führer zu sein, zugefallen war. Ein Oberhaupt, meinte ich aber, müsse es geben. Ich wußte zu genau, welche Irrtümer auf jeden lauerten, der die Beschäftigung mit der Analyse unternahm, und hoffte, man könnte viele derselben ersparen, wenn man eine Autorität aufrichtete, die zur Unterweisung und Abmahnung bereit sei. Eine solche Autorität war zunächst mir zugefallen infolge des uneinbringlichen Vorsprunges einer etwa 15jährigen Erfahrung. Es lag mir also daran, diese Autorität auf einen jüngeren Mann zu übertragen, der nach meinem Ausscheiden wie selbstverständlich mein Ersatz werden sollte. Dies konnte nur C. G. Jung sein, denn Bleuler war mein Altersgenosse, für Jung sprachen aber seine hervorragende Begabung, die Beiträge zur Analyse, die er bereits geleistet hatte, seine unabhängige Stellung und der Eindruck von sicherer Energie, den sein Wesen machte. Er schien überdies bereit, in freundschaftliche Beziehungen zu mir zu treten und

[82] [Im Manuskript lautet dieser Satz: »Ich nahm ferner an, ein zweites Hindernis sei meine Person, deren Schätzung durch der Parteien Gunst und Haß verzerrt, zwischen der eines Darwin oder Kepler und eines Paralytikers zu schwanken begann.« Der Name von Kolumbus wurde erst in der Ausgabe von 1924 hinzugefügt. Den Vergleich zwischen den Entdeckungen von Kopernikus und Darwin und seinen eigenen Forschungen hat Freud selbst in seinem Werk dreimal aufgegriffen (Freud, 1916–17, S. 294f.; 1917*a*, S. 7f., und im vorliegenden Band S. 233.]

mir zuliebe Rassenvorurteile aufzugeben, die er sich bis dahin gestattet hatte. Ich ahnte damals nicht, daß diese Wahl trotz aller aufgezählten Vorzüge eine sehr unglückliche war, daß sie eine Person getroffen hatte, welche, unfähig, die Autorität eines anderen zu ertragen, noch weniger geeignet war, selbst eine Autorität zu bilden, und deren Energie in der rücksichtslosen Verfolgung der eigenen Interessen aufging.

Die Form einer offiziellen Vereinigung hielt ich für notwendig, weil ich den Mißbrauch fürchtete, welcher sich der Psychoanalyse bemächtigen würde, sobald sie einmal in die Popularität geriete. Es sollte dann eine Stelle geben, welcher die Erklärung zustände: Mit all dem Unsinn hat die Analyse nichts zu tun, das ist nicht die Psychoanalyse. In den Sitzungen der Ortsgruppen, aus denen sich die internationale Vereinigung zusammensetzte, sollte gelehrt werden, wie die Psychoanalyse zu betreiben sei, und sollten Ärzte ihre Ausbildung finden, für deren Tätigkeit eine Art von Garantie geleistet werden konnte. Auch schien es mir wünschenswert, daß sich die Anhänger der Psychoanalyse zum freundschaftlichen Verkehr und zur gegenseitigen Unterstützung zusammenfänden, nachdem die offizielle Wissenschaft den großen Bann über sie ausgesprochen und den Boykott über die Ärzte und Anstalten verhängt hatte, die sie übten.

Dies alles und nichts anderes wollte ich durch die Gründung der »Internationalen Psychoanalytischen Vereinigung« erreichen. Es war wahrscheinlich mehr, als zu erreichen möglich war. Wie meine Gegner die Erfahrung machen mußten, daß es nicht möglich sei, die neue Bewegung aufzuhalten, so stand mir die Erfahrung bevor, daß sie sich auch nicht auf die Wege leiten lasse, die ich ihr anweisen wollte. Der von Ferenczi in Nürnberg vorgelegte Antrag wurde zwar angenommen, Jung zum Präsidenten gewählt, der Riklin zu seinem Sekretär machte, es wurde auch die Herausgabe eines Korrespondenzblattes beschlossen, durch welches die Zentrale mit den Ortsgruppen verkehrte. Als Zweck der Vereinigung wurde erklärt: »Pflege und Förderung der von Freud begründeten psychoanalytischen Wissenschaft sowohl als reiner Psychologie als auch in ihrer Anwendung in der Medizin und den Geisteswissenschaften; gegenseitige Unterstützung der Mitglieder in allen Bestrebungen zum Erwerben und Verbreiten von psychoanalytischen Kenntnissen.« Allein von seiten der Wiener war dem Projekt lebhaft opponiert worden. Adler sprach in leidenschaftlicher Erregung die Befürchtung aus, daß eine »Zensur und Einschränkung der wissenschaftlichen Freiheit« beabsichtigt sei. Die Wiener fügten sich dann, nachdem sie durchgesetzt hatten, daß nicht Zürich zum Sitz der Vereinigung erhoben wurde, sondern der Wohnort des jeweiligen, auf zwei Jahre gewählten Präsidenten.

Auf dem Kongreß selbst konstituierten sich drei Ortsgruppen, die in Berlin unter dem Vorsitz von Abraham, die in Zürich, die ihren Obmann an die Zentralleitung der Vereinigung abgegeben hatte, und die Wiener Gruppe, deren Leitung ich Adler überließ. Eine vierte Gruppe, die in Budapest, konnte sich erst später herstellen. Bleuler war, durch Krankheit verhindert, vom Kongreß ferngeblieben, er zeigte dann später prinzipielle Bedenken gegen den Eintritt in den Verein, ließ sich zwar durch mich nach einer persönlichen Aussprache dazu bestimmen, war aber kurze Zeit nachher infolge von Mißhelligkeiten in Zürich wieder außerhalb. Die Verbindung zwischen der Züricher Ortsgruppe und der Anstalt Burghölzli war damit aufgehoben.

Eine Folge des Nürnberger Kongresses war auch die Gründung des *Zentralblattes für Psychoanalyse*, zu welcher sich Adler und Stekel vereinigten. Es hatte offenbar ursprünglich eine oppositionelle Tendenz und sollte Wien die durch die Wahl Jungs bedrohte Hegemonie zurückgewinnen. Als aber die beiden Unternehmer des Blattes unter dem Drucke der Schwierigkeit, einen Verleger zu finden, mich ihrer friedlichen Absichten versicherten und mir als Unterpfand ihrer Gesinnung ein Vetorecht einräumten, nahm ich die Herausgeberschaft an und beteiligte mich eifrig an dem neuen Organ, dessen erste Nummer im September 1910 erschien.

Ich setze die Geschichte der psychoanalytischen Kongresse fort. Der dritte Kongreß fand im September 1911 zu Weimar statt und übertraf noch seine Vorgänger an Stimmung und wissenschaftlichem Interesse. J. Putnam, der dieser Versammlung beigewohnt hatte, äußerte dann in Amerika sein Wohlgefallen und seinen Respekt vor *the mental attitude* der Teilnehmer und zitierte ein Wort von mir, das ich in bezug auf diese letzteren gebraucht haben soll: »Sie haben gelernt, ein Stück Wahrheit zu ertragen.«[83] In der Tat mußte jedem, der wissenschaftliche Kongresse besucht hatte, ein Eindruck zugunsten der Psychoanalytischen Vereinigung verbleiben. Ich hatte die beiden frü-

[83] ›On Freud's Psycho-analytic Method and its Evolution‹, *Boston Medical and Surgical Journal*, 25. Jan. 1912.

heren Kongresse selbst geleitet, jedem Vortragenden Zeit für seine Mitteilung gelassen und die Diskussion darüber auf den privaten Gedankenaustausch gewiesen. Jung, der in Weimar als Präsident die Leitung übernahm, setzte die Diskussion nach jedem Vortrage wieder ein, was sich aber damals noch nicht störend erwies.

Ein ganz anderes Bild bot der vierte Kongreß zu München zwei Jahre später, im September 1913, der allen Teilnehmern noch in frischer Erinnerung ist. Er wurde von Jung in unliebenswürdiger und inkorrekter Weise geleitet, die Vortragenden waren in der Zeit beschränkt, die Diskussionen überwucherten die Vorträge. Der böse Geist Hoche[84] hatte infolge einer boshaften Laune des Zufalls seinen Wohnsitz in demselben Hause aufgeschlagen, in welchem die Analytiker ihre Sitzungen abhielten. Hoche hätte sich ohne Mühe überzeugen können, wie sie seine Charakteristik einer fanatischen Sekte, welche ihrem Oberhaupte blind ergeben folgt, ad absurdum führten. Die ermüdenden und unerquicklichen Verhandlungen brachten auch die Wiederwahl Jungs zum Präsidenten der Internationalen Psychoanalytischen Vereinigung, welche Jung annahm, wiewohl zwei Fünftel der Anwesenden ihm ihr Vertrauen verweigerten. Man schied voneinander ohne das Bedürfnis, sich wiederzusehen.

Der Besitzstand der Internationalen Psychoanalytischen Vereinigung war um die Zeit dieses Kongresses der folgende: Die Ortsgruppen Wien, Berlin, Zürich hatten sich schon auf dem Kongreß in Nürnberg 1910 konstituiert. Im Mai 1911 kam eine Gruppe in München unter dem Vorsitz von Dr. L. Seif[85] hinzu. In demselben Jahre bildete sich die erste amerikanische Ortsgruppe unter dem Namen *The New York Psychoanalytic Society* unter dem Vorsitze von A. Brill. Auf dem Weimarer Kongreß wurde die Gründung einer zweiten amerikanischen Gruppe genehmigt, die im Laufe des nächsten Jahres als *American Psychoanalytic Association* ins Leben trat, Mitglieder aus Kanada und ganz Amerika umfaßte und Putnam zu ihrem Präsidenten, E. Jones zum Sekretär wählte. Kurz vor dem Kongreß in München 1913 wurde die Budapester Ortsgruppe unter dem Vorsitze von S. Ferenczi aktiviert. Bald nach demselben grün-

[84] [Vgl. S. 162, Anm. 44. – Im Manuskript: der »unsaubere Geist Hoche«. Einem Rat Karl Abrahams folgend, hat Freud im Druck das Wort »unsauber« durch »böse« ersetzt. (Vgl. Freud, 1965, S. 163 und S. 166).]

[85] [Er schloß sich später C. G. Jung an.]

dete der nach London übersiedelte E. Jones dort die erste englische Gruppe. Die Mitgliederzahl der nun vorhandenen acht Ortsgruppen gibt natürlich keinen Maßstab für die Beurteilung der Anzahl der nicht organisierten Schüler und Anhänger der Psychoanalyse.

Auch die Entwicklung der periodischen Literatur der Psychoanalyse verdient eine kurze Erwähnung. Die erste periodische Publikation, welche der Analyse diente, waren die *Schriften zur angewandten Seelenkunde*, die in zwangloser Folge seit 1907 erscheinen und gegenwärtig beim fünfzehnten Heft angelangt sind. (Verleger zuerst H. Heller in Wien, dann F. Deuticke.) Sie haben Arbeiten gebracht von Freud (1 und 7), Riklin, Jung, Abraham (4 und 11), Rank (5 und 13), Sadger, Pfister, M. Graf, Jones (10 und 14), Storfer und v. Hug-Hellmuth.[86] Die später zu erwähnende Gründung der *Imago* hat den Wert dieser Publikationsform einigermaßen herabgesetzt. Nach der Zusammenkunft in Salzburg 1908 wurde das *Jahrbuch für psychoanalytische und psychopathologische Forschungen* ins Leben gerufen, welches unter der Redaktion von Jung fünf Jahrgänge erlebt hat und nun unter neuer Leitung[87] und etwas verändertem Titel als *Jahrbuch der Psychoanalyse* von neuem an die Öffentlichkeit herantritt. Es will auch nicht mehr wie in den letzten Jahren ein Archiv sein, welches einschlägige Arbeiten sammelt, sondern seiner Aufgabe durch redaktionelle Tätigkeit gerecht werden, welche alle Vorgänge und alle Erwerbungen auf dem Gebiete der Psychoanalyse zu würdigen versucht.[88] Das *Zentralblatt für Psychoanalyse*, wie erwähnt von Adler und Stekel nach der Gründung des Internationalen Vereines (Nürnberg 1910) entworfen, hat in kurzer Zeit bewegte Schicksale durchgemacht. Schon die zehnte Nummer des ersten Bandes bringt an ihrer Spitze die Nachricht, daß sich Dr. Alfred Adler wegen wissenschaftlicher Differenzen mit dem Herausgeber entschlossen hat, freiwillig aus der Redaktion auszuscheiden. Dr. Stekel blieb von da an alleiniger Redakteur (Sommer 1911). Auf dem Kongreß zu Weimar[89] wurde das *Zentralblatt* zum offiziellen Organ des Internationalen Vereines erhoben und allen Mitgliedern gegen Erhöhung ihrer Jahresbeiträge zugäng-

[86] [Anm. zur Ausgabe von 1924:] Später sind noch erschienen: Sadger (16 und 18), Kielholz (17).
[87] [Vgl. S. 144 und Anm. 8.]
[88] [Anm. zur Ausgabe von 1924:] Mit Kriegsbeginn eingestellt.
[89] [Im September 1911.]

lich gemacht. Von der dritten Nummer des zweiten Jahrganges[90] an (Winter 1912) ist Stekel für den Inhalt des Blattes allein verantwortlich geworden. Sein in der Öffentlichkeit schwer darstellbares Verhalten hatte mich genötigt, die Herausgeberschaft niederzulegen und der Psychoanalyse in aller Eile ein neues Organ in der *Internationalen Zeitschrift für ärztliche Psychoanalyse* zu schaffen. Unter Mithilfe fast aller Mitarbeiter und des neuen Verlegers H. Heller konnte das erste Heft dieser Zeitschrift im Januar 1913 erscheinen und sich als offizielles Organ der Internationalen Psychoanalytischen Vereinigung an die Stelle des *Zentralblattes* setzen.

Inzwischen war mit Anfang 1912 von Dr. Hanns Sachs und Dr. Otto Rank eine neue Zeitschrift *Imago* (Verlag von Heller) geschaffen worden, welche ausschließlich für die Anwendungen der Psychoanalyse auf die Geisteswissenschaften bestimmt wurde. *Imago* befindet sich gegenwärtig in der Mitte ihres dritten Jahrganges und erfreut sich des steigenden Interesses auch solcher Leser, welche der ärztlichen Analyse fernstehen.[91]

Von diesen vier periodischen Publikationen (*Schriften zur angewandten Seelenkunde, Jahrbuch, Internationale Zeitschrift* und *Imago*) abgesehen, bringen auch andere deutsche und fremdsprachige Journale Arbeiten, welche in der Literatur der Psychoanalyse eine Stelle beanspruchen können. Das von Morton Prince herausgegebene *Journal of Abnormal Psychology* enthält in der Regel so viele gute analytische Beiträge, daß es als Hauptvertretung der analytischen Literatur in Amerika eingeschätzt werden muß. Im Winter 1913 haben White und Jelliffe in New York eine neue, ausschließlich der Psychoanalyse gewidmete Zeitschrift (*The Psychoanalytic Review*) ins Leben gerufen, welche wohl mit der Tatsache rechnet, daß den meisten der an der Analyse interessierten Ärzte Amerikas die deutsche Sprache eine Erschwerung ist.[92]

[90] [James Strachey hat darauf hingewiesen, daß es richtig »des dritten Jahrgangs« heißen muß.]

[91] [Anm. zur Ausgabe von 1924:] Diese beiden Zeitschriften sind 1919 in den Internationalen Psychoanalytischen Verlag übergegangen und befinden sich derzeit (1923) im 9. Jahrgang. (Eigentlich befindet sich die *Internationale Zeitschrift* in ihrem 11., die *Imago* im 12. Lebensjahr; zufolge der Kriegsverhältnisse umfaßte jedoch der IV. Bd. der *Zeitschrift* mehr als ein Jahr, d. h. die Jahre 1916–1918, der V. Bd. der *Imago* die Jahre 1917–1918.) Im Titel der *Internationalen Zeitschrift für Psychoanalyse* entfiel mit Beginn des VI. Bandes die Bezeichnung »ärztlich«.

[92] [Anm. zur Ausgabe von 1924:] 1920 hat E. Jones die Gründung des für England und Amerika bestimmten *International Journal of Psycho-Analysis* unternommen.

Ich habe nun zweier Abfallsbewegungen zu gedenken, welche sich innerhalb der Anhängerschaft der Psychoanalyse vollzogen haben, die erste von ihnen zwischen der Vereinsgründung 1910 und dem Weimarer Kongreß 1911, die zweite nach diesem, so daß sie in München 1913 zutage trat. Die Enttäuschung, welche sie mir bereiteten, wäre zu vermeiden gewesen, wenn man besser auf die Vorgänge bei den in analytischer Behandlung Stehenden geachtet hätte. Ich verstand es nämlich sehr wohl, daß jemand bei der ersten Annäherung an die unliebsamen analytischen Wahrheiten die Flucht ergreifen kann, hatte auch selbst immer behauptet, daß eines jeden Verständnis durch seine eigenen Verdrängungen aufgehalten wird (respektive durch die sie erhaltenden Widerstände), so daß er in seinem Verhältnis zur Analyse nicht über einen bestimmten Punkt hinauskommt. Aber ich hatte es nicht erwartet, daß jemand, der die Analyse bis zu einer gewissen Tiefe verstanden hat, auf sein Verständnis wieder verzichten, es verlieren könne. Und doch hatte die tägliche Erfahrung an den Kranken gezeigt, daß die totale Reflexion der analytischen Erkenntnisse von jeder tieferen Schicht her erfolgen kann, an welcher sich ein besonders starker Widerstand vorfindet; hat man bei einem solchen Kranken durch mühevolle Arbeit erreicht, daß er Stücke des analytischen Wissens begriffen hat und wie seinen eigenen Besitz handhabt, so kann man an ihm doch erfahren, daß er unter der Herrschaft des nächsten Widerstandes alles Erlernte in den Wind schlägt und sich wehrt wie in seinen schönsten Neulingstagen. Ich hatte zu lernen, daß es bei Psychoanalytikern ebenso gehen kann wie bei den Kranken in der Analyse.

Es ist keine leichte oder beneidenswerte Aufgabe, die Geschichte dieser beiden Abfallsbewegungen zu schreiben, denn einerseits fehlen mir dazu die starken persönlichen Antriebe – ich habe weder Dankbarkeit erwartet, noch bin ich in einem wirksamen Ausmaße rachsüchtig –, andererseits weiß ich, daß ich mich hiebei den Invektiven von wenig rücksichtsvollen Gegnern aussetze und den Feinden der Analyse das heißerwünschte Schauspiel bereite, wie »die Psychoanalytiker sich untereinander zerfleischen«. Ich habe so viel Überwindung daran gesetzt, mich nicht mit den Gegnern außerhalb der Analyse herumzuschlagen, und nun sehe ich mich genötigt, den Kampf mit früheren Anhängern, oder solchen, die es jetzt noch heißen wollen, aufzunehmen. Aber ich habe da keine Wahl; Schweigen wäre Bequemlichkeit oder Feigheit und würde der Sache mehr schaden

als die offene Aufdeckung der vorhandenen Schäden. Wer andere wissenschaftliche Bewegungen verfolgt hat, wird wissen, daß ganz analoge Störungen und Mißhelligkeiten auch dort vorzufallen pflegen. Vielleicht daß man sie anderswo sorgfältiger verheimlicht; die Psychoanalyse, die viele konventionelle Ideale verleugnet, ist auch in diesen Dingen aufrichtiger.
Ein anderer, schwer fühlbarer Übelstand liegt darin, daß ich eine analytische Beleuchtung der beiden Gegnerschaften nicht gänzlich vermeiden kann. Die Analyse eignet sich aber nicht zum polemischen Gebrauche; sie setzt durchaus die Einwilligung des Analysierten und die Situation eines Überlegenen und eines Untergeordneten voraus. Wer also eine Analyse in polemischer Absicht unternimmt, muß sich darauf gefaßt machen, daß der Analysierte seinerseits die Analyse gegen ihn wendet und daß die Diskussion in einen Zustand gerät, in welchem die Erwekkung von Überzeugung bei einem unparteiischen Dritten ausgeschlossen ist. Ich werde also die Verwendung der Analyse, damit die Indiskretion und die Aggression gegen meine Gegner, auf ein Mindestmaß beschränken und überdies anführen, daß ich keine wissenschaftliche Kritik auf dieses Mittel gründe. Ich habe es nicht mit dem etwaigen Wahrheitsgehalt der zurückzuweisenden Lehren zu tun, versuche keine Widerlegung derselben. Das bleibe anderen berufenen Arbeitern auf dem Gebiete der Psychoanalyse vorbehalten, ist auch zum Teil bereits geschehen. Ich will bloß zeigen, daß – und in welchen Punkten – diese Lehren die Grundsätze der Analyse verleugnen und darum nicht unter diesem Namen behandelt werden sollen. Ich brauche also die Analyse nur dazu, um verständlich zu machen, wie diese Abweichungen von der Analyse bei Analytikern entstehen konnten. An den Ablösungsstellen muß ich allerdings auch mit rein kritischen Bemerkungen das gute Recht der Psychoanalyse verteidigen.

Die Psychoanalyse hat die Erklärung der Neurosen als nächste Aufgabe vorgefunden, hat die beiden Tatsachen des Widerstandes und der Übertragung zu Ausgangspunkten genommen und für sie mit Rücksicht auf die dritte Tatsache der Amnesie in den Theorien von der Verdrängung, den sexuellen Triebkräften der Neurose und dem Unbewußten Rechenschaft gegeben. Sie hat niemals beansprucht, eine vollständige Theorie des menschlichen Seelenlebens überhaupt zu geben, sondern verlangte nur, daß ihre Ermittlungen zur Ergänzung und Korrektur unserer anderswie erworbenen Erkenntnis verwendet werden sollten. Die Theorie von Alfred Adler geht nun weit über dieses Ziel hinaus, sie will Benehmen und Charakter der Menschen mit demselben Griff verständlich machen, wie die neurotischen und psychotischen Erkrankungen derselben; sie ist in Wirklichkeit jedem anderen Gebiete adäquater als dem der Neurose, welches sie aus den Motiven ihrer Entstehungsgeschichte noch immer voranstellt. Ich hatte viele Jahre hindurch Gelegenheit, Dr. Adler zu studieren, und habe ihm das Zeugnis eines bedeutenden, insbesondere spekulativ veranlagten Kopfes nie versagt. Als Probe der »Verfolgungen«[93], die er von mir erfahren zu haben behauptet, kann ich ja gelten lassen, daß ich ihm nach der Vereinsgründung die Leitung der Wiener Gruppe übertrug. Erst durch dringende Aufforderung von seiten aller Vereinsmitglieder ließ ich mich bewegen, den Vorsitz in den wissenschaftlichen Verhandlungen wieder anzunehmen. Als ich seine geringe Begabung gerade für die Würdigung des unbewußten Materials erkannt hatte, verlegte ich meine Erwartung dahin, er werde die Verbindungen von der Psychoanalyse zur Psychologie und zu den biologischen Grundlagen der Triebvorgänge aufzudecken wissen, wozu seine wertvollen Studien über die Organminderwertigkeit[94] auch in gewissem Sinne berechtigten. Er schuf denn auch wirklich etwas Ähnliches, aber sein Werk fiel so aus, *als ob* es – in seinem eigenen Jargon zu reden – für den Nachweis bestimmt wäre, daß die Psychoanalyse in allem unrecht habe und die Bedeutung der sexuellen Triebkräfte nur infolge ihrer Leichtgläubigkeit gegen die Darstellung der Neurotiker vertreten hätte. Über das persönliche Motiv seiner Arbeit darf man auch vor der Öffentlichkeit sprechen, da er es selbst in Gegenwart eines kleinen Kreises von Mitgliedern der Wiener Gruppe geoffenbart hat. »Glauben Sie denn, daß es ein so großes Vergnügen für mich ist, mein ganzes Leben lang in Ihrem Schatten zu stehen?« Ich finde nun nichts Verwerfliches darin, wenn ein jüngerer Mann sich frei zu dem Ehrgeiz bekennt, den man als eine der Triebfedern seiner Arbeit ohnedies vermuten würde.

[93] [Vgl. hierzu den Briefwechsel zwischen Freud und Abraham, 1965, S. 165f. Abraham an Freud: »Sie sagen von Adler, wie er sich über Ihre *Verfolgungen* beklagt habe. Ich fürchte, dieses Wort könnte Unheil anrichten. A. wird sich dagegen wehren, als paranoisch bezeichnet zu werden. Ein weniger nach pathologischer Auffassung klingender Ausdruck – wie etwa ›Anfeindungen‹ – wäre wohl vorzuziehen.« Freud an Abraham: »›Verfolgungen‹ ist der Ausdruck, den Adler selbst gebraucht hat, ich werde ihn nach Ihrem Wunsch ersetzen.« Der Erstdruck zeigt, daß Freud sich dann doch nicht entschließen konnte, die ursprüngliche Formulierung aufzugeben.] [94] [Adler, 1907.]

Aber selbst unter der Herrschaft eines solchen Motives müßte man es zu vermeiden wissen, daß man nicht werde, was die Engländer mit ihrem feinen sozialen Takt *unfair* heißen, wofür den Deutschen nur ein weit gröberes Wort zur Verfügung steht. Wie wenig dies Adler gelungen ist, zeigt die Fülle von kleinlichen Bosheiten, die seine Arbeiten entstellen, und die Züge von unbändiger Prioritätssucht, die sich in ihnen verraten. In der Wiener Psychoanalytischen Vereinigung bekamen wir einmal direkt zu hören, daß er die Priorität für die Gesichtspunkte der »Einheit der Neurosen« und der »dynamischen Auffassung« derselben für sich beanspruche. Es war eine große Überraschung für mich, da ich immer geglaubt hatte, diese beiden Prinzipien seien von mir vertreten worden, ehe ich noch Adler kennengelernt hatte.

Dies Streben Adlers nach einem Platz an der Sonne hat indes auch eine Folge gehabt, welche die Psychoanalyse als wohltätig empfinden muß. Als ich nach dem Hervortreten der unvereinbaren wissenschaftlichen Gegensätze Adler zum Ausscheiden aus der Redaktion des *Zentralblattes* veranlaßte, verließ er auch die Vereinigung und gründete einen neuen Verein, der sich zuerst den geschmackvollen Namen »Verein für *freie* Psychoanalyse« beilegte. Allein die Menschen draußen, die der Analyse fernestehen, sind offenbar so wenig geschickt, die Differenzen in den Anschauungen zweier Psychoanalytiker zu würdigen, wie wir Europäer, die Nuancen zu erkennen, welche zwei Chinesengesichter voneinander unterscheiden. Die »freie« Psychoanalyse blieb im Schatten der »offiziellen«, »orthodoxen« und wurde nur als Anhang an dieselbe abgehandelt. Da tat Adler den dankenswerten Schritt, die Verbindung mit der Psychoanalyse völlig zu lösen und seine Lehre als »Individualpsychologie« von ihr abzusondern. Es ist soviel Platz auf Gottes Erde, und es ist gewiß berechtigt, daß sich jeder, der es vermag, ungehemmt auf ihr herumtummle, aber es ist nicht wünschenswert, daß man unter einem Dach zusammenwohnen bleibe, wenn man sich nicht mehr versteht und nicht mehr verträgt. Die »Individualpsychologie« Adlers ist jetzt eine der vielen psychologischen Richtungen, welche der Psychoanalyse gegnerisch sind und deren weitere Entwicklung außerhalb ihres Interesses fällt.

Die Adlersche Theorie war von allem Anfang ein »System«, was die Psychoanalyse sorgfältig zu sein vermied. Sie ist auch ein ausgezeichnetes Beispiel einer »sekundären Bearbeitung«, wie sie z. B. vom Wachdenken am Traummaterial vorgenommen wird. Das Traummaterial wird in diesem Falle durch das neugewonnene Material der psychoanalytischen Studien ersetzt, dies wird nun durchwegs vom Standpunkte des Ichs erfaßt, unter die dem Ich geläufigen Kategorien gebracht, übersetzt, gewendet und genau so, wie es bei der Traumbildung geschieht, mißverstanden. Die Adlersche Lehre ist denn auch weniger durch das charakterisiert, was sie behauptet, als durch das, was sie verleugnet; sie besteht demnach aus drei recht ungleichwertigen Elementen, den guten Beiträgen zur Ichpsychologie, den — überflüssigen, aber zulässigen — Übersetzungen der analytischen Tatsachen in den neuen Jargon und in den Entstellungen und Verdrehungen der letzteren, soweit sie nicht zu den Ichvoraussetzungen passen. Die Elemente der ersteren Art sind von der Psychoanalyse niemals verkannt worden, wenngleich sie ihnen keine besondere Aufmerksamkeit schuldig war. Sie hatte ein größeres Interesse daran zu zeigen, daß sich allen Ichbestrebungen libidinöse Komponenten beimengen. Die Adlersche Lehre hebt das Gegenstück hiezu hervor, den egoistischen Zusatz zu den libidinösen Triebregungen. Dies wäre nun ein greifbarer Gewinn, wenn Adler diese Feststellung nicht dazu benützen würde, um jedesmal zugunsten der Ichtriebkomponente die libidinöse Regung zu verleugnen. Seine Theorie tut damit dasselbe, was alle Kranken und was unser Bewußtdenken überhaupt tut, nämlich die Rationalisierung, wie Jones es genannt hat, zur Verdeckung des unbewußten Motives gebrauchen. Adler ist hierin so konsequent, daß er die Absicht, dem Weib den Herrn zu zeigen, *oben* zu sein, sogar als die stärkste Triebfeder des Sexualaktes preist. Ich weiß nicht, ob er diese Ungeheuerlichkeiten auch in seinen Schriften vertreten hat.

Die Psychoanalyse hatte frühzeitig erkannt, daß jedes neurotische Symptom seine Existenzmöglichkeit einem Kompromiß verdankt. Es muß darum auch den Anforderungen des die Verdrängung handhabenden Ichs irgendwie gerecht werden, einen Vorteil bieten, eine nützliche Verwendung zulassen, sonst würde es eben demselben Schicksal unterliegen wie die ursprüngliche, abgewehrte Triebregung selbst. Der Terminus des »Krankheitsgewinnes« hat diesem Sachverhalt Rechnung getragen; man wäre noch berechtigt, den primären Gewinn für das Ich, der schon bei der Entstehung wirksam sein muß, von einem »sekundären« Anteil zu unterscheiden, welcher in Anlehnung an andere Absichten des Ichs hinzutritt, wenn sich das Symptom behaupten soll. Auch daß die Entziehung dieses Krankheitsgewinnes oder das Aufhören desselben infolge einer realen Veränderung einen der Mechanismen der Heilung vom Symptom ergibt, ist der Analyse längst bekannt gewesen. Auf diese unschwer festzustellenden und mühelos einzusehenden Beziehungen fällt in der Adlerschen Lehre der Hauptakzent, wobei gänzlich übersehen wird, daß das Ich ungezählte Male bloß aus der Not eine Tugend macht, indem es sich das unerwünschteste, ihm aufgezwungene Symptom wegen des daran gehängten Nutzens gefallen läßt, z. B. wenn es die Angst als Sicherungsmittel akzeptiert. Das Ich spielt dabei die lächerliche Rolle des dummen August im Zirkus, der den Zuschauern durch seine Gesten die Überzeugung beibringen will, daß sich alle Veränderungen in der Manege nur infolge seines Kommandos vollziehen. Aber nur die Jüngsten unter den Zuschauern schenken ihm Glauben.

Für den zweiten Bestandteil der Adlerschen Lehre muß die Psychoanalyse einstehen wie für eigenes Gut. Er ist auch nichts anderes als psychoanalytische Erkenntnis, die der Autor aus den allen zugänglichen Quellen während der zehn Jahre gemeinsamer Arbeit geschöpft und dann durch Veränderung der Nomenklatur zu seinem Eigentum gestempelt hat. Ich halte z. B. selbst »Sicherung« für ein besseres Wort als das von mir gebrauchte »Schutzmaßregel«, aber ich kann einen neuen Sinn darin nicht finden. Ebenso würden in den Adlerschen Behauptungen eine Menge altbekannter Züge hervortreten, wenn man anstatt »fingiert, fiktiv und Fiktion« das ursprünglichere »phantasiert« und »Phantasie« wieder einsetzen würde. Von seiten der Psychoanalyse würde diese Identität betont werden, auch wenn der Autor nicht durch lange Jahre an den gemeinsamen Arbeiten teilgenommen hätte.

Der dritte Anteil der Adlerschen Lehre, die Umdeutungen und Entstellungen der unbequemen analytischen Tatsachen, enthält das, was die nunmehrige »Individualpsychologie« endgültig von der Analyse trennt. Der Systemgedanke Adlers lautet bekanntlich, es sei die Absicht der Selbstbehauptung des Individuums, sein »Wille zur Macht«, der sich in der Form des »männlichen Protests« in Lebensführung, Charakterbildung und Neurose dominierend kundgibt. Dieser männliche Protest, der Adlersche Motor, ist aber nichts anderes als die von ihrem psychologischen Mechanismus losgelöste Verdrängung, die überdies sexualisiert ist, was mit der gerühmten Vertreibung der Sexualität aus ihrer Rolle im Seelenleben schlecht zusammenstimmt. Der männliche Protest existiert nun sicherlich, aber bei seiner Konstituierung zum Motor des seelischen Geschehens hat die Beobachtung nur die Rolle des Sprungbrettes gespielt, welches man verläßt, um sich zu erheben. Nehmen wir eine der Grundsituationen des infantilen Begehrens vor, die Beobachtung des Geschlechtsaktes zwischen Erwachsenen durch das Kind. Dann weist die Analyse bei jenen Personen, deren Lebensgeschichte später den Arzt beschäftigen wird, nach, daß sich in jenem Moment zwei Regungen des unmündigen Zuschauers bemächtigt haben, die eine, wenn es ein Knabe ist, sich an die Stelle des aktiven Mannes zu setzen, und die andere, die Gegenstrebung, sich mit dem leidenden Weibe zu identifizieren. Beide Strebungen erschöpfen miteinander die Lustmöglichkeiten, die sich aus der Situation ergeben. Nur die erstere läßt sich dem männlichen Protest unterordnen, wenn dieser Begriff überhaupt einen Sinn behalten soll. Die zweite, um deren Schicksal sich Adler nicht kümmert oder die er nicht kennt, ist aber die, welche es zu einer größeren Bedeutung für die spätere Neurose bringen wird. Adler hat sich so ganz in die eifersüchtige Beschränktheit des Ichs versetzt, daß er nur jenen Triebregungen Rechnung trägt, welche dem Ich genehm sind und von ihm gefördert werden; gerade der Fall der Neurose, daß sich diese Regungen dem Ich widersetzen, liegt außerhalb seines Horizonts.

Bei dem durch die Psychoanalyse unabweisbar gewordenen Versuch, das Grundprinzip der Lehre an das Seelenleben des Kindes anzuknüpfen, haben sich für Adler die schwersten Abweichungen von der Realität der Beobachtung und die tiefgehendsten Begriffsverwirrungen ergeben. Der biologische, soziale und psychologische Sinn von »männlich« und »weiblich« sind dabei zu hoffnungsloser Mischbildung vermengt. Es ist unmöglich und durch die Beobachtung zurückzuweisen, daß das – männliche oder weibliche – Kind seinen Lebensplan auf eine ursprüngliche Geringschätzung des weiblichen Geschlechts begründen und sich zur Leitlinie den Wunsch machen könne: ich will ein rechter Mann werden. Das Kind ahnt die Bedeutung des Geschlechtsunterschiedes anfänglich nicht, geht vielmehr von der Voraussetzung aus, daß beiden Geschlechtern das nämliche (männliche) Genitale zukomme, beginnt seine Sexualforschung nicht mit dem Problem der Geschlechtsdifferenz und steht der sozialen Minderschätzung des Weibes völlig ferne. Es gibt Frauen, in deren Neurose der Wunsch, ein Mann zu sein, keine Rolle gespielt hat. Was vom männlichen Protest zu konstatieren ist, führt sich leicht auf die Störung des uranfänglichen Narzißmus durch die Kastrationsdrohung, respektive auf die ersten Behinderungen der Sexualbetätigung zurück. Aller Streit um die Psychogenese der Neurosen muß schließlich auf dem Gebiete der Kinderneurosen zum Austrage kommen. Die sorgfältige Zergliederung einer Neurose im frühkindlichen Alter macht allen Irrtümern in betreff der Ätiologie der Neurosen und Zweifeln an der Rolle der Sexualtriebe ein Ende. Darum mußte auch Adler in seiner Kritik der Jungschen Arbeit ›Konflikte der kindlichen Seele‹[95] zu der Unterstellung greifen, das Material des Falles sei »wohl vom Vater« einheitlich gerichtet worden.[96]

Ich werde nicht weiter bei der biologischen Seite der Adlerschen Theorie verweilen und nicht untersuchen, ob die greifbare Organminderwertigkeit oder das subjektive Gefühl derselben — man weiß nicht, welches von beiden — wirklich imstande ist, als Grundlage das Adlersche System zu tragen. Nur der Bemerkung sei Raum gegönnt, daß die Neurose dann ein Nebenerfolg der allgemeinen Verkümmerung würde, während die Beobachtung lehrt, daß eine erdrückend große Mehrheit von Häßlichen, Mißgestalteten, Verkrüppelten, Verelendeten es unterläßt, auf ihre Mängel mit der Entwicklung von Neurose zu reagieren. Auch die interessante Auskunft, die Minderwertigkeit ins Kindheitsgefühl zu verlegen, lasse ich beiseite. Sie zeigt uns, in welcher Verkleidung das in der Analyse so sehr betonte Moment des Infantilismus in der Individualpsychologie wiederkehrt. Dagegen obliegt es mir hervorzuheben, wie alle psychologischen Erwerbungen der Psychoanalyse bei Adler in den Wind geschlagen worden sind. Das Unbewußte tritt noch im »nervösen Charakter«[97] als eine psychologische Besonderheit auf, aber ohne alle Beziehung zum System. Später hat er folgerichtig erklärt, es sei ihm gleichgültig, ob eine Vorstellung bewußt oder unbewußt sei. Für die Verdrängung fand sich bei Adler von vornherein kein Verständnis. In dem Referat über einen Vortrag im Wiener Verein (Februar 1911) heißt es: »An der Hand eines Falles wird darauf hingewiesen, daß der Patient weder seine Libido verdrängt hatte, vor der er sich ja fortwährend zu sichern suchte . . .«[98] In einer Wiener Diskussion äußerte er bald darauf: »Wenn Sie fragen, woher kommt die Verdrängung, so

[95] [Jung, 1910c.]
[96] *Zentralblatt für Psychoanalyse*, Bd. 1, S. 122.
[97] [Adler, 1912.]
[98] *Korrespondenzblatt* Nr. 5, Zürich, April 1911.

bekommen Sie die Antwort: Von der Kultur. Wenn Sie aber dann fragen: Woher kommt die Kultur?, so antwortet man Ihnen: Von der Verdrängung. Sie sehen also, es handelt sich nur um ein Spiel mit Worten.« Ein kleiner Bruchteil des Scharfsinnes, mit dem Adler die Verteidigungskünste seines »nervösen Charakters« entlarvt hat, hätte hingereicht, ihm den Ausweg aus diesem rabulistischen Argument zu zeigen. Es ist nichts anderes dahinter, als daß die Kultur auf den Verdrängungsleistungen früherer Generationen ruht und daß jede neue Generation aufgefordert wird, diese Kultur durch Vollziehung derselben Verdrängungen zu erhalten. Ich habe von einem Kinde gehört, welches sich für gefoppt hielt und zu schreien begann, weil es auf die Frage: Woher kommen die Eier? zur Antwort erhalten hatte: Von den Hühnern, auf die weitere Frage: Woher kommen die Hühner? aber die Auskunft bekam: Aus den Eiern. Und doch hatte man da nicht mit Worten gespielt, sondern dem Kinde etwas Wahres gesagt.

Ebenso kläglich und inhaltsleer ist alles, was Adler über den Traum, dieses Schibboleth der Psychoanalyse, geäußert hat. Der Traum war ihm zuerst eine Wendung von der weiblichen auf die männliche Linie, was nichts anderes besagt als die Übersetzung der Lehre von der Wunscherfüllung im Traume in die Sprache des »männlichen Protestes«. Später findet er das Wesen des Traumes darin, daß der Mensch sich durch ihn unbewußt ermögliche, was bewußt versagt sei. Auch die Priorität für die Verwechslung des Traumes mit den latenten Traumgedanken, auf der die Erkenntnis seiner »prospektiven Tendenz« ruht, ist Adler zuzusprechen. Maeder ist ihm hierin später nachgekommen. Dabei übersieht man bereitwillig, daß jede Deutung eines Traumes, der in seiner manifesten Erscheinung überhaupt nichts Verständliches sagt, auf der Anwendung der nämlichen Traumdeutung beruht, deren Voraussetzungen und Folgerungen man bestreitet. Vom Widerstand weiß Adler anzugeben, daß er der Durchsetzung des Kranken gegen den Arzt dient. Dies ist gewiß richtig; es heißt soviel als: er dient dem Widerstande. Woher er aber kommt und wie es zugeht, daß seine Phänomene der Absicht des Kranken zu Gebote stehen, das wird, als für das Ich uninteressant, nicht weiter erörtert. Die Detailmechanismen der Symptome und Phänomene, die Begründung der Mannigfaltigkeit von Krankheiten und Krankheitsäußerungen finden überhaupt keine Berücksichtigung, da doch alles in gleicher Weise dem männlichen Protest, der Selbstbehauptung, der Erhöhung

der Persönlichkeit dienstbar ist. Das System ist fertig, es hat eine außerordentliche Umdeutungsarbeit gekostet, dafür auch nicht eine einzige neue Beobachtung geliefert. Ich glaube gezeigt zu haben, daß es mit Psychoanalyse nichts zu schaffen hat.
Das Lebensbild, welches aus dem Adlerschen System hervorgeht, ist ganz auf den Aggressionstrieb gegründet; es läßt keinen Raum für die Liebe. Man könnte sich ja verwundern, daß eine so trostlose Weltanschauung überhaupt Beachtung gefunden hat; aber man darf nicht daran vergessen, daß die vom Joch ihrer Sexualbedürfnisse bedrückte Menschheit bereit ist, alles anzunehmen, wenn man ihr nur die »Überwindung der Sexualität« als Köder hinhält.

Die Adlersche Abfallsbewegung vollzog sich vor dem Kongreß in Weimar 1911; nach diesem Datum setzte die der Schweizer ein. Ihre ersten Anzeichen waren sonderbarerweise einige Äußerungen Riklins in populären Aufsätzen der schweizerischen Literatur, aus denen die Umwelt also früher als die nächsten Fachgenossen erfuhr, daß die Psychoanalyse einige bedauerliche, sie diskreditierende Irrtümer überwunden habe. 1912 rühmte sich Jung in einem Briefe aus Amerika, daß seine Modifikationen der Psychoanalyse die Widerstände bei vielen Personen überwunden hätten, die bis dahin nichts von ihr hatten wissen wollen. Ich antwortete, das sei kein Ruhmestitel und je mehr er von den mühselig erworbenen Wahrheiten der Psychoanalyse opfere, desto mehr werde er den Widerstand schwinden sehen. Die Modifikation, auf deren Einführung die Schweizer sich so stolz zeigten, war wiederum keine andere als die theoretische Zurückdrängung des sexuellen Moments. Ich gestehe, daß ich von allem Anfang an diesen »Fortschritt« als eine zu weitgehende Anpassung an die Anforderungen der Aktualität auffaßte.
Die beiden rückläufigen, von der Psychoanalyse wegstrebenden Bewegungen, die ich nun zu vergleichen habe, zeigen auch die Ähnlichkeit, daß sie durch gewisse hochragende Gesichtspunkte wie *sub specie aeternitatis* um ein günstiges Vorurteil werben. Bei Adler spielt die Relativität aller Erkenntnis und das Recht der Persönlichkeit, den Wissensstoff individuell künstlerisch zu gestalten, diese Rolle; bei Jung wird auf das kulturhistorische Recht der Jugend gepocht, Fesseln abzuwerfen, in welche sie das tyrannische, in seinen Anschauungen erstarrte Alter schlagen möchte. Diese Argumente machen einige abweisende Worte notwendig. Die Relativität unserer Erkenntnis ist ein Bedenken,

welches jeder anderen Wissenschaft ebensowohl entgegengesetzt werden kann wie der Psychoanalyse. Es entstammt bekannten reaktionären, der Wissenschaft feindlichen Strömungen der Gegenwart und will den Schein einer Überlegenheit in Anspruch nehmen, die uns nicht gebührt. Keiner von uns kann ahnen, welches das endgültige Urteil der Menschheit über unsere theoretischen Bemühungen sein wird. Man hat Beispiele dafür, daß die Abweisung der nächsten drei Generationen noch von der nächstfolgenden korrigiert und in Anerkennung verwandelt wurde. Es bleibt dem einzelnen nichts übrig, als seine auf Erfahrung gestützte Überzeugung mit all seinen Kräften zu vertreten, nachdem er die eigene kritische Stimme sorgfältig und die der Gegner mit einiger Aufmerksamkeit angehört hat. Man begnüge sich damit, seine Sache ehrlich zu führen, und maße sich nicht ein Richteramt an, das einer fernen Zukunft vorbehalten ist. Die Betonung der persönlichen Willkür in wissenschaftlichen Dingen ist arg; sie will der Psychoanalyse offenbar den Wert einer Wissenschaft bestreiten, der allerdings durch die vorhergehende Bemerkung bereits herabgesetzt ist. Wer das wissenschaftliche Denken hochstellt, wird eher nach Mitteln und Methoden suchen, um den Faktor der persönlichen künstlerischen Willkür dort möglichst einzuschränken, wo er noch eine übergroße Rolle spielt. Übrigens darf man sich rechtzeitig erinnern, daß aller Eifer der Verteidigung unangebracht ist. Diese Argumente Adlers sind nicht ernst gemeinte; sie sollen nur gegen den Gegner verwertet werden, respektieren aber die eigenen Theorien. Sie haben auch Adlers Anhänger nicht abgehalten, ihn als den Messias zu feiern, auf dessen Erscheinen die harrende Menschheit durch so und so viel Vorläufer vorbereitet worden ist. Der Messias ist gewiß nichts Relatives mehr.

Das Jungsche Argument *ad captandam benevolentiam* ruht auf der allzu optimistischen Voraussetzung, als hätte sich der Fortschritt der Menschheit, der Kultur, des Wissens, stets in ungebrochener Linie vollzogen. Als hätte es niemals Epigonen gegeben, Reaktionen und Restaurationen nach jeder Revolution, Geschlechter, die durch einen Rückschritt auf den Erwerb einer früheren Generation verzichtet hätten. Die Annäherung an den Standpunkt der Menge, das Aufgeben einer als unliebsam empfundenen Neuerung, machen es von vornherein unwahrscheinlich, daß die Jungsche Korrektur der Psychoanalyse den Anspruch auf eine befreiende Jugendtat sollte erheben können.

Endlich sind es nicht die Jahre des Täters, welche hierüber entscheiden, sondern der Charakter der Tat.

Von den beiden hier behandelten Bewegungen ist die Adlersche unzweifelhaft die bedeutsamere; radikal falsch, ist sie doch durch Konsequenz und Kohärenz ausgezeichnet. Sie ist auch noch immer auf eine Trieblehre gegründet. Die Jungsche Modifikation dagegen hat den Zusammenhang der Phänomene mit dem Triebleben gelockert; sie ist übrigens, wie ihre Kritiker (Abraham, Ferenczi, Jones) hervorgehoben, so unklar, undurchsichtig und verworren, daß es nicht leicht ist, Stellung zu ihr zu nehmen. Wo man sie antastet, muß man darauf vorbereitet sein zu hören, daß man sie mißverstanden hat, und man weiß nicht, wie man zu ihrem richtigen Verständnis kommen soll. Sie stellt sich selbst in eigentümlich schwankender Weise vor, bald als »ganz zahme Abweichung, die das Geschrei nicht wert sei, das sich darum erhoben habe« (Jung), bald als neue Heilsbotschaft, mit der eine neue Epoche für die Psychoanalyse beginne, ja, eine neue Weltanschauung für alle übrigen.

Unter dem Eindruck der Unstimmigkeiten zwischen den einzelnen privaten und öffentlichen Äußerungen der Jungschen Richtung wird man sich fragen müssen, wie groß daran der Anteil der eigenen Unklarheit und der der Unaufrichtigkeit sei. Man wird aber zugestehen, daß sich die Vertreter der neuen Lehre in einer schwierigen Situation befinden. Sie bekämpfen nun Dinge, welche sie früher selbst verteidigt haben, und zwar nicht auf Grund neuer Beobachtungen, von denen sie sich belehren lassen konnten, sondern infolge von Umdeutungen, welche ihnen jetzt die Dinge anders erscheinen lassen, als sie sie vorher sahen. Darum wollen sie den Zusammenhang mit der Psychoanalyse, als deren Vertreter sie der Welt bekannt wurden, nicht aufgeben und ziehen es vor zu verkünden, daß die Psychoanalyse sich geändert hat. Auf dem Münchner Kongreß sah ich mich genötigt, dieses Halbdunkel aufzuhellen, und tat es durch die Erklärung, daß ich die Neuerungen der Schweizer nicht als legitime Fortsetzung und Weiterentwicklung der von mir ausgehenden Psychoanalyse anerkenne. Außenstehende Kritiker (wie Furtmüller[99]) hatten diesen Sachverhalt schon vorher erkannt, und Abraham spricht mit Recht davon, daß sich Jung auf dem vollen Rückzuge von der Psychoanalyse befinde. Ich bin natür-

[99] [Carl Furtmüller hörte 1906 Freuds Vorlesungen an der Wiener Universität. Er war ein Anhänger Adlers und schlug später eine politische Laufbahn ein.]

lich gern bereit zuzugestehen, daß ein jeder das Recht hat, zu denken und zu schreiben, was er will, aber er hat nicht das Recht, es für etwas anderes auszugeben, als es wirklich ist.

Wie die Adlersche Forschung der Psychoanalyse etwas Neues brachte, ein Stück der Ichpsychologie, und sich dieses Geschenk allzu teuer bezahlen lassen wollte durch die Verwerfung aller grundlegenden analytischen Lehren, so haben auch Jung und seine Anhänger ihren Kampf gegen die Psychoanalyse an eine Neuerwerbung für dieselbe angeknüpft. Sie haben im einzelnen verfolgt (worin ihnen Pfister vorangegangen war), wie das Material der sexuellen Vorstellungen aus dem Familienkomplex und der inzestuösen Objektwahl zur Darstellung der höchsten ethischen und religiösen Interessen der Menschen verwendet wird, also einen bedeutsamen Fall von Sublimierung der erotischen Triebkräfte und Umsetzung derselben in nicht mehr erotisch zu nennende Strebungen aufgeklärt. Dies stand im besten Einklang mit den in der Psychoanalyse enthaltenen Erwartungen und hätte sich vortrefflich mit der Auffassung vertragen, daß in Traum und Neurose die regressive Auflösung dieser wie aller anderen Sublimierungen sichtbar wird. Allein die Welt hätte empört gerufen, man habe Ethik und Religion sexualisiert! Ich kann es nun nicht vermeiden, einmal »final«[100] zu denken und anzunehmen, daß sich die Entdecker diesem Entrüstungssturm nicht gewachsen fühlten. Vielleicht begann er auch in der eigenen Brust zu toben. Die theologische Vorgeschichte so vieler Schweizer ist für ihre Stellung zur Psychoanalyse so wenig gleichgültig wie die sozialistische Adlers für die Entwicklung seiner Psychologie. Man wird an die berühmte Geschichte Mark Twains von den Schicksalen seiner Uhr erinnert und an die Verwunderung, mit der sie schließt: »And he used to wonder what became of all the unsuccessful tinkers, and gunsmiths, and shoemakers, and blacksmiths; but nobody could ever tell him.«

Ich will den Weg des Gleichnisses betreten und annehmen, in einer Gesellschaft lebe ein Emporkömmling, der sich der Abstammung von uradeliger, aber ortsfremder Familie rühme.

[100] [Anspielung auf Adlers »Finalismus«, den dieser Freuds angeblichem reduktionistischen Positivismus entgegengestellt hatte. Nach dieser Auffassung sind seelische Phänomene nicht kausal, aufgrund bestimmter Erbfaktoren, traumatischer Kindheitserlebnisse, fixierter Triebkonstellationen usw., sondern nur im Hinblick auf die subjektive Einschätzung solcher Momente durch das Individuum und seine die eigene Zukunft gestaltenden Wert- und Zielvorstellungen teleologisch zu erklären.]

Nun werde ihm nachgewiesen, daß seine Eltern irgendwo in der Nähe leben und sehr bescheidene Leute seien. Jetzt steht ihm noch ein Auskunftsmittel zu Gebote, und zu diesem greift er auch. Er kann die Eltern nicht mehr verleugnen, aber er behauptet, die seien selbst hochadelig, nur herabgekommen, und verschafft ihnen bei einem gefälligen Amt ein Abkunftsdokument. Ich meine, so ähnlich haben sich die Schweizer benehmen müssen. Wenn Ethik und Religion nicht sexualisiert werden durften, sondern von Anfang an etwas »Höheres« waren, die Herleitung ihrer Vorstellungen aus dem Familien- und Ödipuskomplex aber unabweisbar erschien, so ergab sich nur eine Auskunft: diese Komplexe selbst durften von Anfang an nicht bedeuten, was sie auszusagen schienen, sondern jenen höheren, *»anagogischen«* Sinn[101] (nach Silberers Namengebung) haben, mit dem sie sich in ihre Verwendung in den abstrakten Gedankengängen der Ethik und der religiösen Mystik einfügten.

Ich bin nun gefaßt darauf, wiederum zu hören, daß ich Inhalt und Absicht der Neu-Züricher Lehre mißverstanden habe, aber ich verwahre mich von vornherein dagegen, daß die Widersprüche gegen meine Auffassung, die sich aus den Veröffentlichungen dieser Schule ergeben, mir, anstatt ihnen selbst zur Last gelegt sein sollen. Auf keine andere Art kann ich mir das Ensemble der Jungschen Neuerungen verständlich machen und im Zusammenhange begreifen. Von der Absicht, das Anstößige der Familienkomplexe zu beseitigen, um dies Anstößige nicht in Religion und Ethik wiederzufinden, strahlen alle die Abänderungen aus, welche Jung an der Psychoanalyse vorgenommen hat. Die sexuelle Libido wurde durch einen abstrakten Begriff ersetzt, von dem man behaupten darf, daß er für Weise wie für Toren gleich geheimnisvoll und unfaßbar geblieben ist. Der Ödipuskomplex war nur »symbolisch« gemeint, die Mutter darin bedeutete das Unerreichbare, auf welches man im Interesse der Kulturentwicklung verzichten muß; der Vater, der im Ödipusmythus getötet wird, ist der »innerliche« Vater, von dem man sich frei zu machen hat, um selbständig zu werden. Andere Stücke des sexuellen Vorstellungsmaterials werden im Laufe der

[101] [Freud erläutert diese Namengebung in den *Vorlesungen zur Einführung in die Psychoanalyse*: ». . . daß jeder Traum zwei Deutungen zulasse, . . . die sogenannte psychoanalytische, und eine andere, die sogenannte anagogische, welche von den Triebregungen absieht und auf eine Darstellung der höheren Seelenleistungen hinzielt (H. Silberer)«. (Freud, 1916–17, S. 244.)]

Zeit sicherlich ähnliche Umdeutungen erfahren. An Stelle des Konfliktes zwischen ichwidrigen erotischen Strebungen und der Ichbehauptung trat der Konflikt zwischen der »Lebensaufgabe« und der »psychischen Trägheit«; das neurotische Schuldbewußtsein entsprach dem Vorwurf, seiner Lebensaufgabe nicht gerecht zu werden. Ein neues religiös-ethisches System wurde so geschaffen, welches ganz wie das Adlersche die tatsächlichen Ergebnisse der Analyse umdeuten, verzerren oder beseitigen mußte. In Wirklichkeit hatte man aus der Symphonie des Weltgeschehens ein paar kulturelle Obertöne herausgehört und die urgewaltige Triebmelodie wieder einmal überhört.
Um dieses System zu halten, war eine volle Abwendung von der Beobachtung und von der Technik der Psychoanalyse notwendig. Gelegentlich gestattete die Begeisterung für die hehre Sache auch eine Geringschätzung der wissenschaftlichen Logik, wie wenn Jung den Ödipuskomplex nicht »spezifisch« genug für die Ätiologie der Neurosen findet und diese Spezifität der Trägheit, also der allgemeinsten Eigenschaft belebter wie unbelebter Körper zuerkennt! Dabei ist zu bemerken, daß der »Ödipuskomplex« nur einen Inhalt darstellt, an dem sich die Seelenkräfte des Individuums messen, und nicht selbst eine Kraft ist, wie die »psychische Trägheit«. Die Erforschung des einzelnen Menschen hatte ergeben und wird immer von neuem ergeben, daß die sexuellen Komplexe in ihrem ursprünglichen Sinne in ihm lebendig sind. Darum wurde die Individualforschung zurückgedrängt und durch die Beurteilung nach Anhaltspunkten aus der Völkerforschung ersetzt. In der frühen Kindheit eines jeden Menschen war man am ehesten der Gefahr ausgesetzt, auf den ursprünglichen und unverhüllten Sinn der umgedeuteten Komplexe zu stoßen, daher ergab sich für die Therapie die Vorschrift, bei dieser Vergangenheit so kurz als möglich zu verweilen und den Hauptakzent auf die Rückkehr zum aktuellen Konflikt zu legen, an dem aber beileibe nicht das Zufällige und Persönliche, sondern das Generelle, eben das Nichterfüllen der Lebensaufgabe, das Wesentliche ist. Wir haben aber gehört, daß der aktuelle Konflikt des Neurotikers erst verständlich und lösbar wird, wenn man ihn auf die Vorgeschichte des Kranken zurückführt, den Weg geht, den seine Libido bei der Erkrankung gegangen ist.
Wie sich die Neu-Züricher Therapie unter solchen Tendenzen gestaltet hat, kann ich nach den Angaben eines Patienten mitteilen, der sie an sich selbst erfahren mußte. »Diesmal keine

Spur von Rücksicht auf Vergangenheit und Übertragung. Wo ich letztere zu greifen glaubte, wurde sie für reines Libidosymbol ausgegeben. Die moralischen Belehrungen waren sehr schön, und ich lebte ihnen getreulich nach, aber ich kam keinen Schritt vorwärts. Es war mir noch unangenehmer als ihm, aber was konnte ich dafür? . . . Statt analytisch zu befreien, brachte jede Stunde neue ungeheure Forderungen, an deren Erfüllung die Überwindung der Neurose geknüpft wurde, z. B. innerliche Konzentration durch Introversion, religiöse Vertiefung, neues Gemeinschaftsleben mit meiner Frau in liebevoller Hingabe usw. Es ging fast über die Kraft, lief es doch auf eine radikale Umgestaltung des ganzen inneren Menschen hinaus. Man verließ die Analyse als armer Sünder mit den stärksten Zerknirschungsgefühlen und den besten Vorsätzen, aber gleichzeitig in tiefster Entmutigung. Was er mir empfahl, hätte jeder Pfarrer mir auch geraten, aber woher die Kraft?« Der Patient teilt zwar mit, er habe gehört, daß die Vergangenheits- und Übertragungsanalyse vorangehen müsse. Ihm wurde gesagt, daß er davon genug gehabt habe. Da sie nicht mehr geholfen hat, scheint mir der Schluß gerechtfertigt, daß der Patient von der ersteren Art der Analyse *nicht genug* bekommen hat. Keinesfalls hat das daraufgesetzte Stück Behandlung mehr geholfen, welches auf den Namen einer Psychoanalyse keinen Anspruch mehr hat. Es ist zu verwundern, daß die Züricher den langen Umweg über Wien gebraucht haben, um endlich nach dem so nahen Bern zu kommen, in dem Dubois Neurosen durch ethische Aufmunterung in schonungsvollerer Weise heilt.[102]

Der völlige Zerfall dieser neuen Richtung mit der Psychoanalyse erweist sich natürlich auch in der Behandlung der Verdrängung, welche in den Schriften Jungs kaum mehr erwähnt wird, in der Verkennung des Traumes, den sie wie Adler unter Verzicht auf die Traumpsychologie mit den latenten Traumgedanken verwechselt, in dem Verlust des Verständnisses für das Unbewußte, kurz in all den Punkten, in welche ich die Wesenheit der Psychoanalyse verlegen konnte. Wenn man von Jung hört, der Inzestkomplex sei nur *symbolisch*, er habe doch keine *reale* Existenz, der Wilde verspüre doch kein Gelüste nach der alten Vet-

[102] Ich kenne die Bedenken, welche der Verwertung einer Patientenaussage im Wege stehen, und will darum ausdrücklich versichern, daß mein Gewährsmann eine ebenso vertrauenswürdige wie urteilsfähige Persönlichkeit ist. Er hat mich informiert, ohne daß ich ihn dazu aufgefordert, und ich bediene mich seiner Mitteilung, ohne seine Zustimmung einzuholen, weil ich nicht zugeben kann, daß eine psychoanalytische Technik den Schutz der Diskretion beanspruchen sollte.

tel, sondern ziehe ein junges und schönes Weib vor, so ist man versucht anzunehmen, daß »symbolisch« und »keine reale Existenz« eben das bedeuten, was man in der Psychoanalyse mit Rücksicht auf seine Äußerungen und pathogenen Wirkungen als »unbewußt existent« bezeichnet, um auf solche Weise den scheinbaren Widerspruch zu erledigen.

Wenn man sich vorhält, daß der Traum noch etwas anderes ist als die latenten Traumgedanken, die er verarbeitet, so wird man sich nicht wundern, daß die Kranken von den Dingen träumen, mit denen man ihren Sinn während der Behandlung erfüllt hat, sei es die »Lebensaufgabe« oder das »Oben- und Untensein«. Gewiß sind die Träume der Analysierten lenkbar, in ähnlicher Art, wie man Träume durch experimentell angebrachte Reize beeinflussen kann. Man kann einen Teil des Materials bestimmen, welches in den Träumen vorkommt; am Wesen und am Mechanismus des Traumes wird hiedurch nichts geändert. Ich glaube auch nicht daran, daß die sogenannten »biographischen« Träume sich außerhalb der Analyse ereignen. Analysiert man hingegen Träume, die vor der Behandlung vorgefallen sind, oder achtet man darauf, was der Träumer zu den ihm in der Kur gegebenen Anregungen hinzufügt, oder kann man es vermeiden, ihm solche Aufgaben zu stellen, so überzeugt man sich, wie ferne es dem Traume liegt, gerade nur Lösungsversuche der Lebensaufgabe zu liefern. Der Traum ist ja nur eine Form des Denkens; das Verständnis dieser Form kann man nie aus dem Inhalt seiner Gedanken gewinnen, dazu führt nur die Würdigung der Traumarbeit.

Die faktische Widerlegung der Jungschen Mißverständnisse und Abweichungen von der Psychoanalyse ist nicht schwierig. Jede regelrecht ausgeführte Analyse, ganz besonders aber jede Analyse am Kinde, bestärkt die Überzeugungen, auf denen die Theorie der Psychoanalyse ruht, und weist die Umdeutungen des Adlerschen wie des Jungschen Systems zurück. Jung selbst hat in der Zeit vor seiner Erleuchtung eine solche Kinderanalyse durchgeführt und publiziert[103]; es ist abzuwarten, ob er eine neue Deutung derselben mit Hilfe einer anderen »einheitlichen Richtung der Tatsachen« (nach dem hierauf bezüglichen Ausdruck Adlers) vornehmen wird.

Die Ansicht, daß die sexuelle Darstellung »höherer« Gedanken in Traum und Neurose nichts anderes als eine archaische Aus-

[103] [Jung, 1910*b*.]

drucksweise bedeute, ist natürlich mit der Tatsache unvereinbar, daß sich diese sexuellen Komplexe in der Neurose als die Träger jener Libidoquantitäten erweisen, welche dem realen Leben entzogen worden sind. Handelte es sich nur um einen sexuellen Jargon, so könnte dadurch an der Ökonomie der Libido nichts geändert worden sein. Jung selbst gesteht dies noch in seiner *Darstellung der psychoanalytischen Theorie*[104] zu und formuliert als therapeutische Aufgabe, daß diesen Komplexen die Libidobesetzung entzogen werden solle. Dies gelingt aber niemals durch Wegweisen von ihnen und Drängen zur Sublimierung, sondern nur durch eingehendste Beschäftigung mit ihnen und durch Bewußtmachen im vollen Umfange. Das erste Stück der Realität, dem der Kranke Rechnung zu tragen hat, ist eben seine Krankheit. Bemühungen, ihn dieser Aufgabe zu entziehen, deuten auf eine Unfähigkeit des Arztes, ihm zur Überwindung der Widerstände zu verhelfen, oder auf eine Scheu des Arztes vor den Ergebnissen dieser Arbeit.

Ich möchte abschließend sagen, Jung hat mit seiner »Modifikation« der Psychoanalyse ein Gegenstück zum berühmten Lichtenbergschen Messer[105] geliefert. Er hat das Heft verändert und eine neue Klinge eingesetzt; weil dieselbe Marke darauf eingeritzt ist, sollen wir nun dies Instrument für das frühere halten.

Ich glaube im Gegenteile gezeigt zu haben, daß die neue Lehre, welche die Psychoanalyse substituieren möchte, ein Aufgeben der Analyse und einen Abfall von ihr bedeutet. Man wird vielleicht der Befürchtung zuneigen, daß dieser Abfall für ihr Schicksal verhängnisvoller werden müsse als ein anderer, weil er von Personen ausgeht, welche eine so große Rolle in der Bewegung gespielt und sie um ein so großes Stück gefördert haben. Ich teile diese Befürchtung nicht.

Menschen sind stark, solange sie eine starke Idee vertreten; sie werden ohnmächtig, wenn sie sich ihr widersetzen. Die Psychoanalyse wird diesen Verlust ertragen und für diese Anhänger andere gewinnen. Ich kann nur mit dem Wunsche schließen, daß das Schicksal allen eine bequeme Auffahrt bescheren möge, denen der Aufenthalt in der Unterwelt der Psychoanalyse unbehaglich geworden ist. Den anderen möge es gestattet sein, ihre Arbeiten in der Tiefe unbelästigt zu Ende zu führen.[106]

[104] [Jung, 1913.]

[105] [»Lichtenbergs Messer ohne Klinge, wo der Stiel fehlt« erwähnt Freud auch in seinem Buch über den Witz (Freud, 1905*c*, S. 64, Anm. 1).]

[106] [Im Manuskript, im Erstdruck und in der Ausgabe von 1918 steht unter dem Text das Datum: Februar 1914.]

Kurzer Abriß der Psychoanalyse
(1924/1928 [1923])

Editorische Hinweise

Freud hat den ›Kurzen Abriß‹, so berichtet Ernest Jones, im Oktober und November 1923, in der Zeit der Rekonvaleszenz nach seiner ersten großen Krebsoperation geschrieben. Er war von der Encyclopaedia Britannica Company (London/New York) gebeten worden, eine zusammenfassende Darstellung seiner Psychoanalyse zu geben, allerdings nicht für die berühmte, von Freud sehr geschätzte Enzyklopädie – erst 1926 ist dort eine von Freud stammende Definition seiner Lehre (›Psychoanalysis‹) aufgenommen worden; diesmal ging es dem Verleger vielmehr um einen Beitrag zu einem Sammelwerk mit dem Titel *These Eventful Years; The Twentieth Century in the Making, As Told by Many of its Makers*. Es handelte sich um ein zweibändiges Kompendium, in dem sich das beginnende zwanzigste Jahrhundert gleichsam spiegeln sollte. Die Autoren waren Politiker, Diplomaten, Wissenschaftler, Künstler usw. Freuds Aufsatz erschien 1924 in der autorisierten Übersetzung von A. A. Brill unter dem Titel ›Psychoanalysis: Exploring the Hidden Recesses of the Mind‹ als Kapitel LXXIII des zweiten Bandes (S. 511–23). Dieser Band (vgl. dazu Freuds Brief an Franklin Henry Hooper vom 4. September 1924 in: Freud, 1960, S. 354f.) beginnt mit zahlreichen Länderberichten und bringt dann Aufsätze über Musik, Literatur, Wissenschaft, Sport usw. Über wissenschaftliche Errungenschaften schrieb neben Freud u. a. Madame Curie. Die deutsche Urfassung der Darstellung Freuds, in der er sich der indirekten Form bedient und von sich selbst als von »Freud« spricht, erschien unter dem nüchterneren Titel ›Kurzer Abriß der Psychoanalyse‹ erst danach, 1928, im elften Band von Freuds *Gesammelten Schriften*. Seit 1940 steht die Arbeit auch im dreizehnten Band der *Gesammelten Werke*. Es fehlen die möglicherweise von der Redaktion des Sammelbandes stammenden Zwischenüberschriften der englischen Version.

Offensichtlich hat Freud seinen Beitrag als eine kurze *Geschichte* der Psychoanalyse aufgefaßt, wenn er gleich zu Anfang bemerkt, daß diese »Geschichte« »mit der Schilderung der Einflüsse« beginnen müsse, die für die Entstehung der Psychoanalyse maßgebend gewesen seien. Der ›Kurze Abriß‹ gehört aber nicht nur thematisch in den vorliegenden Band: er ist leicht lesbar und wendet sich mit seinen einfachen Definitionen dessen, was Psychoanalyse ist, an ein großes Publikum.

I

Die Psychoanalyse ist sozusagen mit dem zwanzigsten Jahrhundert geboren; die Veröffentlichung, mit welcher sie als etwas Neues vor die Welt tritt, meine *Traumdeutung*, trägt die Jahreszahl 1900.[1] Aber sie ist, wie selbstverständlich, nicht aus dem Stein gesprungen oder vom Himmel gefallen, sie knüpft an Älteres an, das sie fortsetzt, sie geht aus Anregungen hervor, die sie verarbeitet. So muß ihre Geschichte mit der Schilderung der Einflüsse beginnen, die für ihre Entstehung maßgebend waren, und darf auch der Zeiten und der Zustände vor ihrer Schöpfung nicht vergessen.

Die Psychoanalyse ist auf einem engbegrenzten Boden erwachsen. Sie kannte ursprünglich nur das eine Ziel, etwas von der Natur der sogenannt »funktionellen« Nervenkrankheiten zu verstehen, um die bisherige ärztliche Ohnmacht in der Behandlung derselben zu überwinden. Die Neurologen dieser Zeit waren in der Hochschätzung chemisch-physikalischer und pathologisch-anatomischer Tatsachen erzogen worden, sie standen zuletzt unter dem Eindruck der Funde von Hitzig und Fritsch, Ferrier, Goltz u. a., welche eine innige, vielleicht eine ausschließliche Bindung gewisser Funktionen an bestimmte Teile des Gehirns zu erweisen scheinen. Mit dem psychischen Moment wußten sie nichts anzufangen, sie konnten es nicht erfassen, überließen es den Philosophen, Mystikern und — Kurpfuschern und hielten es auch für unwissenschaftlich, sich mit ihm abzugeben; dementsprechend eröffnete sich auch kein Zugang zu den Geheimnissen der Neurosen, vor allem der rätselhaften »Hysterie«, die ja das Vorbild der ganzen Gattung war. Noch als ich 1885 an der Salpêtrière[2] hospitierte, erfuhr ich, daß man sich für die hysterischen Lähmungen mit der Formel begnügte, sie seien in leichten funktionellen Störungen derselben Hirnpartien begründet, deren schwere Schädigung die entsprechende organische Lähmung hervorrufe.

Unter dem Mangel an Verständnis litt natürlich auch die Therapie dieser Krankheitszustände. Sie bestand in allgemein »roborierenden«[3] Maßnahmen, in der Verabreichung von Arzneimitteln und in meist sehr unzweckmäßigen, unfreundlich ausge-

[1] [Vgl. die ›Editorischen Hinweise‹ auf S. 139 dieses Bandes.]

[2] [Vgl. den im vorliegenden Band enthaltenen ›Bericht‹ über den Studienaufenthalt bei Charcot.]

[3] [D. h. kräftigenden.]

führten Versuchen zur seelischen Beeinflussung wie Einschüchterungen, Verspottungen, Mahnungen, seinen Willen aufzubieten, sich »zusammenzunehmen«. Als spezifische Therapie der nervösen Zustände wurde die elektrische Behandlung ausgegeben, aber wer diese je nach den detaillierten Vorschriften von W. Erb[4] auszuüben unternahm, durfte sich verwundern, welchen Raum die Phantasie auch in der angeblich exakten Wissenschaft behaupten konnte. Die entscheidende Wendung trat ein, als in den achtziger Jahren die Phänomene des Hypnotismus wieder einmal um Einlaß in die medizinische Wissenschaft warben, diesmal dank der Arbeit von Liébeault, Bernheim, Heidenhain, Forel mit besserem Erfolg als schon so oft vorher.[5] Es kam vor allem darauf an, daß man die Echtheit dieser Erscheinungen anerkannte. War dies zugestanden, so mußte man aus dem Hypnotismus zwei grundlegende und unvergeßliche Lehren ziehen. Erstens überzeugte man sich, daß auffällige körperliche Veränderungen doch nur der Erfolg von seelischen Einflüssen waren, die man in diesem Falle selbst in Tätigkeit gerufen hatte; zweitens bekam man besonders aus dem Verhalten der Versuchspersonen nach der Hypnose den deutlichsten Eindruck von der Existenz solcher seelischer Vorgänge, die man nur »unbewußte« nennen konnte. Das »Unbewußte« stand zwar schon seit langem als theoretischer Begriff bei den Philosophen zur Diskussion, aber hier in den Erscheinungen des Hypnotismus wurde es zuerst leibhaft, handgreiflich und Gegenstand des Experiments. Es kam hinzu, daß die hypnotischen Phänomene eine unverkennbare Ähnlichkeit mit den Äußerungen mancher Neurosen zeigten.

Man kann die Bedeutung des Hypnotismus für die Entstehungsgeschichte der Psychoanalyse nicht leicht überschätzen. In theoretischer wie therapeutischer Hinsicht verwaltet die Psychoanalyse ein Erbe, das sie vom Hypnotismus übernommen hat.

Die Hypnose erwies sich auch als ein wertvolles Hilfsmittel zum Studium der Neurosen, wiederum in erster Linie der Hysterie. Einen großen Eindruck machten die Versuche von Charcot[6], der vermutet hatte, daß gewisse Lähmungen, die nach Trauma (Unfall) aufgetreten waren, hysterischer Natur seien, und nun durch die Suggestion eines Traumas in der Hypnose Lähmungen von den nämlichen Charakteren künstlich hervorrufen

[4] [Erb, 1882.]
[5] [Vgl. S. 48f. und S. 146 des vorliegenden Bandes.]
[6] [Vgl. im vorliegenden Band S. 44f. und S. 131ff.]

konnte. Es verblieb seitdem die Erwartung, daß traumatische Einflüsse ganz allgemein an der Entstehung der hysterischen Symptome beteiligt sein konnten. Charcot selbst bemühte sich weiter nicht um ein psychologisches Verständnis der hysterischen Neurose, aber sein Schüler P. Janet nahm diese Studien auf und konnte mit Hilfe der Hypnose zeigen, daß die Krankheitsäußerungen der Hysterie in fester Abhängigkeit von gewissen unbewußten Gedanken (*idées fixes*) stehen. Janet charakterisierte die Hysterie durch eine von ihm angenommene konstitutionelle Unfähigkeit, die seelischen Vorgänge zusammenzuhalten, aus der ein Zerfall (Dissoziation) des Seelenlebens hervorgehe.[7]

Die Psychoanalyse knüpfte aber keineswegs an diese Forschungen Janets an. Für sie wurde die Erfahrung eines Wiener Arztes, Dr. Josef Breuer[8], maßgebend, der unabhängig von fremdem Einfluß um das Jahr 1881 ein hysterisch erkranktes Mädchen von hoher Begabung mit Hilfe der Hypnose studieren und herstellen konnte. Breuers Ergebnisse sind der Öffentlichkeit erst fünfzehn Jahre später mitgeteilt worden, nachdem er den Referenten (Freud) zum Mitarbeiter angenommen hatte. Der von ihm behandelte Fall hat seine einzigartige Bedeutung für unser Verständnis der Neurosen bis auf den heutigen Tag behalten, so daß es unvermeidlich ist, länger bei ihm zu verweilen.[9] Es ist notwendig, klar zu erfassen, worin die Eigentümlichkeit des Breuerschen Falles bestand. Das Mädchen war an der Pflege ihres zärtlich geliebten Vaters erkrankt. Breuer konnte nun nachweisen, daß alle ihre Symptome sich auf diese Krankenpflege bezogen und durch sie ihre Aufklärung fanden. Es war also zum erstenmal ein Fall der rätselhaften Neurose restlos durchschaut worden, und alle Krankheitserscheinungen hatten sich als sinnvoll herausgestellt. Ferner war es ein allgemeiner Charakter der Symptome, daß sie in Situationen entstanden waren, welche einen Impuls zu einer Handlung enthielten, der aber dann nicht ausgeführt, sondern infolge anderer Motive unterdrückt worden war. An Stelle dieser unterbliebenen Aktionen waren eben die Symptome aufgetreten. Somit wurde man für die Ätiologie der hysterischen Symptome auf das Gefühlsleben (die Affektivität) und auf das Spiel der seelischen Kräfte

[7] [Vgl. S. 60f.] [8] [Vgl. S. 51ff., S. 144ff.]

[9] [Vgl. die Krankengeschichte ›Frl. Anna O . . .‹ in: Freud, 1895*d*, allerdings enthält neben der Erstausgabe von 1895 nur die Taschenbuchausgabe diese von Breuer stammende Krankengeschichte, S. 20ff.]

(den Dynamismus) verwiesen, und diese beiden Gesichtspunkte sind seither niemals wieder fallengelassen worden.

Die Anlässe für die Entstehung der Symptome wurden von Breuer den Charcotschen Traumen gleichgestellt. Es war nun bemerkenswert, daß diese traumatischen Anlässe und alle seelischen Regungen, die sich an sie knüpften, für die Erinnerung der Kranken verloren waren, als ob sie nie vorgefallen wären, während deren Wirkungen, eben die Symptome, unveränderlich fortbestanden, als ob es für sie keine Abnützung durch die Zeit gäbe. Man hatte also hier einen neuen Beweis für die Existenz unbewußter, aber gerade darum besonders mächtiger seelischer Vorgänge gefunden, wie man sie zuerst an den posthypnotischen Suggestionen kennengelernt hatte. Die Therapie, die Breuer übte, bestand darin, daß er die Kranke in der Hypnose veranlaßte, die vergessenen Traumen zu erinnern und mit kraftvollen Affektäußerungen auf sie zu reagieren. Dann verschwand das Symptom, das bisher an Stelle einer solchen Gefühlsäußerung gestanden war. Dasselbe Verfahren diente also gleichzeitig der Erforschung und der Beseitigung des Leidens, und auch diese ungewöhnliche Vereinigung wurde von der späteren Psychoanalyse festgehalten.

Nachdem Referent in den ersten neunziger Jahren die Breuerschen Ergebnisse an einer größeren Anzahl von Kranken bestätigt hatte, entschlossen sich die beiden, Breuer und Freud, zu einer Publikation, welche ihre Erfahrungen und den Versuch einer auf sie gegründeten Theorie enthielt (*Studien über Hysterie*, 1895[*d*]). Diese sagte aus, das hysterische Symptom entstehe, wenn der Affekt eines stark affektiv besetzten seelischen Vorgangs von der normalen bewußten Verarbeitung abgedrängt und somit auf eine falsche Bahn gewiesen werde. Er gehe dann im Falle der Hysterie in ungewöhnliche Körperinnervation über (Konversion), könne aber durch Auffrischung des Erlebnisses in der Hypnose anders gelenkt und erledigt werden (Abreagieren). Die Autoren nannten ihr Verfahren Katharsis (Reinigung, Befreiung vom eingeklemmten Affekt).

Die kathartische Methode ist der unmittelbare Vorläufer der Psychoanalyse und trotz aller Erweiterungen der Erfahrung und aller Modifikationen der Theorie immer noch als Kern in ihr enthalten. Aber sie war nichts anderes als ein neuer Weg zur ärztlichen Beeinflussung gewisser nervöser Erkrankungen, und nichts ließ ahnen, daß sie Gegenstand des allgemeinsten Interesses und des heftigsten Widerspruches werden könnte.

II

Bald nach der Veröffentlichung der *Studien über Hysterie* brach die Arbeitsgemeinschaft von Breuer und Freud zusammen.[10] Breuer, der eigentlich Internist war, gab die Behandlung von Nervenkranken auf, Freud bemühte sich, das ihm von dem älteren Kollegen überlassene Instrument weiter zu vervollkommnen; die technischen Neuerungen, die er einführte, und die Funde, die er machte, wandelten das kathartische Verfahren in die Psychoanalyse um. Der folgenschwerste Schritt war wohl der, daß er sich entschloß, auf das technische Hilfsmittel der Hypnose zu verzichten. Er tat es aus zwei Motiven, erstens, weil es ihm, trotz eines Unterrichtskurses bei Bernheim in Nancy, nicht gelang, eine genügend große Anzahl der Patienten in Hypnose zu versetzen, und zweitens, weil er mit den therapeutischen Erfolgen der auf Hypnose gegründeten Katharsis unzufrieden war. Diese Erfolge waren zwar sehr auffällig und traten nach kurzer Behandlungsdauer auf, erwiesen sich aber als nicht haltbar und als allzusehr abhängig vom persönlichen Verhältnis des Patienten zum Arzte. Das Aufgeben der Hypnose bedeutete einen Bruch mit der bisherigen Entwicklung des Verfahrens und einen neuen Anfang.

Die Hypnose hatte aber den Dienst geleistet, das vom Kranken Vergessene seiner bewußten Erinnerung zuzuführen. Sie mußte durch eine andere Technik ersetzt werden. Freud verfiel damals darauf, an ihre Stelle die Methode der freien Assoziation zu setzen, d. h. er verpflichtete die Kranken dazu, auf alles bewußte Nachdenken zu verzichten und sich in ruhiger Konzentration der Verfolgung ihrer spontanen (ungewollten) Einfälle hinzugeben (»die Oberfläche ihres Bewußtseins abzutasten«). Diese Einfälle sollten sie dem Arzt mitteilen, auch wenn sie Einwendungen dagegen verspürten, wie z. B. der Gedanke sei zu unangenehm, zu unsinnig oder zu unwichtig oder er gehöre nicht hieher. Die Wahl der freien Assoziation als Hilfsmittel zur Erforschung des vergessenen Unbewußten erscheint so befremdend, daß ein Wort zu ihrer Rechtfertigung nicht überflüssig wird. Freud wurde dabei von der Erwartung geleitet, daß sich die sogenannte freie Assoziation in Wirklichkeit als unfrei erweisen werde, indem nach der Unterdrückung aller bewußten Denkabsichten eine Determinierung der Einfälle durch das un-

[10] [Vgl. oben S. 54f., S. 57, S. 145 und S. 147 ff.]

bewußte Material zum Vorschein käme. Diese Erwartung ist durch die Erfahrung gerechtfertigt worden. Durch die Verfolgung der freien Assoziation unter Einhaltung der oben gegebenen »analytischen Grundregel« erhielt man ein reiches Material von Einfällen, welches auf die Spur des vom Kranken Vergessenen führen konnte. Dies Material brachte zwar nicht das Vergessene selbst, aber so deutliche und reichliche Andeutungen desselben, daß der Arzt mit gewissen Ergänzungen und Deutungen das Vergessene daraus erraten (rekonstruieren) konnte. Freie Assoziation und Deutungskunst leisteten also nun das gleiche wie früher die Versetzung in Hypnose.
Anscheinend hatte man sich die Arbeit sehr erschwert und kompliziert; der unschätzbare Gewinn war aber, daß man Einblick in ein Kräftespiel gewann, welches dem Beobachter durch den hypnotischen Zustand verhüllt worden war. Man erkannte, daß sich die Arbeit zur Aufdeckung des pathogenen Vergessenen gegen einen beständigen und sehr intensiven Widerstand zu wehren hatte. Schon die kritischen Einwendungen, mit denen der Patient die in ihm auftauchenden Einfälle von der Mitteilung hatte ausschließen wollen und gegen welche die analytische Grundregel gerichtet war, waren Äußerungen dieses Widerstandes gewesen. Aus der Würdigung der Widerstandsphänomene ergab sich einer der Grundpfeiler der psychoanalytischen Neurosenlehre, die Theorie der Verdrängung. Es lag nahe anzunehmen, daß dieselben Kräfte, die sich gegenwärtig gegen die Bewußtmachung des pathogenen Materials sträubten, dasselbe Bestreben auch seinerzeit mit Erfolg geäußert hatten. Nun war eine Lücke in der Ätiologie der neurotischen Symptome ausgefüllt. Die Eindrücke und seelischen Regungen, für welche jetzt die Symptome als Ersatz standen, waren nicht grundlos oder infolge einer konstitutionellen Unfähigkeit zur Synthese, wie Janet meinte, vergessen worden, sondern sie hatten durch den Einfluß anderer seelischer Kräfte eine Verdrängung erfahren, deren Erfolg und Zeichen eben ihre Abhaltung vom Bewußtsein und ihr Ausschluß aus der Erinnerung war. Erst infolge dieser Verdrängung waren sie pathogen geworden, d. h. sie hatten sich auf ungewöhnlichen Wegen einen Ausdruck als Symptome geschafft.
Als Motiv der Verdrängung und somit als Ursache jeder neurotischen Erkrankung mußte man den Konflikt zwischen zwei Gruppen von seelischen Strebungen ansehen. Und nun lehrte die Erfahrung eine ganz neue und überraschende Tatsache über

die Natur der miteinander ringenden Kräfte kennen. Die Verdrängung ging regelmäßig von der bewußten Persönlichkeit (dem Ich) des Erkrankten aus und berief sich auf ethische und ästhetische Motive; von der Verdrängung betroffen wurden Regungen von Selbstsucht und Grausamkeit, die man allgemein als böse zusammenfassen kann, vor allem aber sexuelle Wunschregungen, oft von der grellsten und verbotensten Art. Die Krankheitssymptome waren also ein Ersatz für verbotene Befriedigungen, und die Krankheit schien einer unvollkommenen Bändigung des Unmoralischen im Menschen zu entsprechen.

Der Fortschritt der Erkenntnis machte es immer deutlicher, welch ungeheuer große Rolle die sexuellen Wunschregungen im Seelenleben spielen, und gab die Veranlassung, die Natur und Entwicklung des Sexualtriebes eingehend zu studieren.[11] Man stieß aber auch auf ein anderes, rein empirisches Ergebnis, indem man entdeckte, daß die Erlebnisse und Konflikte der ersten Kinderjahre eine ungeahnt wichtige Rolle in der Entwicklung des Individuums spielen und unverwischbare Dispositionen für die Zeit der Reife zurücklassen. So kam man dazu, etwas aufzudecken, was bisher von der Wissenschaft grundsätzlich übersehen worden war, die infantile Sexualität, die sich vom zartesten Alter an in körperlichen Reaktionen wie in seelischen Einstellungen äußert. Um diese kindliche Sexualität mit der sogenannten normalen der Erwachsenen und dem abnormen Sexualleben der Perversen zusammenzubringen, mußte der Begriff des Sexuellen selbst eine Berichtigung und Erweiterung erfahren, die sich durch die Entwicklungsgeschichte des Sexualtriebs rechtfertigen ließ.

Seit dem Ersatz der Hypnose durch die Technik der freien Assoziation war das kathartische Verfahren Breuers zur Psychoanalyse geworden, die nun durch länger als ein Jahrzehnt von dem Referenten (Freud) allein entwickelt wurde. Die Psychoanalyse kam in dieser Zeit allmählich in den Besitz einer Theorie, welche über die Entstehung, den Sinn und die Absicht der neurotischen Symptome zureichende Auskunft zu geben schien und eine rationelle Grundlage für die ärztlichen Bemühungen zur Aufhebung des Leidens lieferte. Ich will die Momente, welche den Inhalt dieser Theorie ausmachen, nochmals zusammenstellen. Es sind: die Betonung des Trieblebens (Affektivität), der seelischen Dynamik, der durchgehenden Sinnhaftigkeit und De-

[11] Freud: *Drei Abhandlungen zur Sexualtheorie*, 1905 [*d*].

terminierung auch der anscheinend dunkelsten und willkürlichsten seelischen Phänomene, die Lehre vom psychischen Konflikt und von der pathogenen Natur der Verdrängung, die Auffassung der Krankheitssymptome als Ersatzbefriedigungen, die Erkenntnis von der ätiologischen Bedeutung des Sexuallebens, insbesondere der Ansätze zur kindlichen Sexualität. In philosophischer Hinsicht mußte diese Theorie den Standpunkt einnehmen, daß das Seelische nicht mit dem Bewußten zusammenfalle, daß die seelischen Vorgänge an sich unbewußt seien und nur durch die Leistung besonderer Organe (Instanzen, Systeme) bewußtgemacht würden. Ich füge als ergänzend zu dieser Aufzählung hinzu, daß sich unter den affektiven Einstellungen der Kindheit die komplizierte Gefühlsbeziehung zu den Eltern, der sogenannte Ödipuskomplex, hervorhob, in welchem man immer deutlicher den Kern eines jeden Falles von Neurose erkannte, und daß im Benehmen des Analysierten gegen den Arzt gewisse Erscheinungen der Gefühlsübertragung auffielen, welche eine für die Theorie wie für die Technik gleich große Bedeutung gewannen.

Die psychoanalytische Theorie der Neurosen enthielt in dieser Ausgestaltung schon manches, was herrschenden Meinungen und Neigungen zuwiderlief und bei Fernstehenden Befremden, Abneigung und Unglauben hervorrufen konnte. So die Stellungnahme zum Problem des Unbewußten, die Anerkennung einer kindlichen Sexualität und die Betonung des sexuellen Moments im Seelenleben überhaupt, aber es sollte noch anderes hinzukommen.

III

Um halbwegs zu verstehen, wie sich bei einem hysterischen Mädchen ein verbotener sexueller Wunsch in ein schmerzhaftes Symptom umsetzen kann, hatte man tiefgehende und verwikkelte Annahmen über Struktur und Leistung des seelischen Apparats machen müssen. Das war ein offenbarer Widerspruch zwischen Aufwand und Erfolg. Wenn die von der Psychoanalyse behaupteten Verhältnisse wirklich bestanden, so waren sie fundamentaler Natur und mußten sich auch in anderen Phänomenen als den hysterischen äußern können. Traf diese Folgerung aber zu, so hätte die Psychoanalyse aufgehört, nur für Neurologen interessant zu sein; sie durfte dann Anspruch auf die Aufmerksamkeit aller erheben, denen psychologische Forschung etwas bedeutete. Ihre Ergebnisse kamen dann nicht nur für das Gebiet des pathologischen Seelenlebens in Betracht, sondern durften auch für das Verständnis der normalen Funktion nicht vernachlässigt werden.

Der Nachweis ihrer Brauchbarkeit zur Aufklärung anderer als krankhafter Seelentätigkeit gelang der Psychoanalyse frühzeitig an zweierlei Phänomenen, bei den so häufigen alltäglichen Fehlleistungen, Vergessen, Versprechen, Verlegen usw., und bei den Träumen gesunder und psychisch normaler Menschen. Die kleinen Fehlleistungen, wie das zeitweilige Vergessen von sonst bekannten Eigennamen, das Versprechen, Verschreiben und ähnliches, waren bisher einer Erklärung überhaupt nicht gewürdigt worden oder sollten in Zuständen von Ermüdung, Ablenkung der Aufmerksamkeit u. dgl. ihre Aufklärung finden. Referent wies nun in seiner *Psychopathologie des Alltagslebens* (1901[*b*]) an zahlreichen Beispielen nach, daß solche Vorkommnisse sinnreich sind und durch die Störung einer bewußten Intention durch eine andere, unterdrückte, oft direkt unbewußte entstehen. Meist reicht eine rasche Besinnung oder eine kurze Analyse hin, um den störenden Einfluß aufzufinden. Bei der Häufigkeit solcher Fehlleistungen wie das Versprechen wird es jedermann leicht gemacht, sich an der eigenen Person die Überzeugung von der Existenz nicht bewußter seelischer Vorgänge zu holen, die doch wirksam sind und sich wenigstens als Hemmungen und Modifikationen anderer, beabsichtigter, Akte Ausdruck verschaffen.

Weiter führte die Analyse der Träume, die Referent schon 1900 in der *Traumdeutung*[12] der Öffentlichkeit vorlegte. Es ergab sich aus ihr, daß der Traum nicht anders gebaut ist als ein neurotisches Symptom. Er mag wie ein solches fremdartig und sinnlos erscheinen; wenn man ihn mittels einer Technik untersucht, die sich von der in der Psychoanalyse verwendeten freien Assoziation wenig unterscheidet, gelangt man von seinem manifesten Inhalt zu einem geheimen Sinn des Traumes, zu den latenten Traumgedanken. Dieser latente Sinn ist allemal eine Wunschregung, die als in der Gegenwart erfüllt dargestellt wird. Aber außer bei kleinen Kindern oder unter dem Druck imperativer Körperbedürfnisse kann dieser geheime Wunsch niemals kenntlich ausgesprochen werden. Er muß sich erst eine Entstel-

[12] [1900*a*; vgl. die ›Editorischen Hinweise‹ auf S. 139.]

lung gefallen lassen, welche das Werk einschränkender, zensurierender Kräfte im Ich des Träumers ist. So entsteht der manifeste Traum, wie er im Wachen erinnert wird, bis zur Unkenntlichkeit entstellt durch die Konzessionen an die Traumzensur, durch die Analyse aber noch als Ausdruck einer Befriedigungssituation oder Wunscherfüllung zu entlarven, ein Kompromiß zwischen zwei miteinander ringenden Gruppen seelischer Strebungen, ganz so, wie wir es für das hysterische Symptom gefunden haben. Die Formel, der Traum ist eine (verkappte) Erfüllung eines (verdrängten) Wunsches, trifft im Grunde das Wesen des Traumes am besten. Durch das Studium jenes Prozesses, der den latenten Traumwunsch in den manifesten Trauminhalt umwandelt (die Traumarbeit), haben wir das beste, was wir vom unbewußten Seelenleben wissen, erfahren.
Nun ist der Traum kein krankhaftes Symptom, sondern eine Leistung des normalen Seelenlebens. Die Wünsche, die er als erfüllt darstellt, sind die nämlichen, die in der Neurose der Verdrängung verfallen. Der Traum verdankt die Möglichkeit seiner Entstehung bloß dem günstigen Umstand, daß sich während des Schlafzustandes, der die Motilität des Menschen lähmt, die Verdrängung zur Traumzensur ermäßigt. Doch wenn die Traumbildung gewisse Grenzen überschreitet, macht ihm der Träumer ein Ende und wacht erschreckt auf. Es ist also erwiesen, daß im normalen Seelenleben dieselben Kräfte und dieselben Vorgänge zwischen ihnen bestehen wie im krankhaften. Von der *Traumdeutung* an hatte die Psychoanalyse eine zweifache Bedeutung, sie war nicht nur eine neue Therapie der Neurosen, sondern auch eine neue Psychologie; sie erhob den Anspruch, nicht nur von Nervenärzten, sondern von allen, die eine Geisteswissenschaft betrieben, beachtet zu werden.[13]
Der Empfang aber, der ihr in der wissenschaftlichen Welt bereitet wurde, war kein freundlicher. Etwa ein Jahrzehnt lang kümmerte sich niemand um die Arbeiten Freuds. Etwa um das Jahr 1907 wurde durch eine Gruppe von Schweizer Psychiatern (Bleuler und Jung in Zürich[14]) die Aufmerksamkeit auf die Psychoanalyse gelenkt, und nun brach, besonders in Deutschland, ein Sturm der Entrüstung los, der in seinen Mitteln und Argumenten wahrlich nicht wählerisch war. Die Psychoanalyse teilte dabei das Schicksal von so vielen Neuheiten, die dann nach Ablauf einer gewissen Zeit allgemeine Anerkennung gefunden

[13] [Vgl. z. B. Freud, 1913*j*.] [14] [Vgl. S. 161ff.]

haben.[15] Allerdings lag es in ihrem Wesen, daß sie besonders heftigen Widerspruch erwecken mußte. Sie verletzte die Vorurteile der Kulturmenschheit an einigen besonders empfindlichen Stellen, unterwarf gewissermaßen alle Menschen der analytischen Reaktion, indem sie das aufdeckte, was durch allgemeines Übereinkommen ins Unbewußte verdrängt worden war, und zwang so die Zeitgenossen, sich wie die Kranken zu benehmen, die in der analytischen Behandlung vor allem ihre Widerstände zum Vorschein bringen. Es muß auch zugestanden werden, daß es nicht leicht war, sich von der Richtigkeit der psychoanalytischen Lehren zu überzeugen oder Unterricht in der Ausübung der Analyse zu bekommen.

Die allgemeine Feindseligkeit konnte indes nicht verhindern, daß sich die Psychoanalyse im Laufe des nächsten Jahrzehnts ständig nach zwei Richtungen ausdehnte; auf der Landkarte, indem das Interesse für sie in immer neuen Ländern auftauchte, und auf dem Felde der Geisteswissenschaften, indem sie auf immer neue Disziplinen Anwendung fand. 1909 lud Präsident G. Stanley Hall Freud und Jung ein, an der von ihm geleiteten Clark University in Worcester, Mass., Vorlesungen über Psychoanalyse zu halten, denen auch eine freundliche Aufnahme zuteil wurde.[16] Die Psychoanalyse ist seither in Amerika populär geblieben, wenngleich gerade in diesem Lande viel Seichtigkeit und mancher Mißbrauch sich mit ihrem Namen deckt. Schon 1911 [deutsch 1912] konnte Havelock Ellis konstatieren, daß die Analyse nicht nur in Österreich und der Schweiz, sondern ebensowohl in den Vereinigten Staaten, in England, Indien, Kanada und gewiß auch in Australien gepflegt und betrieben werde.

In dieser Zeit des Kampfes und der ersten Blüte entstanden auch die literarischen Organe, die ausschließlich der Psychoanalyse dienten. Es waren das *Jahrbuch für psychoanalytische und psychopathologische Forschungen,* herausgegeben von Bleuler und Freud, redigiert von Jung (1909–1914), das mit dem Ausbruch des Weltkrieges eingestellt wurde, das *Zentralblatt für Psychoanalyse* (1911), redigiert von Adler und Stekel, das alsbald von der *Internationalen Zeitschrift für Psychoanalyse* (1913, heute im zehnten Jahrgang) abgelöst wurde; ferner seit 1912 die von Rank und Sachs begründete *Imago,* eine Zeitschrift für die Anwendung der Psychoanalyse auf die Geistes-

[15] [Vgl. in diesem Band die nachfolgende Arbeit.]
[16] [Vgl. S. 79f. und S. 166f.]

wissenschaften.[17] Das große Interesse der angloamerikanischen Ärzte äußerte sich 1913 in der Gründung der noch jetzt bestehenden *Psychoanalytic Review* durch White und Jelliffe. Später, 1920, trat das speziell für England bestimmte, von Ernest Jones redigierte *International Journal of Psycho-Analysis* ins Leben. Der Internationale Psychoanalytische Verlag und das ihm entsprechende englische Unternehmen (I. PsA. Press) bringen unter dem Namen einer Internationalen Psychoanalytischen Bibliothek (Int. PsA. Library) eine fortlaufende Reihe analytischer Publikationen. Natürlich ist die Literatur der Psychoanalyse nicht ausschließlich in diesen periodischen Veröffentlichungen zu finden, die zumeist von psychoanalytischen Vereinigungen unterhalten werden, sondern an einer Unzahl von Stellen zerstreut, in wissenschaftlichen wie in literarischen Produktionen. Unter den Zeitschriften der romanischen Welt, die der Psychoanalyse besondere Aufmerksamkeit schenken, ist die von H. Delgado in Lima (Peru) geleitete *Rivista de Psiquiatria* hervorzuheben.

Ein wesentlicher Unterschied dieses zweiten Jahrzehnts der Psychoanalyse vom ersten lag darin, daß Referent nicht mehr ihr einziger Vertreter war. Ein stetig wachsender Kreis von Schülern und Anhängern hatte sich um ihn gesammelt, deren Arbeit zuerst für die Ausbreitung der psychoanalytischen Lehren sorgte und dieselben dann fortführte, ergänzte und vertiefte. Von diesen Anhängern fielen im Laufe der Jahre, wie unvermeidlich, mehrere ab, gingen ihre eigenen Wege oder wandten sich zu einer Opposition, welche die Kontinuität in der Entwicklung der Psychoanalyse zu bedrohen schien. Zwischen 1911 und 1913 waren es C. G. Jung in Zürich und Alfred Adler in Wien, die durch ihre Umdeutungsversuche an den analytischen Tatsachen und ihre Bestrebungen zur Ablenkung von den Gesichtspunkten der Analyse eine gewisse Erschütterung hervorriefen[18], aber es zeigte sich bald, daß diese Sezessionen keinen nachhaltigen Schaden gestiftet haben. Was ihnen an zeitweiligem Erfolg zugefallen war, erklärte sich leicht aus der Bereitwilligkeit der Menge, sich vom Druck der psychoanalytischen Anforderungen befreien zu lassen, welchen Weg immer man ihnen dazu eröffnete. Die überwiegende Mehrzahl der Mitarbeiter hielt aus und setzte die Arbeit längs der ihnen angezeigten Richtlinien fort. Wir werden ihren Namen in der nun folgen-

[17] [Zu den psychoanalytischen Periodika vgl. S. 182f.] [18] [Vgl. ›Zur Geschichte der psychoanalytischen Bewegung‹, S. 141ff., und S. 184ff. dieses Bandes.]

den, sehr verkürzten Darstellung der Ergebnisse der Psychoanalyse auf den mannigfachen Gebieten ihrer Anwendung wiederholt begegnen.

IV

Die geräuschvolle Ablehnung, welche der Psychoanalyse von seiten der ärztlichen Welt widerfuhr, hat ihre Anhänger nicht abhalten können, sie zunächst in ihrer ursprünglichen Absicht zu einer speziellen Pathologie und Therapie der Neurosen zu entwickeln, eine Aufgabe, welche auch gegenwärtig noch nicht vollkommen gelöst ist. Die unleugbaren Heilerfolge, welche weit über alles bisher Erreichte hinausgingen, spornten zu immer neuen Bemühungen an, und die Schwierigkeiten, die sich bei tieferem Eindringen in die Materie erhoben, veranlaßten tiefgreifende Veränderungen der analytischen Technik und bedeutsame Korrekturen an den Annahmen und Voraussetzungen der Theorie.

Die Technik der Psychoanalyse ist im Laufe dieser Entwicklung so bestimmt und so heikel geworden wie die irgendeiner anderen medizinischen Spezialität. In Verkennung dieser Tatsache wird besonders in England und Amerika viel gesündigt, indem Personen, die sich durch Lektüre eine nur literarische Kenntnis der Psychoanalyse erworben haben, sich für befähigt halten, analytische Behandlungen zu unternehmen, ohne sich einer besonderen Schulung zu unterziehen. Die Erfolge eines solchen Vorgehens sind unheilvoll sowohl für die Wissenschaft wie für die Patienten und haben viel zur Diskreditierung der Psychoanalyse beigetragen. Die Gründung der ersten psychoanalytischen Poliklinik (durch M. Eitingon in Berlin, 1920) ist daher ein Schritt von hoher praktischer Bedeutung geworden. Dieses Institut bemüht sich einerseits, die analytische Therapie weiten Volkskreisen zugänglich zu machen, andererseits übernimmt es die Ausbildung von Ärzten zu praktischen Analytikern in einem Lehrkurs, welcher die Bedingung einschließt, daß der Lernende an sich selbst eine Psychoanalyse vollziehen läßt.

Unter den Hilfsbegriffen, welche dem Arzt die Bewältigung des analytischen Materials ermöglichen, ist an erster Stelle der der »Libido« zu nennen. Libido bedeutet in der Psychoanalyse zunächst die (als quantitativ veränderlich und meßbar gedachte) Kraft der auf das Objekt gerichteten Sexualtriebe (in dem durch die analytische Theorie erweiterten Sinne). Bei weiterem Studium ergab sich die Nötigung, dieser »Objektlibido« eine auf das eigene Ich gerichtete »narzißtische oder Ichlibido« an die Seite zu stellen, und die Wechselwirkungen dieser beiden Kräfte haben es gestattet, von einer großen Anzahl normaler wie pathologischer Vorgänge im Seelenleben Rechenschaft zu geben. Es ergab sich bald die grobe Scheidung der sogenannten »Übertragungsneurosen« von den narzißtischen Affektionen, die ersteren (Hysterie und Zwangsneurose) die eigentlichen Objekte der psychoanalytischen Therapie, während die anderen, die narzißtischen Neurosen, zwar die Untersuchung mit Hilfe der Analyse gestatten, aber einer therapeutischen Beeinflussung prinzipielle Schwierigkeiten bereiten. Es ist richtig, daß die Libidotheorie der Psychoanalyse keineswegs abgeschlossen und ihr Verhältnis zu einer allgemeinen Trieblehre noch nicht geklärt ist, die Psychoanalyse ist eben eine junge, durchweg unfertige, in rascher Entwicklung begriffene Wissenschaft, aber es ist hier die Stelle zu betonen, wie irrig der Vorwurf des Pansexualismus ist, der so häufig gegen die Psychoanalyse erhoben wird. Er will besagen, daß die psychoanalytische Theorie keine anderen seelischen Triebkräfte als bloß sexuelle kennt, und macht sich dabei populäre Vorurteile zunutze, indem er »sexuell« nicht im analytischen, sondern im vulgären Sinne verwendet.

Zu den narzißtischen Affektionen müßte die psychoanalytische Auffassung auch alle die Leiden rechnen, die in der Psychiatrie »funktionelle Psychosen« genannt werden. Es ließ sich nicht bezweifeln, daß Neurosen und Psychosen nicht durch eine scharfe Grenze getrennt waren, so wenig wie Gesundheit und Neurose, und es lag zu nahe, zur Erklärung der so rätselhaften psychotischen Phänomene die Einsichten heranzuziehen, die man an den bisher ebenso undurchsichtigen Neurosen gewonnen hatte. Schon Referent hatte in der Zeit seiner Vereinsamung einen Fall von paranoider Erkrankung durch analytische Untersuchung halbwegs verständlich gemacht und in dieser unzweideutigen Psychose dieselben Inhalte (Komplexe) und ein ähnliches Kräftespiel wie bei simplen Neurosen nachgewiesen.[19] E. Bleuler verfolgte bei einer ganzen Anzahl von Psychosen die Anzeichen von dem, was er »Freudsche Mechanismen« nannte[20], und C. G. Jung erwarb sich mit einem Schlage ein großes An-

[19] [Freud, 1896*b*, Abschnitt III: ›Analyse eines Falles von chronischer Paranoia‹ (S. 392ff.).]
[20] [Bleuler, 1906*a*.]

sehen als Analytiker, als er 1907[21] für die absonderlichsten Symptome in den Endausgängen der Dementia praecox die Aufklärung aus der individuellen Lebensgeschichte dieser Kranken gab.[22] Die umfassende Bearbeitung der Schizophrenie durch Bleuler (1911[23]) hat dann die Berechtigung psychoanalytischer Gesichtspunkte für die Auffassung dieser Psychosen in wahrscheinlich endgültiger Weise dargetan.
In solcher Art wurde die Psychiatrie das nächste Anwendungsgebiet der Psychoanalyse und ist es auch seither geblieben. Dieselben Forscher, welche am meisten für eine vertiefte analytische Kenntnis der Neurosen getan haben, wie K. Abraham in Berlin und S. Ferenczi in Budapest (um nur die hervorragendsten zu nennen), sind auch in der analytischen Durchleuchtung der Psychosen führend geblieben. Die Überzeugung von der Einheit und Zusammengehörigkeit all der Störungen, die sich uns als neurotische und psychotische Phänomene kundgeben, setzt sich trotz allen Sträubens der Psychiater immer stärker durch. Man fängt an zu verstehen – vielleicht am besten in Amerika –, daß nur das psychoanalytische Studium der Neurosen die Vorbereitung für ein Verständnis der Psychosen ergeben kann, daß die Psychoanalyse dazu berufen ist, eine wissenschaftliche Psychiatrie der Zukunft zu ermöglichen, die sich nicht mehr mit der Beschreibung sonderbarer Zustandsbilder, unbegreiflicher Abläufe und mit der Verfolgung des Einflusses grober anatomischer und toxischer Traumen auf den unserer Kenntnis unzugänglichen seelischen Apparat zu begnügen braucht.

V

Aber niemals hätte die Psychoanalyse durch ihre Bedeutung für die Psychiatrie die Aufmerksamkeit der intellektuellen Welt auf sich gezogen oder einen Platz in *The History of Our Times*[24] für sich erobert. Diese Wirkung ging von der Beziehung der Psychoanalyse zum normalen Seelenleben, nicht zum pathologischen aus.[25] Ursprünglich beabsichtigte die analytische For-

[21] [James Strachey hat darauf hingewiesen, daß in den bisherigen deutschen Editionen hier irrtümlich die Jahreszahl 1901 steht.]
[22] [Jung, 1907.] [23] [Bleuler, 1911.]
[24] [Vgl. die ›Editorischen Hinweise‹ zur vorliegenden Arbeit. Freud spielt hier wohl auf den Titel des Buches an, für das er den ›Kurzen Abriß‹ schrieb.]
[25] [Vgl. zu den nichtärztlichen Anwendungen der Psychoanalyse S. 89ff. und S. 170ff. sowie Freud, 1913*j*.]

schung ja nichts anderes als die Entstehungsbedingungen (Genese) einiger krankhafter Seelenzustände zu ergründen, aber in dieser Bemühung gelangte sie dazu, Verhältnisse von grundlegender Bedeutung aufzudecken, geradezu eine neue Psychologie zu schaffen, so daß man sich sagen mußte, die Gültigkeit solcher Funde könne unmöglich auf das Gebiet der Pathologie beschränkt sein. Wir wissen bereits, wann der entscheidende Nachweis für die Richtigkeit dieses Schlusses erbracht wurde. Es war, als die Deutung der Träume durch die analytische Technik gelang, der Träume, die ja dem Seelenleben der Normalen angehören und doch eigentlich pathologischen Produktionen entsprechen, die regelmäßig unter den Bedingungen der Gesundheit entstehen können.

Hielt man an den psychologischen Einsichten fest, die man durch das Studium der Träume gewonnen hatte, so war nur noch ein Schritt zu tun, um die Psychoanalyse als Lehre von den tieferen, dem Bewußtsein nicht direkt zugänglichen, seelischen Vorgängen, als »Tiefenpsychologie« proklamieren und auf fast sämtliche Geisteswissenschaften anwenden zu können. Dieser Schritt bestand in dem Übergang von der seelischen Tätigkeit des Einzelmenschen zu den psychischen Leistungen von menschlichen Gemeinschaften und Völkern, also von der Individual- zur Massenpsychologie, und man sah sich durch viele überraschende Analogien zu ihm gedrängt. So hatte man z. B. erfahren, daß in den tiefen Schichten unbewußter Geistestätigkeit Gegensätze nicht voneinander unterschieden, sondern durch das nämliche Element ausgedrückt werden. Aber der Sprachforscher K. Abel hatte schon 1884 die Behauptung aufgestellt (*Über den Gegensinn der Urworte*[26]), daß die ältesten uns bekannten Sprachen mit dem Gegensatz nicht anders verfahren sind. So hat das Altägyptische z. B. für stark und schwach zunächst nur ein Wort, und erst später werden die beiden Seiten der Antithese durch leichte Modifikationen auseinandergehalten. Noch in den modernsten Sprachen lassen sich deutliche Überreste dieses Gegensinnes aufzeigen, so im deutschen »Boden« – das Oberste wie das Unterste im Haus, ähnlich wie »altus« – hoch und tief – im Lateinischen. So ist die Gleichstellung der Gegensätze im Traum ein allgemeiner archaischer Zug menschlichen Denkens.

Um ein Beispiel aus einem anderen Gebiet zu geben: es ist unmöglich, sich dem Eindruck der vollen Übereinstimmung zu ent-

[26] [Abel, 1884; vgl. dazu Freuds kleine gleichnamige Arbeit von 1910*e*.]

ziehen, die man zwischen den Zwangshandlungen gewisser Zwangskranker und den religiösen Betätigungen der Frommen in aller Welt entdeckt.[27] Manche Fälle von Zwangsneurose benehmen sich geradezu wie eine karikierte Privatreligion, so daß man die offiziellen Religionen einer durch ihre Allgemeinheit ermäßigten Zwangsneurose gleichsetzen möchte. Dieser für alle Gläubigen gewiß höchst anstößige Vergleich ist psychologisch doch sehr fruchtbar geworden. Denn für die Zwangsneurose ist es der Psychoanalyse bald bekannt worden, welche Kräfte hier miteinander ringen, bis ihre Konflikte sich den merkwürdigen Ausdruck durch das Zeremoniell der Zwangshandlungen geschaffen haben. Nichts ähnliches war für das religiöse Zeremoniell vermutet worden, bis es gelang, durch die Zurückführung des religiösen Gefühls auf das Vaterverhältnis als seine tiefste Wurzel auch hier die analoge dynamische Situation nachzuweisen.[28] Dies Beispiel mag übrigens den Leser daran mahnen, daß auch die Anwendung der Psychoanalyse auf nicht ärztliche Gebiete nicht umhin kann, hochgehaltene Vorurteile zu verletzen, an tiefwurzelnde Empfindlichkeiten zu rühren und so Feindschaften hervorzurufen, die eine wesentlich affektive Grundlage haben.

Wenn wir die allgemeinsten Verhältnisse des unbewußten Seelenlebens (die Konflikte der Triebregungen, die Verdrängungen und Ersatzbefriedigungen) als überall vorhanden annehmen dürfen und wenn es eine Tiefenpsychologie gibt, welche zur Kenntnis dieser Verhältnisse führt, so ist es eine billige Erwartung, daß die Anwendung der Psychoanalyse auf die mannigfachsten Gebiete der menschlichen Geistestätigkeit überall wichtige und bisher unerreichbare Resultate zutage fördern wird. Eine überaus gehaltvolle Studie von Otto Rank und H. Sachs hat sich bemüht zusammenzustellen, inwieweit die Arbeit der Psychoanalytiker diese Erwartungen bis zum Jahre 1913 erfüllen konnte.[29] Der Raummangel verbietet es mir, hier eine Vervollständigung dieser Aufzählung zu versuchen. Ich kann nur das wichtigste Ergebnis herausheben und einige Einzelheiten daran anlehnen.

Wenn man von wenig bekannten inneren Antrieben absieht, so darf man sagen, der Hauptmotor der Kulturentwicklung des Menschen ist die äußere reale Not gewesen, die ihm die bequeme Befriedigung seiner natürlichen Bedürfnisse verweigerte

[27] [Vgl. Freud, 1907*b*.] [28] [In Freud, 1912–13.] [29] [Rank und Sachs, 1913.]

und ihn übergroßen Gefahren preisgab. Diese äußere Versagung zwang ihn zum Kampf mit der Realität, der teils in Anpassung an dieselbe, teils in Beherrschung derselben ausging, aber auch zur Arbeitsgemeinschaft und zum Zusammenleben mit seinesgleichen, womit bereits ein Verzicht auf mancherlei sozial nicht zu befriedigende Triebregungen verbunden war. Mit den weiteren Fortschritten der Kultur wuchsen auch die Ansprüche der Verdrängung. Die Kultur ist doch überhaupt auf Triebverzicht aufgebaut, und jedes einzelne Individuum soll auf seinem Wege von der Kindheit zur Reife an seiner Person diese Entwicklung der Menschheit zur verständigen Resignation wiederholen. Die Psychoanalyse hat gezeigt, daß es vorwiegend, wenn auch nicht ausschließlich, sexuelle Triebregungen sind, welche dieser kulturellen Unterdrückung verfallen. Ein Teil derselben zeigt nun die wertvolle Eigenschaft, sich von ihren nächsten Zielen ablenken zu lassen und so als »sublimierte« Strebungen ihre Energie der kulturellen Entwicklung zur Verfügung zu stellen. Ein anderer Anteil bleibt aber als unbefriedigte Wunschregung im Unbewußten bestehen und drängt nach irgendwelcher, wenn auch entstellter Befriedigung.

Wir haben gehört, daß ein Stück der menschlichen Geistestätigkeit auf die Bewältigung der realen Außenwelt gerichtet ist. Nun fügt die Psychoanalyse hinzu, ein anderes, besonders hochgeschätztes Stück des seelischen Schaffens dient der Wunscherfüllung, der Ersatzbefriedigung jener verdrängten Wünsche, die seit den Jahren der Kindheit unbefriedigt in der Seele eines jeden wohnen. Zu diesen Schöpfungen, deren Zusammenhang mit einem unfaßbaren Unbewußten immer vermutet wurde, gehören Mythus, Dichtung und Kunst, und wirklich hat die Arbeit der Psychoanalytiker eine Fülle von Licht auf die Gebiete der Mythologie, der Literaturwissenschaft und der Künstlerpsychologie geworfen; als Vorbild sei hier nur die Leistung von O. Rank erwähnt. Man hat gezeigt, daß Mythen und Märchen eine Deutung zulassen wie die Träume, hat die verschlungenen Wege verfolgt, die vom Antrieb des unbewußten Wunsches bis zur Realisierung im Kunstwerk führen, hat die affektive Wirkung des Kunstwerks auf den Empfänger verstehen gelernt und beim Künstler selbst dessen innere Verwandtschaft wie seine Verschiedenheit vom Neurotiker geklärt und den Zusammenhang zwischen seiner Anlage, seinem zufälligen Erleben und seiner Leistung aufgezeigt. Die ästhetische Würdigung des Kunstwerks sowie die Aufklärung der künstlerischen Begabung kommen zwar als Aufgaben für die Psychoanalyse nicht in Betracht. Es scheint aber, daß die Psychoanalyse imstande ist, in all den Fragen, die das menschliche Phantasieleben betreffen, das entscheidende Wort zu sprechen.

Und nun zudritt: Die Psychoanalyse hat uns zu unserem wachsenden Erstaunen erkennen lassen, welch ungeheuer wichtige Rolle der sogenannten Ödipuskomplex, d. i. die affektive Beziehung des Kindes zu seinen beiden Eltern, im Seelenleben des Menschen spielt. Dies Erstaunen ermäßigt sich, wenn wir erfassen, daß der Ödipuskomplex das psychische Korrelat zweier fundamentaler biologischer Tatsachen ist, der langen infantilen Abhängigkeit des Menschen und der merkwürdigen Art, wie sein Sexualleben im dritten bis fünften Jahr einen ersten Höhepunkt erreicht, um dann nach einer Periode der Hemmung mit der Pubertät neu einzusetzen. Dann aber eröffnete sich die Einsicht, daß ein drittes, höchst ernsthaftes Stück der menschlichen Geistestätigkeit, jenes, das die großen Institutionen der Religion, des Rechts, der Ethik und all der Formen der Staatlichkeit geschaffen hat, im Grunde darauf abzielt, dem einzelnen die Bewältigung seines Ödipuskomplexes zu ermöglichen und seine Libido aus ihren infantilen Bindungen in die endgültig erwünschten sozialen überzuleiten. Die Anwendungen der Psychoanalyse auf Religionswissenschaft und Soziologie (Referent, Th. Reik, O. Pfister), welche zu diesem Ergebnis geführt haben, sind noch jung und nicht genügend gewürdigt, aber es ist nicht zu bezweifeln, daß weitere Studien die Sicherheit dieser wichtigen Aufschlüsse nur erhöhen werden.

Wie als Anhang muß ich noch erwähnen, daß auch die Pädagogik es nicht unterlassen kann, sich die Winke zunutze zu machen, die ihr die analytische Erforschung des kindlichen Seelenlebens gibt. Ferner, daß sich unter den Therapeuten Stimmen erhoben haben (Groddeck, Jelliffe), die auch die psychoanalytische Behandlung schwerer organischer Leiden für aussichtsvoll erklären, da bei vielen dieser Affektionen auch ein psychischer Faktor mitgewirkt hat, auf den man Einfluß gewinnen kann.

So darf man die Erwartung aussprechen, daß die Psychoanalyse, deren Entwicklung und bisherige Leistung hier in knapper und unzureichender Weise dargestellt wurde, als ein bedeutsames Ferment in die kulturelle Entwicklung der nächsten Dezennien eingehen und dazu verhelfen wird, unser Weltverständnis zu vertiefen und manchem im Leben als schädlich Erkanntem zu widerstreben. Nur vergesse man nicht daran, daß die Psychoanalyse für sich allein ein vollständiges Weltbild nicht liefern kann. Wenn man die Unterscheidung annimmt, welche ich kürzlich vorgeschlagen habe, die den seelischen Apparat in ein der Außenwelt zugewendetes, mit Bewußtsein ausgestattetes Ich und ein unbewußtes, von seinen Triebbedürfnissen beherrschtes Es zerlegt, so ist die Psychoanalyse als eine Psychologie des Es (und seiner Einwirkungen auf das Ich) zu bezeichnen. Sie kann also auf jedem Wissensgebiet nur Beiträge liefern, welche aus der Psychologie des Ichs zu ergänzen sind. Wenn diese Beiträge oft gerade das Wesentliche eines Tatbestandes enthalten, so entspricht dies nur der Bedeutung, welche das lange unerkannt gebliebene seelisch Unbewußte für unser Leben beanspruchen darf.

Die Widerstände gegen die Psychoanalyse
(1925 [1924])

Editorische Hinweise

Die folgende Arbeit über ›Die Widerstände gegen die Psychoanalyse‹ wurde zuerst im März 1925 in einer französischen Übersetzung in der damals in Genf publizierten Zeitschrift *Revue Juive* veröffentlicht. Freud, dessen Name im Herausgeberimpressum des Blattes stand, war von dem Redakteur, Albert Cohen, um diesen Beitrag gebeten worden. Ernest Jones (1962*b*, S. 145) vermutet, daß Freud den Text im September 1924 geschrieben hat. – Die deutsche Urfassung erschien ebenfalls im Jahre 1925, und zwar sowohl in der Zeitschrift *Imago* (Bd. 11, S. 222ff.) als auch im *Almanach 1926* (S. 9ff.). In den *Gesammelten Werken* findet sie sich seit 1948 im vierzehnten Band, S. 99ff.

Trotz einiger historischer Rückblenden gibt sich diese Schrift nicht auf den ersten Blick als ein Beitrag zur Geschichte der Psychoanalyse zu erkennen. Sie ist dennoch in diesen Band aufgenommen, weil Freuds Analyse der Widerstände gegen seine Lehre ein bedeutsames Stück Selbstkommentar darstellt und gleichzeitig einen eminent historischen Aspekt zum Thema nimmt. Der Entrüstungssturm, den die Psychoanalyse, unmittelbar nachdem sie bekannt wurde, ausgelöst hat und danach immer von neuem provozierte, hat nicht nur tiefe Spuren in Freuds Lebensgeschichte hinterlassen, er ist von ihm auch als der strikte Beweis für die Wahrheit seiner Funde begriffen worden. Über den persönlichen Kampf hinaus sind diese Widerstände aber auch die große Herausforderung, ohne welche die wissenschaftsgeschichtliche Entwicklung der Psychoanalyse wahrscheinlich anders verlaufen wäre. – Freud legt in seiner Analyse vier Schichten des Widerstandes frei: eine allgemein ambivalente Einstellung allem Neuen gegenüber; die Blindheit der zeitgenössischen Medizinergeneration für die seelischen Faktoren im Krankheitsgeschehen und die ausschließliche Konzentration der Schulphilosophen auf Bewußtseinsphänomene; als bedeutsamste Quelle des weit über die Universitäten hinausreichenden irrationalen Protests die »Kulturheuchelei« der Gesellschaft, die den dem einzelnen von ihr abverlangten, entschädigungslosen Triebverzicht nicht beim Namen genannt wissen will; zuletzt den Antisemitismus.

Wenn sich der Säugling auf dem Arm der Pflegerin schreiend von einem fremden Gesicht abwendet, der Fromme den neuen Zeitabschnitt mit einem Gebet eröffnet, aber auch die Erstlingsfrucht des Jahres mit einem Segensspruch begrüßt, wenn der Bauer eine Sense zu kaufen verweigert, welche nicht die seinen Eltern vertraute Fabrikmarke trägt, so ist die Verschiedenheit dieser Situationen augenfällig, und der Versuch scheint berechtigt, jede derselben auf ein anderes Motiv zurückzuführen.
Doch wäre es unrecht, das ihnen Gemeinsame zu verkennen. In allen Fällen handelt es sich um die nämliche Unlust, die beim Kinde elementaren Ausdruck findet, beim Frommen kunstvoll beschwichtigt, beim Bauern zum Motiv einer Entscheidung gemacht wird. Die Quelle dieser Unlust aber ist der Anspruch, den das *Neue* an das Seelenleben stellt, der psychische Aufwand, den es fordert, die bis zur angstvollen Erwartung gesteigerte Unsicherheit, die es mit sich bringt. Es wäre reizvoll, die seelische Reaktion auf das Neue an sich zum Gegenstand einer Studie zu machen, denn unter gewissen, nicht mehr primären Bedingungen wird auch das gegenteilige Verhalten beobachtet, ein Reizhunger, der sich auf alles Neue stürzt, und darum, weil es neu ist.
Im wissenschaftlichen Betrieb sollte für die Scheu vor dem Neuen kein Raum sein. In ihrer ewigen Unvollständigkeit und Unzulänglichkeit ist die Wissenschaft darauf angewiesen, ihr Heil von neuen Entdeckungen und neuen Auffassungen zu erhoffen. Um nicht zu leicht getäuscht zu werden, tut sie gut daran, sich mit Skepsis zu wappnen, nichts Neues anzunehmen, das nicht eine strenge Prüfung bestanden hat. Allein gelegentlich zeigt dieser Skeptizismus zwei unvermutete Charaktere. Er richtet sich scharf gegen das Neuankommende, während er das bereits Bekannte und Geglaubte respektvoll verschont, und er begnügt sich damit zu verwerfen, auch ehe er untersucht hat. Dann enthüllt er sich aber als die Fortsetzung jener primitiven Reaktion gegen das Neue, als ein Deckmantel für deren Erhaltung. Es ist allgemein bekannt, wie oft es sich in der Geschichte der wissenschaftlichen Forschung zugetragen hat, daß Neuerungen von einem intensiven und hartnäckigen Widerstand empfangen wurden, wo dann der weitere Verlauf zeigte, daß der Widerstand unrecht hatte und daß die Neuheit wertvoll und bedeutsam war. In der Regel waren es gewisse inhaltliche Momente des Neuen, die den Widerstand provozierten, und auf

der anderen Seite mußten mehrere Momente zusammenwirken, um den Durchbruch der primitiven Reaktion zu ermöglichen.

Einen besonders übeln Empfang hat die *Psychoanalyse* gefunden, die der Autor vor nahezu dreißig Jahren aus den Funden von Josef Breuer[1] in Wien über die Entstehung neurotischer Symptome zu entwickeln begann. Ihr Charakter als Neuheit ist unbestreitbar, wenngleich sie außer diesen Entdeckungen reichliches Material verarbeitete, das anderswoher bekannt war, Ergebnisse der Lehren des großen Neuropathologen Charcot[2] und Eindrücke aus der Welt der hypnotischen Phänomene. Ihre Bedeutung war ursprünglich eine rein therapeutische, sie wollte eine neue wirksame Behandlung der neurotischen Erkrankungen schaffen. Aber Zusammenhänge, die man zunächst nicht ahnen konnte, ließen die Psychoanalyse weit über ihr anfängliches Ziel hinausgreifen. Sie erhob endlich den Anspruch, unsere Auffassung des Seelenlebens überhaupt auf eine neue Basis gestellt zu haben und darum für alle Wissensgebiete wichtig zu sein, die auf Psychologie gegründet sind. Nach einem Jahrzehnt völliger Vernachlässigung[3] wurde sie plötzlich Gegenstand des allgemeinsten Interesses und – entfesselte einen Sturm von entrüsteter Ablehnung.

In welchen Formen der Widerstand gegen die Psychoanalyse Ausdruck gefunden hat, sei hier beiseite gelassen. Es genüge die Bemerkung, daß der Kampf um diese Neuerung noch keineswegs zu Ende gekommen ist. Doch ist bereits zu erkennen, welche Richtung er nehmen wird. Es ist der Gegnerschaft nicht gelungen, die Bewegung zu unterdrücken. Die Psychoanalyse, deren einziger Vertreter ich vor zwanzig Jahren war, hat seither zahlreiche bedeutende und eifrig arbeitende Anhänger gefunden, Ärzte und Nichtärzte, die sie als Verfahren der Behandlung von nervös Kranken ausüben, als Methode der psychologischen Forschung pflegen und als Hilfsmittel der wissenschaftlichen Arbeit auf den mannigfaltigsten Gebieten des geistigen Lebens anwenden. Unser Interesse soll sich hier nur auf die Motivierung des Widerstandes gegen die Psychoanalyse richten, die Zusammengesetztheit desselben und die verschiedene Wertigkeit seiner Komponenten besonders beachten.

Die klinische Betrachtung muß die Neurosen in die Nähe der Intoxikationen oder solcher Leiden wie die Basedowsche Krank-

[1] [Vgl. S. 50ff., S. 144ff., S. 205ff.] [2] [Vgl. S. 43ff., S. 129ff.]
[3] [Vgl. S. 76, S. 159.]

heit rücken. Das sind Zustände, die durch den Überschuß oder relativen Mangel an bestimmten sehr wirksamen Stoffen entstehen, ob sie nun im Körper selbst gebildet oder von außen eingeführt werden, also eigentlich Störungen des Chemismus, Toxikosen. Gelänge es jemand, den oder die hypothetischen Stoffe, die für die Neurosen in Betracht kommen, zu isolieren und aufzuzeigen, so hätte sein Fund keinen Einspruch von Seite der Ärzte zu besorgen. Allein dazu führt vorläufig noch kein Weg.[4] Wir können zunächst nur vom Symptombild der Neurose ausgehen, das z. B. im Falle der Hysterie aus körperlichen und seelischen Störungen zusammengesetzt ist. Nun lehrten die Experimente von Charcot sowie die Krankenbeobachtungen von Breuer, daß auch die körperlichen Symptome der Hysterie *psychogen,* d. h. Niederschläge abgelaufener seelischer Prozesse sind. Durch das Mittel der Versetzung in den hypnotischen Zustand war man imstande, die somatischen Symptome der Hysterie nach Willkür künstlich zu erzeugen.

Diese neue Erkenntnis griff die Psychoanalyse auf und begann damit, sich die Frage vorzulegen, welches die Natur jener psychischen Prozesse sei, die so ungewöhnliche Folgen hinterlassen. Aber diese Forschungsrichtung war nicht nach dem Sinn der lebenden Ärztegeneration. Die Mediziner waren in der alleinigen Hochschätzung anatomischer, physikalischer und chemischer Momente erzogen worden. Für die Würdigung des Psychischen waren sie nicht vorbereitet, also brachten sie diesem Gleichgültigkeit und Abneigung entgegen. Offenbar bezweifelten sie, daß psychische Dinge überhaupt eine exakte wissenschaftliche Behandlung zulassen. In übermäßiger Reaktion auf eine überwundene Phase, in der die Medizin von den Anschauungen der sogenannten Naturphilosophie beherrscht wurde, erschienen ihnen Abstraktionen, wie die, mit denen die Psychologie arbeiten muß, als nebelhaft, phantastisch, mystisch; merkwürdigen Phänomenen aber, an welche die Forschung hätte anknüpfen können, versagten sie einfach den Glauben. Die Symptome der hysterischen Neurose galten als Erfolg der Simu-

[4] [»Da wir die Zurückführung der Sexualerregung auf die Wirkung bestimmter chemischer Stoffe nicht abweisen können«, ergänzt Freud 1931, »liegt zuerst die Erwartung nahe, daß uns die Biochemie eines Tages einen Stoff darstellen wird, dessen Gegenwart die männliche, und einen, der die weibliche Sexualerregung hervorruft. Aber diese Hoffnung scheint nicht weniger naiv als die andere, heute glücklich überwundene, unter dem Mikroskop die Erreger von Hysterie, Zwangsneurose, Melancholie usw. gesondert aufzufinden. Es muß auch in der Sexualchemie etwas komplizierter zugehen.« (Freud, 1931*b*, S. 533f.)]

lation, die Erscheinungen des Hypnotismus als Schwindel. Selbst die Psychiater, zu deren Beobachtung sich doch die ungewöhnlichsten und verwunderlichsten seelischen Phänomene drängten, zeigten keine Neigung, deren Details zu beachten und ihren Zusammenhängen nachzuspüren. Sie begnügten sich damit, die Buntheit der Krankheitserscheinungen zu klassifizieren und sie, wo immer es nur anging, auf somatische, anatomische oder chemische Störungsursachen zurückzuführen. In dieser materialistischen oder besser: mechanistischen Periode hat die Medizin großartige Fortschritte gemacht, aber auch das vornehmste und schwierigste unter den Problemen des Lebens in kurzsichtiger Weise verkannt.

Es ist begreiflich, daß die Mediziner bei solcher Einstellung zum Psychischen keinen Gefallen an der Psychoanalyse fanden und ihre Aufforderung, in vielen Stücken umzulernen und manche Dinge anders zu sehen, nicht erfüllen wollten. Aber dafür, sollte man meinen, hätte die neue Lehre um so leichter den Beifall der Philosophen finden müssen. Die waren ja gewohnt, abstrakte Begriffe – böse Zungen sagten allerdings: unbestimmbare Worte – zuoberst in ihre Welterklärungen einzusetzen, und konnten an der Ausdehnung des Bereichs der Psychologie, welche die Psychoanalyse anbahnte, unmöglich Anstoß nehmen. Aber da traf sich ein anderes Hindernis. Das Psychische der Philosophen war nicht das der Psychoanalyse. Die Philosophen heißen in ihrer überwiegenden Mehrzahl psychisch nur das, was ein Bewußtseinsphänomen ist. Die Welt des Bewußten deckt sich ihnen mit dem Umfang des Psychischen. Was sonst noch in der schwer zu erfassenden »Seele« vorgehen mag, das schlagen sie zu den organischen Vorbedingungen oder Parallelvorgängen des Psychischen. Oder strenger ausgedrückt, die Seele hat keinen anderen Inhalt als die Bewußtseinsphänomene, die Wissenschaft von der Seele, die Psychologie, also auch kein anderes Objekt. Auch der Laie denkt nicht anders.

Was kann der Philosoph also zu einer Lehre sagen, die wie die Psychoanalyse behauptet, das Seelische sei vielmehr an sich *unbewußt*, die Bewußtheit nur eine Qualität, die zum einzelnen seelischen Akt hinzutreten kann oder auch nicht und die eventuell an diesem nichts anderes ändert, wenn sie ausbleibt? Er sagt natürlich, ein unbewußtes Seelisches ist ein Unding, eine *contradictio in adjecto*, und will nicht bemerken, daß er mit diesem Urteil nur seine eigene — vielleicht zu enge — Definition des Seelischen wiederholt. Dem Philosophen wird diese Sicherheit leicht gemacht, denn er kennt das Material nicht, dessen Studium den Analytiker genötigt hat, an unbewußte Seelenakte zu glauben. Er hat die Hypnose nicht beachtet, sich nicht um die Deutung von Träumen bemüht, – Träume hält er vielmehr ebenso wie der Arzt für sinnlose Produkte der während des Schlafes herabgesetzten Geistestätigkeit, — er ahnt kaum, daß es solche Dinge gibt wie Zwangsvorstellungen und Wahnideen, und wäre in arger Verlegenheit, wenn man ihm zumutete, sie aus seinen psychologischen Voraussetzungen zu erklären. Auch der Analytiker lehnt es ab zu sagen, was das Unbewußte ist, aber er kann auf das Erscheinungsgebiet hinweisen, dessen Beobachtung ihm die Annahme des Unbewußten aufgedrängt hat. Der Philosoph, der keine andere Art der Beobachtung kennt als die Selbstbeobachtung, vermag ihm dahin nicht zu folgen. So erwachsen der Psychoanalyse aus ihrer Mittelstellung zwischen Medizin und Philosophie nur Nachteile. Der Mediziner hält sie für ein spekulatives System und will nicht glauben, daß sie wie jede andere Naturwissenschaft auf geduldiger und mühevoller Bearbeitung von Tatsachen der Wahrnehmungswelt beruht; der Philosoph, der sie an dem Maßstab seiner eigenen kunstvoll aufgebauten Systembildungen mißt, findet, daß sie von unmöglichen Voraussetzungen ausgeht, und wirft ihr vor, daß ihre — erst in Entwicklung befindlichen — obersten Begriffe der Klarheit und Präzision entbehren.

Die erörterten Verhältnisse reichen hin, um einen unwilligen und zögernden Empfang der Analyse in wissenschaftlichen Kreisen zu erklären. Sie lassen aber nicht verstehen, wie es zu jenen Ausbrüchen von Entrüstung, von Spott und Hohn, zur Hinwegsetzung über alle Vorschriften der Logik und des guten Geschmacks in der Polemik kommen konnte. Eine solche Reaktion läßt erraten, daß andere als bloß intellektuelle Widerstände rege geworden sind, daß starke affektive Mächte wachgerufen wurden, und wirklich ist im Inhalt der psychoanalytischen Lehre genug zu finden, dem man eine solche Wirkung auf die Leidenschaften der Menschen, nicht der Wissenschaftler allein, zuschreiben darf.

Da ist vor allem die große Bedeutung, welche die Psychoanalyse den sogenannten *Sexualtrieben* im menschlichen Seelenleben einräumt. Nach der psychoanalytischen Theorie sind die Symptome der Neurosen entstellte Ersatzbefriedigungen von sexuellen Triebkräften, denen eine direkte Befriedigung durch innere Widerstände versagt worden ist. Später, als die Analyse über ihr ursprüngliches Arbeitsgebiet hinausgriff und sich auf das normale Seelenleben anwenden ließ, versuchte sie zu zeigen, daß dieselben Sexualkomponenten, die sich von ihren nächsten Zielen ablenken und auf anderes hinleiten lassen, die wichtigsten Beiträge zu den kulturellen Leistungen des einzelnen und der Gemeinschaft stellen. Diese Behauptungen waren nicht völlig neu. Der Philosoph Schopenhauer hatte die unvergleichliche Bedeutung des Sexuallebens in Worten von unvergeßlichem Nachdruck betont[5], auch deckte sich, was die Psychoanalyse Sexualität nannte, keineswegs mit dem Drang nach Vereinigung der geschiedenen Geschlechter oder nach Erzeugung von Lustempfindung an den Genitalien, sondern weit eher mit dem allumfassenden und alles erhaltenden *Eros* des *Symposions* Platos.

[5] [Freud hat in seinen späteren Werken mehrmals darauf hingewiesen, wie klar schon Schopenhauer die Bedeutung der Sexualität erkannt habe (vgl. z. B. oben S. 87). Wiederholt hat er auf die oben angedeuteten Worte »von unvergeßlichem Nachdruck« angespielt, ohne je eine genaue Stelle zu nennen. James Strachey vermutet, daß es sich mit großer Wahrscheinlichkeit um das 42. Kapitel (›Leben der Gattung‹) des vierten Buches von *Die Welt als Wille und Vorstellung*, und zwar insbesondere um folgende, in der Tat erstaunliche Passage handelt: »Dem allen entspricht die wichtige Rolle, welche das Geschlechtsverhältnis in der Menschenwelt spielt, also wo es eigentlich der unsichtbare Mittelpunkt alles Tuns und Treibens ist und trotz allen ihm übergeworfenen Schleiern überall hervorguckt. Es ist die Ursache des Krieges und der Zweck des Friedens, die Grundlage des Ernstes und das Ziel des Scherzes, die unerschöpfliche Quelle des Witzes, der Schlüssel zu allen Anspielungen und der Sinn aller geheimen Winke, aller unausgesprochenen Anträge und aller verstohlenen Blicke, das tägliche Dichten und Trachten der Jungen und oft auch der Alten, der stündliche Gedanke des Unkeuschen und die gegen seinen Willen stets wiederkehrende Träumerei des Keuschen, der allezeit bereite Stoff zum Scherz, eben nur weil ihm der tiefste Ernst zum Grunde liegt. Das aber ist das Pikante und der Spaß der Welt, daß die Hauptangelegenheit aller Menschen heimlich betrieben und ostensibel möglichst ignoriert wird. In der Tat aber sieht man dieselbe jeden Augenblick sich als den eigentlichen und erblichen Herrn der Welt aus eigener Machtvollkommenheit auf den angestammten Thron setzen und von dort herab mit höhnenden Blicken der Anstalten lachen, die man getroffen hat, sie zu bändigen, einzukerkern, wenigstens einzuschränken und wo möglich ganz verdeckt zu halten oder doch so zu bemeistern, daß sie nur als eine ganz untergeordnete Nebenangelegenheit des Lebens zum Vorschein komme. – Dies alles aber stimmt damit überein, daß der Geschlechtstrieb der Kern des Willens zum Leben, mithin die Konzentration alles Wollens ist; daher eben ich im Texte die Genitalien den Brennpunkt des Willens genannt habe. Ja man kann sagen, der Mensch sei konkreter Geschlechtstrieb; da seine Entstehung ein Kopulationsakt und der Wunsch seiner Wünsche ein Kopulationsakt ist, und dieser Trieb allein seine ganze Erscheinung perpetuiert und zusammenhält. Der Wille zum Leben äußert sich zwar zunächst als Streben zur Erhaltung des Individuums; jedoch ist dies nur die Stufe zum Streben nach Erhaltung der Gattung, welches letztere in dem Grade heftiger sein muß, als das Leben der Gattung an Dauer, Ausdehnung und Wert das des Individuums übertrifft. Daher ist der Geschlechtstrieb die vollkommenste Äußerung des Willens zum Leben, sein am deutlichsten ausgedrückter Typus: und hiemit ist sowohl das Entstehn der Individuen aus ihm als sein Primat über alle andern Wünsche des natürlichen Menschen in vollkommener Übereinstimmung.« *Die Welt als Wille und Vorstellung*, Bd. 2, Wissenschaftliche Buchgesellschaft, Darmstadt 1961, S. 656f.]

Allein die Gegner vergaßen an diese erlauchten Vorgänger; sie fielen über die Psychoanalyse her, als hätte sie ein Attentat auf die Würde des Menschengeschlechtes verübt. Sie warfen ihr »Pansexualismus« vor, obwohl die psychoanalytische Trieblehre immer streng dualistisch gewesen war und zu keiner Zeit versäumt hatte, neben den Sexualtrieben andere anzuerkennen, denen sie ja die Kraft zur Unterdrückung der Sexualtriebe zuschrieb. Der Gegensatz hatte zuerst geheißen: Sexual- und Ichtriebe, in späterer Wendung der Theorie lautet er: Eros und Todes- oder Destruktionstrieb. Die partielle Ableitung der Kunst, Religion, sozialer Ordnung von der Mitwirkung sexueller Triebkräfte wurde als eine Erniedrigung der höchsten Kulturgüter hingestellt und mit Emphase verkündet, daß der Mensch noch andere Interessen habe als immer nur sexuelle. Wobei man im Eifer übersah, daß auch das Tier andere Interessen hat, — es ist ja der Sexualität nur anfallsweise zu gewissen Zeiten und nicht wie der Mensch permanent unterworfen, — daß diese anderen Interessen beim Menschen niemals bestritten wurden und daß der Nachweis der Herkunft aus elementaren animalischen Triebquellen an dem Wert einer kulturellen Errungenschaft nichts zu ändern vermag.
Soviel Unlogik und Ungerechtigkeit ruft nach einer Erklärung. Ihr Ansatz ist nicht schwer zu finden. Die menschliche Kultur ruht auf zwei Stützen, die eine ist die Beherrschung der Naturkräfte, die andere die Beschränkung unserer Triebe. Gefesselte Sklaven tragen den Thron der Herrscherin. Unter den so dienstbar gemachten Triebkomponenten ragen die der Sexualtriebe — im engeren Sinne — durch Stärke und Wildheit hervor. Wehe, wenn sie befreit würden; der Thron würde umgeworfen, die Herrin mit Füßen getreten werden. Die Gesellschaft weiß dies und — will nicht, daß davon gesprochen wird.
Aber warum nicht? Was könnte die Erörterung schaden? Die Psychoanalyse hat ja niemals der Entfesselung unserer gemeinschädlichen Triebe das Wort geredet; im Gegenteil gewarnt und zur Besserung geraten. Aber die Gesellschaft will von einer Aufdeckung dieser Verhältnisse nichts hören, weil sie nach mehr als einer Richtung ein schlechtes Gewissen hat. Sie hat erstens ein hohes Ideal von Sittlichkeit aufgestellt, — Sittlichkeit ist Triebeinschränkung, — dessen Erfüllung sie von allen ihren Mitgliedern fordert, und kümmert sich nicht darum, wie schwer dem einzelnen dieser Gehorsam fallen mag. Sie ist aber auch nicht so reich oder so gut organisiert, daß sie den einzelnen für

sein Ausmaß an Triebverzicht entsprechend entschädigen kann. Es bleibt also dem Individuum überlassen, auf welchem Wege es sich genügende Kompensation für das ihm auferlegte Opfer verschaffen kann, um sein seelisches Gleichgewicht zu bewahren. Im ganzen ist er aber genötigt, psychologisch über seinen Stand zu leben, während ihn seine unbefriedigten Triebansprüche die Kulturanforderungen als ständigen Druck empfinden lassen. Somit unterhält die Gesellschaft einen Zustand von *Kulturheuchelei,* dem ein Gefühl von Unsicherheit und ein Bedürfnis zur Seite gehen muß, die unleugbare Labilität durch das Verbot der Kritik und Diskussion zu schützen. Diese Betrachtung gilt für alle Triebregungen, also auch für die egoistischen; inwiefern sie auf alle möglichen Kulturen Anwendung findet, nicht nur auf die bis jetzt entwickelten, soll hier nicht untersucht werden. Und nun kommt noch für die im engeren Sinne sexuellen Triebe hinzu, daß sie bei den meisten Menschen in unzureichender und psychologisch inkorrekter Weise gebändigt sind, so daß sie am ehesten bereit sind loszubrechen.

Die Psychoanalyse deckt die Schwächen dieses Systems auf und rät zur Änderung desselben. Sie schlägt vor, mit der Strenge der Triebverdrängung nachzulassen und dafür der Wahrhaftigkeit mehr Raum zu geben. Gewisse Triebregungen, in deren Unterdrückung die Gesellschaft zu weit gegangen ist, sollen zu einem größeren Maß von Befriedigung zugelassen werden, bei anderen soll die unzweckmäßige Methode der Unterdrückung auf dem Wege der Verdrängung durch ein besseres und gesicherteres Verfahren ersetzt werden. Infolge dieser Kritik ist die Psychoanalyse als »kulturfeindlich« empfunden und als »soziale Gefahr« in den Bann getan worden. Diesem Widerstand kann keine ewige Dauer beschieden sein; auf die Länge kann sich keine menschliche Institution der Einwirkung gerechtfertigter kritischer Einsicht entziehen, aber bis jetzt wird die Einstellung der Menschen zur Psychoanalyse noch immer durch diese Angst beherrscht, welche die Leidenschaften entfesselt und die Ansprüche an die logische Argumentation herabsetzt.

Durch ihre Trieblehre hatte die Psychoanalyse das Individuum beleidigt, insofern es sich als Mitglied der sozialen Gemeinschaft fühlte; ein anderes Stück ihrer Theorie konnte jeden einzelnen an der empfindlichsten Stelle seiner eigenen psychischen Entwicklung verletzen. Die Psychoanalyse machte dem Märchen von der asexuellen Kindheit ein Ende, wies nach, daß sexuelle Interessen und Betätigungen bei den kleinen Kindern vom Anfang des Lebens an bestehen, zeigte, welche Umwandlungen sie erfahren, wie sie etwa mit dem fünften Jahr einer Hemmung unterliegen und dann von der Pubertät an in den Dienst der Fortpflanzungsfunktion treten. Sie erkannte, daß das frühinfantile Sexualleben im sogenannten *Ödipuskomplex* gipfelt, in der Gefühlsbindung an den gegengeschlechtlichen Elternteil mit Rivalitätseinstellung zum gleichgeschlechtlichen, eine Strebung, die sich in dieser Lebenszeit noch ungehemmt in direkt sexuelles Begehren fortsetzt. Das ist so leicht zu bestätigen, daß es wirklich nur einer großen Kraftanspannung gelingen konnte, es zu übersehen. In der Tat hatte jeder einzelne diese Phase durchgemacht, ihren Inhalt aber dann in energischer Anstrengung verdrängt und zum Vergessen gebracht. Der Abscheu vor dem Inzest und ein mächtiges Schuldbewußtsein waren aus dieser individuellen Vorzeit erübrigt worden. Vielleicht war es in der generellen Vorzeit der Menschenart ganz ähnlich zugegangen und die Anfänge der Sittlichkeit, der Religion und der sozialen Ordnung waren mit der Überwindung dieser Urzeit auf das innigste verknüpft. An diese Vorgeschichte, die ihm später so unrühmlich erschien, durfte der Erwachsene dann nicht gemahnt werden; er begann zu toben, wenn die Psychoanalyse den Schleier der Amnesie von seinen Kinderjahren lüften wollte. So blieb nur ein Ausweg: was die Psychoanalyse behauptete, mußte falsch sein und diese angebliche neue Wissenschaft ein Gewebe von Phantasterei und Entstellungen.

Die starken Widerstände gegen die Psychoanalyse waren also nicht intellektueller Natur, sondern stammten aus affektiven Quellen. Daraus erklärten sich ihre Leidenschaftlichkeit wie ihre logische Genügsamkeit. Die Situation folgte einer einfachen Formel: die Menschen benahmen sich gegen die Psychoanalyse als Masse genau wie der einzelne Neurotiker, den man wegen seiner Beschwerden in Behandlung genommen hatte, dem man aber in geduldiger Arbeit nachweisen konnte, daß alles so vorgefallen war, wie man es behauptete. Man hatte es ja auch nicht selbst erfunden, sondern aus dem Studium anderer Neurotiker durch die Bemühung von mehreren Dezennien erfahren.

Diese Situation hatte gleichzeitig etwas Schreckhaftes und etwas Tröstliches; das erstere, weil es keine Kleinigkeit war, das ganze Menschengeschlecht zum Patienten zu haben, das andere, weil schließlich sich alles so abspielte, wie es nach den Voraussetzungen der Psychoanalyse geschehen mußte.

Überschaut man nochmals die beschriebenen Widerstände gegen

die Psychoanalyse, so muß man sagen, nur ihr kleinerer Anteil ist von der Art, wie er sich gegen die meisten wissenschaftlichen Neuerungen von einigem Belang zu erheben pflegt. Der größere Anteil rührt davon her, daß durch den Inhalt der Lehre starke Gefühle der Menschheit verletzt worden sind. Dasselbe erfuhr ja auch die Darwinsche Deszendenztheorie, welche die vom Hochmut geschaffene Scheidewand zwischen Mensch und Tier niederriß. Ich habe auf diese Analogie in einem früheren kurzen Aufsatz (›Eine Schwierigkeit der Psychoanalyse‹) hingewiesen.[6] Ich betonte dort, daß die psychoanalytische Auffassung vom Verhältnis des bewußten Ichs zum übermächtigen Unbewußten eine schwere Kränkung der menschlichen Eigenliebe bedeute, die ich die *psychologische* nannte und an die *biologische* Kränkung durch die Deszendenzlehre und die frühere *kosmologische* durch die Entdeckung des Kopernikus anreihte.

Auch rein äußerliche Schwierigkeiten haben dazu beigetragen, den Widerstand gegen die Psychoanalyse zu verstärken. Es ist nicht leicht, ein selbständiges Urteil in Sachen der Analyse zu gewinnen, wenn man sie nicht an sich selbst erfahren oder an einem anderen ausgeübt hat. Letzteres kann man nicht, ohne eine bestimmte, recht heikle Technik erlernt zu haben, und bis vor kurzem gab es keine bequem zugängliche Gelegenheit, die Psychoanalyse und ihre Technik zu erlernen. Das hat sich jetzt durch die Gründung der Berliner Psychoanalytischen Poliklinik und Lehranstalt (1920) zum Besseren gewendet. Bald nachher (1922) ist in Wien ein ganz ähnliches Institut ins Leben gerufen worden.

Endlich darf der Autor in aller Zurückhaltung die Frage aufwerfen, ob nicht seine eigene Persönlichkeit als Jude, der sein Judentum nie verbergen wollte, an der Antipathie der Umwelt gegen die Psychoanalyse Anteil gehabt hat. Ein Argument dieser Art ist nur selten laut geäußert worden, wir sind leider so argwöhnisch geworden, daß wir nicht umhin können zu vermuten, der Umstand sei nicht ganz ohne Wirkung geblieben. Es ist vielleicht auch kein bloßer Zufall, daß der erste Vertreter der Psychoanalyse ein Jude war. Um sich zu ihr zu bekennen, brauchte es ein ziemliches Maß von Bereitwilligkeit, das Schicksal der Vereinsamung in der Opposition auf sich zu nehmen, ein Schicksal, das dem Juden vertrauter ist als einem anderen.

[6] [1917*a*, S. 7f.; vgl. dazu oben S. 178 mit Anm.]

Anhang

Abkürzungen

G. S. Freud, *Gesammelte Schriften* (12 Bände), Wien 1924–34.

G. W. Freud, *Gesammelte Werke* (18 Bände), Bände 1–17 London 1940–52, Band 18 Frankfurt am Main 1968. Die ganze Edition seit 1960 beim S. Fischer Verlag, Frankfurt am Main.

Bibliographie

Vorbemerkung: Wie im Text dieses Bandes werden auch in der folgenden Bibliographie Titel von Büchern und Zeitschriften kursiv gesetzt; Titel von Beiträgen zu Zeitschriften oder Büchern stehen in einfachen Anführungszeichen. – Die kursiv gesetzten Kleinbuchstaben hinter den Jahreszahlen der zitierten Freud-Schriften beziehen sich auf die verbindliche Freud-Gesamtbibliographie, die demnächst in Bd. 24 der englischen *Standard Edition of the Complete Psychological Works of Sigmund Freud* erscheinen wird. Eine vorläufige Fassung dieser Gesamtbibliographie ist bereits 1956 in Bd. 37 des *International Journal of Psycho-Analysis* veröffentlicht worden. Auch die Auszeichnung der einzelnen Freudtitel, ob kursiv oder in einfache Anführungszeichen gesetzt, folgt den Regeln der Gesamtbibliographie. – In den editorischen Kommentaren werden Zitate aus den Werken Freuds, wenn nicht anders vermerkt, nach den *G. W.* angegeben.

ABEL, K. (1884) *Über den Gegensinn der Urworte,* Leipzig.

ABRAHAM, K. (1907) ›Das Erleiden sexueller Traumen als Form infantiler Sexualbetätigung‹, in: *Centralblatt für Nervenheilkunde und Psychiatrie,* N. F., Bd. 18, S. 855ff. (Neuerdings wieder zugänglich in Bd. 2 von *Psychoanalytische Studien; Gesammelte Werke in zwei Bänden,* Buchreihe ›Conditio humana‹, Frankfurt am Main 1971, S. 167ff.)

(1911) *Giovanni Segantini: Ein psychoanalytischer Versuch,* Leipzig und Wien. (Enthalten gleichfalls in Bd. 2 der *Gesammelten Werke,* s. o., S. 269ff.)

(1912) ›Ansätze zur psychoanalytischen Erforschung und Behandlung des manisch-depressiven Irreseins und verwandter Zustände‹, in: *Zentralblatt für Psychoanalyse,* Bd. 2, S. 302ff. (Enthalten in Bd. 2 der *Gesammelten Werke,* s. o., S. 146ff.)

und FREUD, S. (1965) s. Freud, S. (1965)

ADLER, A. (1907) *Studie über Minderwertigkeit von Organen,* Berlin und Wien.

(1912) *Über den nervösen Charakter,* Wiesbaden.

und FURTMÜLLER, C. (Hrsg.) (1914) *Heilen und Bilden,* München.

ANDREAS-SALOMÉ, L., und FREUD, S. (1966) s. Freud, S. (1966)

BAILEY, P. (1965) *Sigmund – the Unserene; A Tragedy in Three Acts,* Springfield, Ill.

BAKAN, D. (1958) *Sigmund Freud and the Jewish Mystical Tradition,* New York, Toronto, London.

BERNFELD, S. (1944) ›Freud's Earliest Theories and the School of Helmholtz‹, in: *The Psychoanalytic Quarterly,* Bd. 13, S. 341ff.

(1946) ›An Unknown Autobiographical Fragment by Freud‹, in: *The American Imago*, Bd. 4, S. 3ff.

(1949) ›Freud's Scientific Beginnings‹, in: *The American Imago*, Bd. 6, S. 163ff.

(1951) ›Sigmund Freud, M. D., 1882–1885‹, in: *International Journal of Psycho-Analysis*, Bd. 32, S. 204ff.

Bernfeld, S., und Cassirer Bernfeld, S. (1944) ›Freud's Early Childhood‹, in: *Bulletin of the Menninger Clinic*, Bd. 8, S. 107ff.

(1952) ›Freud's First Year in Practice, 1886–1887‹, in: *Bulletin of the Menninger Clinic*, Bd. 16, S. 37ff.

Bernheim, H. (1888–89) *Die Suggestion und ihre Heilwirkung*, Wien. (Übersetzt von S. Freud, Originalausgabe: *De la suggestion et de ses applications à la thérapeutique*, Paris 1886.)

Binswanger, L. (1956) *Erinnerungen an Sigmund Freud*, Bern.

Bleuler, E. (1906*a*) ›Freudsche Mechanismen in der Symptomatologie von Psychosen‹, in: *Psychiatrisch-neurologische Wochenschrift*, Bd. 8, S. 323f. u. 338f.

(1906*b*) *Affectivität, Suggestibilität, Paranoia*, Halle.

(1910) ›Die Psychoanalyse Freuds‹, in: *Jahrbuch für psychoanalytische und psychopathologische Forschungen*, Bd. 2, S. 623ff.

(1911) *Dementia praecox, oder Gruppe der Schizophrenien*, Leipzig und Wien.

(1913) ›Kritik der Freudschen Theorien‹, in: *Allgemeine Zeitschrift für Psychiatrie*, Bd. 70, S. 665ff.

(1914) ›Die Kritiken der Schizophrenien‹, in: *Zeitschrift für die gesamte Neurologie und Psychiatrie*, Bd. 22, S. 19ff.

Breuer, J., und Freud, S. (1893) s. Freud, S. (1893*a*)

(1895) s. Freud, S. (1895*d*)

Brome, V. (1969) *Sigmund Freud und sein Kreis*, München.

Cassirer Bernfeld, S. (1951) ›Freud and Archaeology‹, in: *The American Imago*, Bd. 8, S. 107ff.

Cassirer Bernfeld, S., und Bernfeld, S. (1944) s. Bernfeld, S. (1944)

(1952) s. Bernfeld, S. (1952)

Charcot, J.-M. (1886) *Neue Vorlesungen über die Krankheiten des Nervensystems, insbesondere über Hysterie*, Wien. (Übersetzt von S. Freud, Originalausgabe: *Leçons sur les maladies du système nerveux*, Bd. 3, Paris 1887.)

(1892–93) *Poliklinische Vorträge*, Wien. (Übersetzt von S. Freud, Originalausgabe: *Leçons du mardi, 1887–8*, Paris 1888.)

Dali, S. (1942) *The Secret Life of Salvador Dali*, New York. (Übersetzt von Haakon M. Chevalier.)

Eissler, K. R. (1966) *Sigmund Freud und die Wiener Universität*, Bern und Stuttgart.

Ellis, H. (1898) ›Hysteria in Relation to the Sexual Emotions‹, in: *The Alienist and Neurologist*, Bd. 19, S. 599ff.

(1912) ›Die Lehren der Freud-Schule‹, in: *Zentralblatt für Psychoanalyse*, Bd. 2, S. 61ff.

Erb, W. (1882) *Handbuch der Elektrotherapie*, Leipzig.
Federn, E., und Nunberg, H. (Hrsg.) (1962) *s.* Nunberg, H. (1962)
(1967) *s.* Nunberg, H. (1967)
Ferenczi, S. (1913) ›Ein kleiner Hahnemann‹, in: *Internationale Zeitschrift für (ärztliche) Psychoanalyse*, Bd. 1, S. 240ff. (Zugänglich in Bd. 1 von *Schriften zur Psychoanalyse; Auswahl in zwei Bänden*, Buchreihe ›Conditio humana‹, Frankfurt am Main 1970.)
Frazer, Sir J. G. (1900) *The Golden Bough*, London.
(1910) *Totemism and Exogamy*, London.
Freud, M. (1958) *Sigmund Freud: Man and Father*, New York.
Freud, S.* (1884*e*) ›Über Coca‹, in: *Zentralblatt für die gesamte Therapie*, Bd. 2, S. 289ff.
(1891*a*) und Rie, O., ›Klinische Studie über die halbseitige Cerebrallähmung der Kinder‹, Heft 3 der *Beiträge zur Kinderheilkunde* (hrsg. von Kassowitz), Wien.
(1891*b*) *Zur Auffassung der Aphasien*, Wien.
(1893*a*) und Breuer, J., ›Über den psychischen Mechanismus hysterischer Phänomene: Vorläufige Mitteilung‹, *G. W.*, Bd. 1, S. 81ff.
(1893*c*) ›Quelques considérations pour une étude comparative des paralysies motrices organiques et hystériques‹, *G. W.*, Bd. 1, S. 39ff.
(1893*f*) ›Charcot‹, *G. W.*, Bd. 1, S. 21ff.
(1895*d*) und Breuer, J., *Studien über Hysterie*, G. W., Bd. 1, S. 77ff. (In dieser Ausgabe fehlen allerdings die Beiträge Breuers: ›Fräulein Anna O.‹ und ›Theoretisches‹. Der vollständige Abdruck findet sich neuerdings in der Taschenbuchausgabe der *Studien*, Frankfurt am Main 1970.)
(1896*b*) ›Weitere Bemerkungen über die Abwehr-Neuropsychosen‹, *G. W.*, Bd. 1, S. 379ff.
(1896*c*) ›Zur Ätiologie der Hysterie‹, *G. W.*, Bd. 1, S. 425ff.
(1897*a*) *Die infantile Cerebrallähmung*, II. Teil, II. Abt. von Nothnagels *Specielle Pathologie und Therapie*, Bd. 9, Wien.
(1898*b*) ›Zum psychischen Mechanismus der Vergeßlichkeit‹, *G. W.*, Bd. 1, 519ff.
(1899*a*) ›Über Deckerinnerungen‹, *G. W.*, Bd. 1, S. 531ff.
(1900*a*) *Die Traumdeutung*, *G. W.*, Bd. 2/3.
(1901*a*) *Über den Traum*, *G. W.*, Bd. 2/3, S. 643ff. (Taschenbuchausgabe in: *Über Träume und Traumdeutungen*, Frankfurt am Main 1971.)
(1901*b*) *Zur Psychopathologie des Alltagslebens* (als Buch erst 1904 veröffentlicht), *G. W.*, Bd. 4. (Taschenbuchausgabe, Frankfurt am Main 1954.)

* Sofern im Fischer Taschenbuch Verlag, Frankfurt am Main, Taschenbuchausgaben der angegebenen Freud-Schriften vorliegen, wird darauf hingewiesen. Hingegen wird auf Verweise auf die kommentierte zehnbändige Freud-Studienausgabe des S. Fischer Verlags, Frankfurt am Main, die viele der angegebenen Arbeiten in neuen Editionen präsentiert, verzichtet, weil noch nicht alle Bände dieser Ausgabe erschienen sind.

(1905*c*) *Der Witz und seine Beziehung zum Unbewußten, G. W.*, Bd. 6. (Taschenbuchausgabe, Frankfurt am Main 1958.)
(1905*d*) *Drei Abhandlungen zur Sexualtheorie, G. W.*, Bd. 5, S. 29ff. (Taschenbuchausgabe, Frankfurt am Main 1961.)
(1905*e*) ›Bruchstück einer Hysterie-Analyse‹, *G. W.*, Bd. 5, S. 163ff.
(1907*a*) *Der Wahn und die Träume in W. Jensens ›Gradiva‹, G. W.*, Bd. 7, S. 31ff.
(1907*b*) ›Zwangshandlungen und Religionsübungen‹, *G. W.*, Bd. 7, S. 129ff.
(1908*e*) ›Der Dichter und das Phantasieren‹, *G. W.*, Bd. 7, S. 213ff.
(1909*b*) ›Analyse der Phobie eines fünfjährigen Knaben‹, *G. W.*, Bd. 7, S. 243ff.
(1910*a*) *Über Psychoanalyse, G. W.*, Bd. 8, S. 3ff. (Taschenbuchausgabe in: *Darstellungen der Psychoanalyse*, Frankfurt am Main 1969.)
(1910*c*) *Eine Kindheitserinnerung des Leonardo da Vinci, G. W.*, Bd. 8, S. 128ff.
(1910*e*) ›»Über den Gegensinn der Urworte«‹, *G. W.*, Bd. 8, S. 214ff.
(1911*b*) ›Formulierungen über die zwei Prinzipien des psychischen Geschehens‹, *G. W.*, Bd. 8, S. 230ff.
(1912–13) *Totem und Tabu, G. W.*, Bd. 9. (Taschenbuchausgabe, Frankfurt am Main 1956.)
(1913*j*) ›Das Interesse an der Psychoanalyse‹, *G. W.*, Bd. 8, S. 390ff. (Taschenbuchausgabe in: *Darstellungen der Psychoanalyse*, Frankfurt am Main 1969.)
(1914*b*) ›Der Moses des Michelangelo‹, *G. W.*, Bd. 10, S. 172ff.
(1914*c*) ›Zur Einführung des Narzißmus‹, *G. W.*, Bd. 10, S. 138ff.
(1914*d*) ›Zur Geschichte der psychoanalytischen Bewegung‹, *G. W.*, Bd. 10, S. 44ff. (Im vorliegenden Band.)
(1914*f*) ›Zur Psychologie des Gymnasiasten‹, *G. W.*, Bd. 10, S. 204ff.
(1915*b*) ›Zeitgemäßes über Krieg und Tod‹, *G. W.*, Bd. 10, S. 324ff.
(1915*c*) ›Triebe und Triebschicksale‹, *G. W.*, Bd. 10, S. 210ff.
(1915*d*) ›Die Verdrängung‹, *G. W.*, Bd. 10, S. 248ff.
(1915*e*) ›Das Unbewußte‹, *G. W.*, Bd. 10, S. 264ff.
(1916*d*) ›Einige Charaktertypen aus der psychoanalytischen Arbeit‹, *G. W.*, Bd. 10, S. 364ff.
(1916–17) *Vorlesungen zur Einführung in die Psychoanalyse, G. W.*, Bd. 11.
(1917*a*) ›Eine Schwierigkeit der Psychoanalyse‹, *G. W.*, Bd. 12, S. 3ff.
(1917*e*) ›Trauer und Melancholie‹, *G. W.*, Bd. 10, S. 428ff.
(1918*b*) ›Aus der Geschichte einer infantilen Neurose‹, *G. W.*, Bd. 12, S. 29ff.

(1919*h*) ›Das Unheimliche‹, *G. W.*, Bd. 12, S. 229ff.
(1920*b*) ›Zur Vorgeschichte der analytischen Technik‹, *G. W.*, Bd. 12, S. 309ff.
(1920*g*) *Jenseits des Lustprinzips*, G. W., Bd. 13, S. 3ff.
(1921*c*) *Massenpsychologie und Ich-Analyse*, *G. W.*, Bd. 13, S. 73ff. (Taschenbuchausgabe, Frankfurt am Main 1967.)
(1923*b*) *Das Ich und das Es*, *G. W.*, Bd. 13, S. 237ff.
(1923*d*) ›Eine Teufelsneurose im siebzehnten Jahrhundert‹, *G. W.*, Bd. 13, S. 317ff.
(1923*f*) ›Josef Popper-Lynkeus und die Theorie des Traumes‹, *G. W.*, Bd. 13, S. 357ff.
(1924*d*) ›Der Untergang des Ödipuskomplexes‹, *G. W.*, Bd. 13, S. 395ff.
(1924*f*) ›Kurzer Abriß der Psychoanalyse‹, *G. W.*, Bd. 13, S. 405ff. (Im vorliegenden Band.)
(1925*j*) ›Einige psychische Folgen des anatomischen Geschlechtsunterschieds‹, *G. W.*, Bd. 14, S. 19ff. (Taschenbuchausgabe in: *Drei Abhandlungen zur Sexualtheorie*, Frankfurt am Main 1961.)
(1926*d*) *Hemmung, Symptom und Angst*, *G. W.*, Bd. 14, S. 113ff.
(1926*e*) *Die Frage der Laienanalyse*, *G. W.*, Bd. 14, S. 209ff. (Taschenbuchausgabe in: *Darstellungen der Psychoanalyse*, Frankfurt am Main 1969.)
(1927*a*) ›Nachwort zur »Frage der Laienanalyse«‹, *G. W.*, Bd. 14, S. 287ff. (Taschenbuchausgabe in: *Darstellungen der Psychoanalyse*, Frankfurt am Main 1969.)
(1927*c*) *Die Zukunft einer Illusion*, *G. W.*, Bd. 14, S. 325ff. (Taschenbuchausgabe, Frankfurt am Main 1967.)
(1927*e*) ›Fetischismus‹, *G. W*, Bd. 14, S. 311ff.
(1928*b*) ›Dostojewski und die Vatertötung‹, *G. W.*, Bd. 14, S. 399ff.
(1930*a*) *Das Unbehagen in der Kultur*, *G. W.*, Bd. 14, S. 421ff. (Taschenbuchausgabe, Frankfurt am Main 1953.)
(1930*e*) Ansprache im Frankfurter Goethe-Haus, *G. W.*, Bd. 14, S. 547ff.
(1931*b*) ›Über die weibliche Sexualität‹, *G. W.*, Bd. 14, S. 517ff. (Taschenbuchausgabe in: *Drei Abhandlungen zur Sexualtheorie*, Frankfurt am Main 1961.)
(1932*c*) ›Meine Berührung mit Josef Popper-Lynkeus‹, *G. W.*, Bd. 16, S. 261ff. (Taschenbuchausgabe in: *Über Träume und Traumdeutungen*, Frankfurt am Main 1971.)
(1933*a*) *Neue Folge der Vorlesungen zur Einführung in die Psychoanalyse*, *G. W.*, Bd. 15.
(1935*b*) ›Die Feinheit einer Fehlhandlung‹, *G. W.*, Bd. 16, S. 37ff.
(1936*a*) ›Brief an Romain Rolland: Eine Erinnerungsstörung auf der Akropolis‹, *G. W.*, Bd. 16, S. 250ff.
(1938*a*) ›Ein Wort zum Antisemitismus‹, in: *Die Zukunft*, Paris, Nr. 7 (November), S. 2. (Diese Arbeit ist in *G. W.* nicht enthal-

ten, wird aber in einen Ergänzungsband zu den *G. W.* aufgenommen, der von Angela Richards vorbereitet wird.)
(1939*a*) *Der Mann Moses und die monotheistische Religion, G. W.*, Bd. 16, S. 103ff.
(1960) *Briefe 1873–1939*, hrsg. von E. L. Freud, Frankfurt am Main. (Zweite, erweiterte Auflage 1968. Die Seitenangaben beziehen sich, wenn nicht anders vermerkt, auf die Erstauflage. Taschenbuchausgabe der in dem Band enthaltenen Briefe an Martha Bernays: *Brautbriefe*, Frankfurt am Main 1968.)
(1962) *Aus den Anfängen der Psychoanalyse; Briefe an Wilhelm Fließ, Abhandlungen und Notizen aus den Jahren 1887–1902*, Frankfurt am Main. (Dieser Band erschien in Erstausgabe bereits 1950 in London. Im vorliegenden Band wird jedoch durchgehend die Paginierung der leicht zugänglichen Paperbackausgabe von 1962 zitiert.)
(1963) und PFISTER, O., *Briefe 1909–1939*, hrsg. von E. L. Freud und H. Meng, Frankfurt am Main.
(1965) und ABRAHAM, K., *Briefe 1907–1926*, hrsg. von E. L. Freud und H. C. Abraham, Frankfurt am Main.
(1966) und ANDREAS-SALOMÉ, L., *Briefwechsel*, hrsg. von E. Pfeiffer, Frankfurt am Main.
(1968) und ZWEIG, A., *Briefwechsel*, hrsg. von E. L. Freud, Frankfurt am Main.
FURTMÜLLER, C., und ADLER, A. (1914) s. Adler (1914)
GEBSATTEL, V.-E. v. (1957) ›Sigm. Freud, 1856–1939‹, in: *Die großen Deutschen; Deutsche Biographie*, hrsg. von H. Heimpel, Th. Heuss, B. Reifenberg, Bd. 4, S. 372ff., Berlin. (Zitiert nach W. Schönau, 1968.)
GICKLHORN, J., und GICKLHORN, R. (1960) *Sigmund Freuds akademische Laufbahn*, Wien und Innsbruck.
GRINSTEIN, A. (1968) *On Sigmund Freud's Dreams*, Detroit.
GRODDECK, G. (1970) *Der Mensch und sein Es*, Wiesbaden.
HESNARD, A., und RÉGIS, E. (1914) s. Régis, E. (1914)
HUG-HELLMUTH, H. v. (1913) *Aus dem Seelenleben des Kindes*, Leipzig und Wien.
JONES, E. (1910) ›The Oedipus Complex as an Explanation of Hamlet's Mystery: A Study in Motive‹, in: *American Journal of Psychology*, Bd. 21, S. 72ff.
(1960) *Das Leben und Werk von Sigmund Freud*, Bd. 1, Bern und Stuttgart.
(1962*a*) *Das Leben und Werk von Sigmund Freud*, Bd. 2, Bern und Stuttgart.
(1962*b*) *Das Leben und Werk von Sigmund Freud*, Bd. 3, Bern und Stuttgart.
JUNG, C. G. (1902) *Zur Psychologie und Pathologie sogenannter okkulter Phänomene*, Leipzig.
(1906) *Diagnostische Assoziationsstudien*, Leipzig.

(1907) *Über die Psychologie der Dementia praecox*, Halle.
(1910*a*) ›The Association Method‹, in: *American Journal of Psychology*, Bd. 21, S. 219ff.
(1910*b*) ›Experiences Concerning the Psychic Life of the Child‹, in: *American Journal of Psychology*, Bd. 21, S. 251ff.
(1910*c*) ›Über Konflikte der kindlichen Seele‹, in: *Jahrbuch für psychoanalytische und psychopathologische Forschungen*, Bd. 2, S. 33ff.
(1912) *Wandlungen und Symbole der Libido*, Leipzig und Wien.
(1913) *Versuch einer Darstellung der psychoanalytischen Theorie*, Leipzig und Wien.
KRIS, E. (1935) ›Zur Psychologie älterer Biographik‹, in: *Imago*, Bd. 21, S. 320ff.
LOEWENSTEIN, R. M. (1951) ›Freud: Man and Scientist‹, in: *Bulletin of the New York Academy of Medicine*, Bd. 27, S. 623ff.
LOONEY, J. TH. (1920) *›Shakespeare‹ Identified in Edward de Vere, the 17th Earl of Oxford*, London und New York.
MAYLAN, CH. E. (1929) *Freuds tragischer Komplex*, München.
MENG, H. (1956) ›Sigmund Freud in Brief, Gespräch, Begegnung und Werk‹, in: *Psyche*, Bd. 10, S. 517ff.
NELKEN, J. (1912) ›Analytische Beobachtungen über Phantasien eines Schizophrenen‹, in: *Jahrbuch für psychoanalytische und psychopathologische Forschungen*, Bd. 4, S. 504ff.
NUNBERG, H., und FEDERN, E. (Hrsg.) (1962) *Minutes of the Vienna Psychoanalytic Society*, Bd. 1, 1906–08, New York.
(1967) *Minutes of the Vienna Psychoanalytic Society*, Bd. 2, 1908–10, New York. (Ein dritter Band ist in Vorbereitung.)
PFISTER, O. (1910) *Die Frömmigkeit des Grafen Ludwig von Zinzendorf*, Leipzig und Wien.
(1913) *Die psychoanalytische Methode*, Leipzig. (Erster Band des von E. Meumann und O. Messmer herausgegebenen *Pädagogiums*.)
(1963) und FREUD, S., s. Freud, S. (1963)
POPPER, J. (›Lynkeus‹) (1899) *Phantasien eines Realisten*, Dresden.
PUNER, H. W. (1949) *Freud: His Life and his Mind; A Biography*, London.
RAIMANN, E. (1904) *Die hysterischen Geistesstörungen; Eine klinische Studie*, Leipzig und Wien.
RANK, O. (1907) *Der Künstler*, Wien.
(1909) *Der Mythos von der Geburt des Helden*, Leipzig und Wien.
(1911) ›Schopenhauer über den Wahnsinn‹, in: *Zentralblatt für Psychoanalyse*, Bd. 1, S. 69ff.
(1912) *Das Inzest-Motiv in Dichtung und Sage*, Leipzig und Wien.
(1913) und SACHS, H., *Die Bedeutung der Psychoanalyse für die Geisteswissenschaften*, Wiesbaden.

Régis, E., und Hesnard, A. (1914) *La psychoanalyse des névroses et des psychoses*, Paris.
Reik, Th. (1912) *Flaubert und seine ›Versuchung des heiligen Antonius‹*, Minden.
Renterghem, A. W. v. (1913) *Freud en zijn School*, Baarn.
Rie, O., und Freud, S. (1891) s. Freud, S. (1891*a*)
Roback, A. A. (1929) *Jewish Influence in Modern Thought*, Cambridge, Mass.
Sachs, H. (1945) *Freud: Master and Friend*, London.
(1913) und Rank, O., s. Rank, O. (1913)
Sadger, I. (1909) *Aus dem Liebesleben Nicolaus Lenaus*, Leipzig und Wien.
Scherner, K. A. (1861) *Das Leben des Traumes*, Berlin.
Schönau, W. (1968) *Sigmund Freuds Prosa; Literarische Elemente seines Stils*, Stuttgart.
Stanescu, H. (1965) ›Unbekannte Briefe des jungen Sigmund Freud an einen rumänischen Freund‹, in: *Neue Literatur; Zeitschrift des Schriftstellerverbandes der RVR*, 16. Jg., 3. Heft, Juni, S. 123 ff.
Victorius, K. (1956) ›Der »Moses des Michelangelo« von Sigmund Freud‹, in: *Psyche*, Bd. 10, S. 1ff.
Villaret, A. (1888 und 1891) *Handwörterbuch der gesamten Medizin*, 2 Bde., Stuttgart.
Vogel, P. (1954) ›Zur Aphasielehre Sigmund Freuds‹, in: *Monatsschrift für Psychiatrie und Neurologie*, Bd. 128, S. 256ff.
(1956) ›Der Wert der neurologischen Studien Sigmund Freuds für die Gehirnpathologie und Psychiatrie‹, in: *Schweizer Archiv für Neurologie und Psychiatrie*, Bd. 78, S. 274ff.
Vogt, R. (1907) *Psykiatriens grundtraek*, Kristiania.
Wittels, F. (1924) *Sigmund Freud; Der Mann, die Lehre, die Schule*, Leipzig, Wien, Zürich.
(1944) ›Freud's Scientific Cradle‹, in: *American Journal of Psychiatry*, Bd. 100, S. 521ff.
Wortis, J. (1954) *Fragments of an Analysis with Freud*, New York.
Zweig, A., und Freud, S. (1968) s. Freud, S. (1968)

Namen- und Sachregister

Zusammengestellt von Ingeborg Meyer-Palmedo

Sigmund Freud

Analyse der Phobie eines fünfjährigen Knaben
Falldarstellung
»Der kleine Hans«
Band 6715

Abriß der Psychoanalyse/ Das Unbehagen in der Kultur
Band 6043

Darstellungen der Psychoanalyse
Band 6016

Drei Abhandlungen zur Sexualtheorie und verwandte Schriften
Band 6044

Das Ich und das Es und andere metapsychologische Schriften
Band 6394

Der Mann Moses und die monotheistische Religion
Band 6300

Massenpsychologie und Ich-Analyse/ Die Zukunft einer Illusion
Band 6054

Neue Folge der Vorlesungen zur Einführung in die Psychoanalyse
Band 6390

»Selbstdarstellung«
Schriften zur Geschichte der Psychoanalyse
Band 6096

Totem und Tabu
Band 6053

Die Traumdeutung
Band 6344

Über Träume und Traumdeutungen
Band 6073

Vorlesungen zur Einführung in die Psychoanalyse
Band 6348

Der Wahn und die Träume in W. Jensens »Gradiva«
Band 6172

Der Witz und seine Beziehung zum Unbewußten
Band 6083

Zur Psychopathologie des Alltagslebens
Band 6079

Sigmund Freud / Josef Breuer Studien über Hysterie
Band 6001

Fischer Taschenbücher

Sigmund Freud
Studienausgabe

Sigmund Freud
Studienausgabe
Herausgegeben von
Alexander Mitscherlich,
Angela Richards,
James Strachey †.
(Conditio humana)

Band I
Vorlesung zur Einführung in die Psychoanalyse. Und neue Folge.
663 Seiten, Kart.

Band II
Die Traumdeutung
697 Seiten, Kart.

Band III
Psychologie des Unbewußten
465 Seiten. Kart.

Band IV
Psychologische Schriften
334 Seiten. Kart.

Band V
Sexualleben
335 Seiten. Kart.

Band VI
Hysterie und Angst
358 Seiten. Kart.

Band VII
Zwang, Paranoia und Perversion
361 Seiten. Kart.

Band VIII
Zwei Kinderneurosen
257 Seiten. Kart.

Band IX
Fragen der Gesellschaft
Ursprünge der Religion.
653 Seiten. Kart.

Band X
Bildende Kunst und Literatur
326 Seiten, Kart.

Ergänzungsband (nicht numeriert)
Schriften zur Behandlungstechnik.
480 Seiten. Kart.

Sigmund-Freud-Konkordanz und Gesamtbibliographie
Zusammengestellt von
Ingeborg Meyer-Palmedo.
80 Seiten. Brosch.

S. Fischer